기반 역량 강화

고객
서비스 실무
Customer Service Practice

PREFACE

세계인류가 공존하는 한 우리는 서로를 존중하며, 기본적인 셀프서비스는 서양의 중세 시대부터 인간중심의 사회구성원으로서 시공간을 초월하여 여러 채널 속에 무수히 존립되어 역사 속에서 많은 발전이 거듭되어왔다. 동서양을 막론하고 현대에 이르러 인간의 니즈는 자아실현으로 많은 것이 요구되고, 기업은 생산 활동을 통한 생산력의 증대를 목표로 하여 이윤의 획득에 관심을 가지고 있다.

오늘날 환대서비스 산업은 인적자원의 서비스가 기업의 수입창출 및 매출증대에 가장 중요한 부분을 차지하는 분야이다. 이에 따라 서비스 기업은 고객만족이라는 목적을 달성하기 위하여 인적·물적 자원을 결합한 조직의 관리와 서비스 경영에 최선을 다하여 심혈을 기울였다.

기업의 서비스는 특성상 종사자들이 지속적으로 양질의 서비스를 일관성 있게 제공해야 하며 고객과 대면하는 짧은 순간, 고객만족에 주력할 수밖에 없다. 환대서비스 산업시대는 환경트렌드로 인하여 서비스 산업 자체가 시대에 따라 변하면서 고객의 서비스도 훨씬 높아지고 있다.

글로벌 환대서비스는 국제적인 행사를 비롯하여 문화교류가 활발해지면서 국내외 방문객들을 위한 최상의 서비스가 형성되도록 하였다. 기업은 국가이미지를 제고하고 국가경쟁력 향상에 이바지하기 위해 서비스를 실행하는 종사원의 표준화된 서비스 매뉴얼을 개발하여 서비스 교육 및 관리에 노력해야 한다.

그동안 한국의 서비스 산업은 세계 어느 나라보다도 고객만족 서비스목표에 맞추어 서비스 시장을 발전시켜왔다. 특히 관광서비스 분야에서는 관광객을 유치하여 항공 및 호텔, 여행사 및 외식업체의 서비스 종사자들이 외국인에게 친절한 서비스를 제공하여 한국의 기업이미지를 향상시키는데 기여하였다.

또한 환대서비스 분야는 고객과의 접객 시에 원만한 소통과 품격 있는 고객만족 서비스 지향을 통해 인류사회구현에 일조하는 데 기반이 되었다. 이처럼 기업의 일선에서 고객을 응대하는 서비스 종사원은 고객의 다양한 욕구를 파악하고, 고객을 편안하게 응대할 수 있으며, 다양한 상황에서 대처할 수 있는 서비스의 능력이 필요하다.

서비스 실무 교재가 제시하는 것은 경쟁사회에서 서비스 산업에 종사하는 서비스 요원들이 고객응대의 서비스 기술을 익히고, 종사자들에게 전문성을 높이는데 목적을 두었다. 결론적으로 학습자들에게 효과적인 학습에 도움을 주기 위해서 글로벌 비즈니스의 매너가 충성고객으로 만들 수 있다는 인식을 부여해주므로 그에 따른 카테고리들을 제시하여 고객의 컴플레인을 최소화하고 기업의 목표에 도움을 주고자 편성되었다.

본 교재의 구성은 PART 1에서는 서비스 산업에 관한 특성을 살펴보고, 기본적인 서비스 마인드와 서비스 이미지, 매너 및 에티켓, 고객과 고객만족의 각 용어들의 개념을 파악하여 이론인 배경을 이해하도록 하였다. 이는 전반적으로 서비스 산업의 고객관계서비스에 대한 내용을 기초로 하여 이론과 실무내용을 다루었다.

PART 2는 고객응대 시에 기초 학습에서 다룬 이론과 함께 고객의 만족도를 높일 수 있는 실무내용의 기술과 종사자가 갖추어야 할 고품격 서비스의 역량을 강화하였다. 서비스 종사자는 고객과의 관계를 유지할 수 있는 필수적인 커뮤니케이션을 숙지하고, 고객응대의 상황에 따라 직·간접서비스의 수행절차 및 고객만족의 서비스 제공방법을 익힐 수 있게 실무위주로 구체화시켰다.

고객응대 서비스 실무는 발생하는 고객의 컴플레인 발생에 대하여 서비스 요원이 신속하게 대처할 수 있는 방법을 제시하였고, 비즈니스를 할 때 지켜야 하는 상황별 대인관계능력 개선을 위한 방법을 포함하였다. 국제화 비즈니스 매너는 각 문화에 대한 이해와 국내·외적으로 서비스 이미지를 향상시키기 위한 출장 매너, 의전서비스의 기본지식과 자세를 기술적인 면을 전달하고자 하였다.

교재의 특징은 서비스 경영에 대한 지식과 서비스 스킬을 익힐 수 있도록 구성하여 각 장마다 기업경영 프로세스의 사례 및 챕터에서 수강자가 학습해야할 서비스의 요구조건을 바탕으로 체크리스트를 삽입하여 학습자의 효율적인 자기주도학습 시에 서비스의 능력을 함양할 수 있게 돕고자 한다.

따라서 고객응대에 있어서 서비스 종사원은 고객과의 접점에서 고품격 서비스를 제공하여 기업의 이윤창출에 큰 성과를 가져올 수 있다. 본 교재를 통해 서비스 종사자는 서비스 친절을 실천함으로써 기업의 경쟁력을 높이고 더 나아가 국가의 경쟁력까지 높일 수 있게 될 것이다.

취업을 앞둔 서비스계열 지망생은 교과이수 후에도 서비스 프로세스의 경영에 대한 실무를 트레이닝하여 서비스 마인드와 기본자세를 고취시킬 수 있다.

고객서비스실무 교재를 출판하기 위해 교재콘텐츠를 위하여 관심과 애정으로 편집에 수고해주신 한올출판사 관계자 분들께 진심으로 감사를 드립니다.

저자일동

CONTENTS

Part
02

고객응대
서비스 실전

고객 서비스 실무
Customer Service Practice

Part
01

고객응대
서비스경영

Chapter
01
서비스 산업의 이해

학습목표

환대서비스에 있어서 서비스 산업의 배경과 구조를 이해하고, 서비스의 본질과 서비스의 발전과정을 통하여 서비스 산업에 영향을 주는 요소를 인지할 수 있다.

01 서비스 산업의 배경

 ## 1. 서비스 산업의 구조

현대에 이르러 산업은 기업의 목표를 달성하기 위해서 기업과 고객 사이에 서비스를 주고받는 관계가 이루어져 왔다. 산업사회는 글로벌한 환경요인과 지식정보화의 급격한 변화에 따라 개인의 라이프스타일도 변화하였다. 하지만 현대사회는 본질에 입각한 여러 패러다임의 변화로 고객의 욕구에 만족시킬 수 있는 친절한 서비스가 더욱 요구되는 시대이다.

서비스 산업사회 혹은 정보사회는 도시화의 성장이 사회적 관심사로 등장함에 따라서 산업사회가 다각적으로 전개하여 확대되었다. 이로 인해서 산업은 서비스를 중심으로 도시화가 중요시되어 산업사회의 특성을 반영한 결과라고 볼 수 있다. 지금까지 서비스 산업은 경제성장을 촉진하는 구조적 역할을 수행하는 관점에서 성장하여 상호 의존성을 향상시키고, 고용증대에 기여하였다. 그래서 서비스는 산업의 변화에 견인차가 생겼으며, 도시성장의 선도자로서의 역할을 수행하게 된 것이다.

서비스 산업(service industry)은 다른 산업이나 일반 소비자들에게 재화와 용역을 제공하는 활동이다. 서비스업의 범위는 단순 노동에서부터 다수의 많은 지식이 요구되는 분야까지 매우 광범위하다. 서비스업에는 도·소매업이나 음식·숙박업에서부터 유통업, 금융업, 컨설팅업, 의료업 등 부가가치가 높은 부문까지 포함된다. 이러한 산업은 관광과 의료, 교육과 지식기반 서비스 등 여러 분야에서의 다양한 서비스 상품을 제공하는 산업이다.

13

한국의 산업구조는 1960년대에는 1차 산업의 종사자가 많았으나 도시화가 진행되었던 1980~90년대에는 2차 산업의 종사자가 많이 늘어났다. 서비스 산업의 경향은 생산과 고용 측면에서 제조업의 비중이 감소하고, 서비스 산업의 비중이 증가되었다. 선진국은 이미 1970년대부터 총 고용의 60% 이상을 서비스 산업이 차지하였다. 서비스 산업부문에서 고용증대가 형성되는 것은 산업의 고용구조가 서비스 산업 중심으로 소득이 증가하면서 서비스에 대한 수요가 확대되었기 때문이다.

서비스 산업은 기업의 선진화를 위하여 경제를 성장시키려면 산업화를 체계적으로 추진할 수 있는 중장기 계획과 제도적 기반이 마련되어져야 한다. 선진국일수록 기업은 성장 잠재력이 높으며, 서비스업 선진화가 되려면 고용창출 효과, 수출과 내수의 균형발전 및 국제수지를 개선하는 노력이 필요하다.

서비스 기업은 경제영역에 기반을 둔 서비스 품질과 업무성과에 작용하며, 내부 마케팅의 활동에 따른 종사원의 관리요소가 적용된다. 유·무형의 서비스를 제공할 때는 상대적으로 대가를 받고자 고객에게 봉사하고, 고객이 서비스를 받을 때에는 경제적인 대가를 지불하는 모든 산업경제 논리에 입각한다면 인간은 서비스를 벗어나서 살 수가 없다. 기업은 서비스 품질과 관련이 깊기 때문에 종사원의 직무만족과 고객의 욕구충족에 부응하도록 서비스 품질 향상에 기여해야 한다.

세계 각 나라는 자국력을 키우면서 국가의 경쟁력을 높이기 위해 끊임없는 노력을 하고 있다. 경제사회는 생산성 향상이 지속되고 있지만 이를 능가하는 노동력이나 자본력 등이 생산요소 투입의 약화로 기업의 잠재성장률은 하락하게 될 것이다.

이러한 서비스의 산업구조는 시대상 기업 차원에서 기업이미지를 성장시킬 수 있는 여러 가지 요소들이 작용하고 있다. 이에 기업의 사회적 책임활동은 법률적인 책임을 제외하고 경제적 책임, 윤리적 책임, 자선적 책임이 기업에 영향을 주게 된다. 기업이미지는 구매의도에 직접적인 영향을 주지 않지만, 브랜드이미지의 경우는 구매의도에 직접적인 영향을 주고 기업은 기업이미지 및 브랜드이미지 외에도 구매의도와의 관계가 밀접하다. 경쟁력 있는 서비스 기업들은 경쟁력 확보와 성과증진을 위해 경제적인 기술혁신을 도입하게 된다. 기업의 기술혁신 활동은 서비스 기업의 경쟁력을 예측할 수 있는 선행지표가 되어 기업의 브랜드이미지를 부각시킬 수 있다.

14

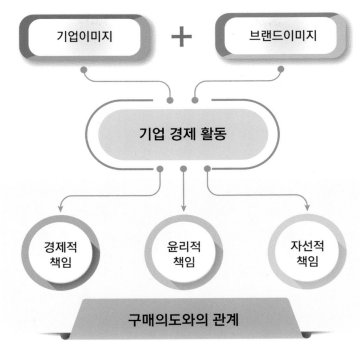

그림 1-1 _ 기업이미지의 경제활동

 2. 서비스 산업의 특성

 산업(industry)은 인간생활을 경제적으로 풍요롭게 하기 위하여 재화나 서비스를 생산하는 경제활동이다. 또한 생산하는 재화의 종류에 따라 산업이 여러 업종으로 분류되었으며, 경제가 성장하고 생활수준이 향상되면서 다양한 서비스 산업에 대한 수요가 증가하여 그에 따른 종류가 광범위해졌다.

 산업사회는 공업이 크게 발달하여 경제의 주종을 이루고, 이들 각각의 종류는 모든 생활양식과 제도가 극도로 조직화된 사회로서 업종이 어떠한 분야인지에 따라 기업의 경제체제로 서비스의 특성이 다르게 나타난다. 그러므로 각 기업이 추구하는 경영관리 방법의 차이에 의해 업종간에 여러 가지 특징이 존재한다.

산업사회의 특징은 농업 중심의 전통사회에서 산업혁명으로 봉건제적 전통사회가 붕괴하고 농촌 인구가 도시로 유입되면서 산업화에 필요한 산업 노동자로 변모하여 공업화와 도시화가 되었다. 따라서 농촌이 해체되면 도시화가 급속하게 진행되는 동시에 경제의 중심이 공업화되는 것을 산업화 과정이라고 한다. 또한 산업사회는 지역 공동체의 영향이 약해지고, 개인주의가 강해지는 현상이 나타난다.

서비스 산업은 경제 수준이 높은 선진국일수록 개발도상국에 비해 서비스 산업이 고용면에서 차지하는 비율이 높을 뿐만 아니라 경제 기여도가 높은 편이며, 다른 산업보다 기계화·자동화 수준이 낮아 고용창출 효과가 상대적으로 크다고 볼 수가 있다.

이것은 제 1차, 2차 산업을 지원하고 보조하는 성격을 가지므로 공급자에 따라 소비자에게 제공하는 서비스가 각기 달라서 표준화하기 어렵다. 대부분의 서비스 산업은 노동 집약형이기 때문에 서비스의 수요가 증가할수록 노동력의 수요가 증가한다.

서비스 산업은 그 외에도 서비스를 제공하는 직원의 태도나 능력이 고객에게 미치는 영향이 매우 높다. 고객은 해당 기업의 서비스 품질에 대하여 부정적인 이미지를 갖게되면 좋지않은 기억을 오랫동안 간직하게 된다.

서비스 산업의 특성에서 환대서비스는 일반적인 서비스와는 구별되는 네 가지의 차이점이 있다..

① 서비스의 관계성

서비스는 종업원과 고객과의 사이에서 변함없는 호감관계가 형성되도록 원활한 커뮤니케이션이 이루어져야 할 필요가 있다. 기업 입장에서는 충성고객이나 잠재고객을 발굴하여 환대서비스에 대한 고객의 궁금증을 해소시키고, 상품에 대한 지식을 정확하게 전달한다. 기업의 인적·물리적인 서비스는 고객과의 원활한 커뮤니티를 통해서 서비스 만족도를 높이는 데 주력해야 한다.

② 서비스의 단기성

우리가 일상적으로 구매하는 유형의 상품들은 어느 기간 동안 장기적으로 이용되고 있다. 그러나 고객과의 접점에서 행해지는 환대서비스는 일반 제조업에서 생산되는 상품과는 달리 서비스를 제공받는 일시적인 시간 안에 소비하는 서비스이다. 서비스는 대부분 무형의 상품이기 때문에 소요시간이 짧아서 단시간에 노출되어 고객에게 쉽게 평가된다. 현장실무에서 접점 서비스는 지속적으로 품질을 보장할 수 없으므로 무형성의 서비스가 제공되어 반품이나 교환이 어렵다.

③ 서비스의 다양성

환대서비스 산업에 있어서 서비스의 종류는 매우 다양하다. 사회가 시시각각 변화하고 있는 서비스 사회에서 고객에 대한 서비스는 언제든지 누구에게나 똑같은 방식으로 적용되지 않는다. 고객의 개인성향에 따라 종업원의 태도가 다르게 평가되므로 고객을 응대할 때에는 순간적으로 예리한 판단을 해야 한다.

④ 서비스의 변동성

고객은 니즈에 대한 서비스의 기대치가 각기 다르기 때문에 차이점이 있다. 최고의 서비스는 고객의 라이프스타일에 따라 기대에 맞게 품격 있는 맞춤형 서비스를 제공하는 것이다. 고객은 다양한 서비스를 원하고 있으며, 특별한 대우를 해주기를 기대하므로 환대서비스를 위하여 세심하고 정성스럽게 응대해야 한다.

 ## 3. 서비스 산업의 분류

산업사회는 서비스를 바탕으로 하여 경제가 탄력적이고, 융통성이 있는 사회가 형성되어야 한다. 서비스는 제조업자나 공급업자들의 역할이 서비스 품질을 좌우한다.

그것은 기업의 부가가치가 매우 큰 창조경제의 영향을 받으므로 기업에서는 고객을 만족시키는 일이 최우선이라고 인식될 수밖에 없다.

산업은 분류하는 방식에 따라 여러 가지로 나눌 수 있다. 국제 연합의 표준분류 방식에 의하면 산업은 크게 농림, 수산업, 광공업, 사회간접자본 및 기타 서비스업으로 구별된다. 농림, 수산업에는 농업, 임업, 수산업이 있고, 광공업에는 광업, 제조업 등에 속한다. 그리고 사회간접자본과 기타 서비스 부문에는 전기, 수도, 금융업, 운수업, 보관업, 소매업, 건설업, 공공행정 등이 있다.

일반적으로 산업은 경제발전과 함께 산업 간의 노동력이 이동하면서 경제의 서비스화가 성장하게 되는 산업구조를 갖고 있다. 이는 무엇을 어떻게 만드느냐에 따라 1차 산업과 2차 산업, 3차 산업으로 나눠진다. 1차 산업은 자연을 이용하여 생산물을 얻는 활동이다. 2차 산업은 생산물을 얻는 산업 중 1차 산업을 제외한 것이 눈에 보이는 재화를 생산하지만 1차 산업과는 달리 자연을 이용하지 않는다. 3차 산업은 사람들의 편리한 생활을 도와주는 활동으로 모든 서비스업이 가장 전형적이고 보편적인 구분방식으로 영국의 콜린 클라크(Colin Ciark)의 '경제 진보의 재조건'에서 산업구조를 형성한다고 언급하였다.

(1) 제1차 산업

1차 산업은 토지와 바다 등의 자연환경을 이용하여 필요한 물품을 얻거나 생산하는 산업으로 자연의 영향을 많이 받는 것이 특징이다. 산업의 종류에는 농업·임업·어업·광업·채석업과 광물질의 추출 등이 해당된다. 농업은 농사를 짓는 과정을 통한 과학적 작물의 개량 등과 그 밖에 다른 가공을 통해 산출량을 증가시킨다. 임업에서는 벌목의 제한과 정선, 육림(育林), 병충해 통제, 과학적으로 개선되는 재조림 등을 통해 더 많은 목재생산이 이루어진다. 축산업과 어업에서는 경영, 과학적인 교배, 개선된 사료, 양식업 등으로 크기와 무게가 우월한 가축과 어패류를 생산한다. 유전학적 산업은 인간이 천연자원의 성장과정에 개입하여 그 생산을 증진시키는 것이다. 채취산업에는 경작을 통해서 증가될 수 없는 소모성 천연자원의 생산이 대체적으로 포함되어 있다.

(2) 제2차 산업

2차 산업은 자연에서 얻은 생산물이나 천연자원을 가공하여 인간생활에 필요한 물건이나 에너지 등을 생산하는 산업으로 자연환경의 영향을 적게 받는다. 이것은 생산물을 얻는 산업 중 1차 산업을 제외한 나머지를 말한다. 산업에 있어서는 분업이나 일관 작업 등이 발달함으로써 눈에 보이는 재화를 생산하기는 하지만 1차 산업과는 달리 자연을 이용하지는 않는 공업, 제조업, 건설업, 광업 등이 이에 속한다. 또한 2차 산업에는 원료공급이 잘 이루어지고 제품의 판매에 유리한 정도로 많은 노동력과 넓은 소비시장이 필요하기 때문에 도시 근처에 발달하거나, 2차 산업이 발달한 곳이 공업도시로 발달하는 경향이 있다.

(3) 제3차 산업

3차 산업은 제 1, 2차 산업에서 생산된 물품을 소비자에게 판매하거나 각종 서비스를 제공하는 산업이다. 서비스 산업으로는 건축과 건설, 운수와 통신, 상업과 금융, 직업적 서비스 행정과 변호업 등을 포함한다. 즉, 사람들의 편리한 생활을 도와주는 활동으로 상업, 금융업, 운수업, 관광업 등과 같은 모든 서비스업의 종류로는 상업, 운수업, 통신업, 서비스업(무역, 금융, 보험, 교육 등), 개인 서비스업(이용업, 미용업, 숙박업 등)이 있다. 상업면에서는 도매업 경영규모의 대형화, 근대화가 진행되고, 소매업은 백화점, 슈퍼마켓의 진출에 따라 소매점의 비중이 낮아지고 있는 특징을 갖는다.

1차 산업	2차 산업	3차 산업	4차 산업	5차 산업
· 농업	· 공업	· 건설과 교통	· 정보와 통신	· 취미
· 임업	· 제조업	· 금융과 재정	· 교육	· 오락
· 축산업	· 건설업	· 관광과 연예업	· 의료	· 패션
· 수산업 등	· 광업 등	· 자문/법률상담	· 서비스 산업 등	· 레저 산업 등
		· 개인서비스 등		

🎨 그림 1-2 _ 서비스 산업의 분류

(4) 제4차 산업

4차 산업은 지식이나 정보 위주의 지식 산업을 말하며, 산업분류에는 정보, 통신, 교육, 의료, 기타 서비스 산업 등으로 구분된다. 이 산업은 주로 눈에 보이는 물건을 생산하는 1, 2, 3차 산업과 다르게 교육 및 정보, 서비스 산업 등 지식 집약적 산업을 총칭하는 정보·지식 산업의 진전과 더불어 쓰이게 되는 산업들이다. 이들은 사회의 문화 수준이 높아짐에 따라 정보와 지식을 자본으로 한 기업을 제3차 산업과 구별된 것이다. 또한 4차 산업은 경제의 지식을 기반으로 일부를 기술하는 방법으로서 일반적으로 정보 배포 및 공유, 정보기술, 교육 및 상담, 연구 및 개발, 금융계획, 기타 지식 기반 서비스를 포함한다.

(5) 제5차 산업

5차 산업은 산업사회가 발달함에 따라 서비스업을 제3차 산업만으로 분류할 수 없기 때문에 제4차 산업과 같이 만들어진 개념이며, 지식과 정보를 초월하여 즐길 수 있는 문화적 요소를 생산해 내는 산업구조이다. 기존의 1차 산업에 비해 전반적으로 인간을 중심으로 하는 서비스 위주의 산업이라 하겠다. 5차 산업의 종류에는 지식 집약적 산업으로 오락 및 패션, 레저 산업 등으로 나누어진다. 5차 산업의 특징은 단순히 의식주의 해결이 목표가 아닌 삶을 즐기기 위한 더욱 진보적인 산업을 가리킨다.

02 서비스의 이해

 1. 서비스의 개념

서비스는 인간이 살아가는 동안 필요 불가분한 관계를 형성한다. 모든 사고와 행위에서 서비스를 접하게 되므로 사회 전반에 걸쳐져 중요하다. 사람에게는 이성과 감성이 공존하고, 철학적인 개념을 바탕으로 무한한 욕구충족이 내재되어 있다.

우리는 태어나면서부터 누군가로부터 끊임없이 서비스를 받으며, 국가나 사회, 가정생활에 적응하는 상호관계 속에서 서비스를 경험하고 있다. 서비스는 제공하는 측과 제공받는 측면으로 볼 때 주종의 관계가 성립이 되어야만 한다. 그래서 서비스는 상품의 생산과 유통을 촉진시키고, 삶의 무형가치를 부가하는 것으로서 가시적인 서비스 결과보다는 서비스 제공과정이 중요한 경우가 많으며, 고객의 기대 수준과 주관적인 인지에 의해 품질평가에 크게 영향을 받는다.

21세기 사회구조 속에서 서비스는 기업 활동의 시작이자 끝이 되는 시점에서 고객의 요구사항을 해결하는 것이다. 이를 위해 기업이 고객의 소리를 경청하는 것은 고객이 원하는 것을 파악하여 좋은 상품을 기획하고, 좋은 서비스를 제공하기 위한 마케팅 활동을 촉진시킨다.

서비스는 인류학의 가치지향적인 의식세계에서 우리에게 심리적인 만족감을 충족시키는 독특한 특성을 지니고 있다. 서비스는 그 자체가 사람과의 관계성, 사람과 제품과의 만남이므로 기업과의 상호작용으로 구성되어 진화된 개념이다.

서비스(service)는 14세기부터 시작되어 라틴어 세르부스(servus)에서 유래되었으며, 이탈리아와 독일, 오스트리아 등지에서 '나는 당신의 봉사자입니다'라는 의미로 사용하였다. 그 어원은 노예가 주인에게 바치는 노동을 뜻하는 servitum에서 오늘날의 service라는 말로 쓰인다. 라틴어의 노예를 의미하는 servus, 영어의 servant, servitude, servile, '사람에게 시중들다'라는 뜻을 지닌다. 이러한 서비스의 의미는 인간이 공동생활을 하면서 상호 간의 만남에서 존재하고, 자연과 인간이 중심이 되는 정서적인 측면에서부터 시작된 것이다.

서비스의 정립은 서비스에 대한 연구가 시작된 1960년대 초부터 경영학 및 마케팅에서 상품과 서비스의 비교 형태로 전개되었다. 1970년대에는 서비스의 특성 및 현상에 대한 관심이 집중되었고, 행위와 과정의 결과로서 서비스 상품은 사람이 보고, 만져보고, 냄새를 맡을 수 있는 유형적인 것이 아니라 무형적인 행위의 성과물이다. 1980년대와 90년대에는 이론적 체계와 전략적 이슈를 다루게 되어 다양한 산업구조 측면과 많은 학자들의 시각에 따라 적합하게 정의되고 있다.

사전적 의미에서 서비스란 봉사와 접대, 용역 등을 의미하지만 일반적으로 서비스라는 용어를 사용할 때는 고객에게 구매나 판매 및 재방문을 촉진시키거나 유발시키기 위해 친절하고 정중하게 대하는 것이다. 서비스는 상품판매를 위한 수단이나 용역활동으로서 일차적인 판매와 추가적인 판매를 위하여 제공되는 모든 활동이라고 할 수 있다.

🎨 그림 1-3 _ 서비스의 구조

서비스는 아주 우수한 상품일지라도 높은 수준의 서비스가 뒤따르지 않으면 고객은 만족할 수 없다. 또 생산기술이 발전하고 물질이 풍부해진 오늘날에는 고객만족 성패는 상품과 함께 제공되는 서비스에 의해서 결정된다.

기업을 평가하는 데 있어서 서비스는 고객과 종사원 사이에 상호작용이 높기 때문에 중요하게 인식되어 서비스의 차별화, 서비스의 품질통제, 고객만족에 영향을 미친다. 그 이유는 서비스 품질인식이 고객접점으로 인한 만족도를 높이는 데 긍정적인 영향을 주고 있기 때문이다. 기업의 서비스 경제활동은 혁신과 기술혁신을 동일한 개념으로 인식하여 생산성 향상을 통해 기업성과를 증진시키고, 기업의 생존 자체를 유지시키는 기업경영이 핵심적인 요소이다.

 ## 2. 서비스의 본질

서비스는 산업이 급속도로 성장 발전하여 국가경제에 이바지하는 역할을 하고 있다. 최근 서비스의 기능적인 특성에 대한 인식이 점차 바뀌는 것은 서비스가 고객만족에 대해 효용가치가 있으며, 기업경영에 큰 영향력을 확산시키기 때문이다. 소비시장 환경에서는 지속적으로 서비스의 요구가 강화되면서 소비자가 우선이라는 사고전환이 이루어졌다. 또한 소비자들의 구매욕구가 개성화되고 다양화가 되어서 기존의 방식이 아닌 판매시장에서 소비시장의 형태로 바뀌었다.

서비스는 단순히 사용가치보다는 고부가가치 상품에 대한 고객의 관념이 달라지고 각기 취향이 다른 고객들을 만족시키는 상품제조를 위해서는 서비스의 가치가 적극적으로 요구되고 있다. 기업은 고객이 추구하는 다양한 소비가치를 만족시키기 위해 양질의 서비스를 제공해야 한다.

따라서 서비스는 제품을 생산하는 기업에서도 서비스 자체를 차별화하는 데 탁월한 경쟁력을 갖추는 전략이 우선시되어야 한다. 이러한 경향 때문에 기업의 경영자들은 서비스에 대한 관리가 매우 중요한 요소 중 하나이다. 서비스 기업은 제품을 생산하는 기업과 얼마나 차이가 있는가를 파악하고, 고객과의 접점에서 상품이 생성되고 평가되는 것에서부터 어떠한 차이가 있는지에 대해서도 고객을 우선으로 생각하는 기업경제 원리에 맞게 경영해야 한다. 이에 기업은 고객에 대한 서비스가 그 기업의 성공에 결정적인 영향을 줄 수 있다는 사고의 전환이 필수적이다.

다시 말하면 기업은 환대서비스를 확대시켜서 차별화된 상품과 고품격 서비스를 제공하고, 여러 가지 경영시스템을 효율적으로 운영하고 관리해야 한다. 서비스 기업에서 고려할 사항은 종사자가 고객에게 제공하는 서비스에 초점을 맞추어 최선을 다하는 모습을 보여줘야 한다는 것이다. 이러한 기업과 고객과의 관계적 서비스는 서비스 요원의 의식과 인간성의 확립이라는 것이 뒤따르기 마련이다.

고객에게 인식되어지는 기업의 이미지는 회사가 제공하는 서비스의 모든 부분이 포함되므로 서비스 요원의 적극적인 참여 없이 물질적인 제품의 발전과 고객들의 욕구를 충족시키기에는 불가능하다. 성공한 기업은 고객에게 주는 편리함과 휴식공간을 제공하는 것 자체가 기업의 역할로서 매력적인 가치를 가지고 있다.

서비스의 기본은 서비스 자체만으로는 존재할 수 없다. 서비스의 특성은 무형적이면서 타인에게 편익을 제공하거나 도움을 주는 기능을 가지고 있으므로 경제적 가치 창출에 일조를 해야 한다. 서비스는 물적 상품의 서비스도 중요하지만 절대적으로 인적 서비스의 제공이 수반되지 않으면 물적 상품의 가치를 하락시키게 되어 이로 인한 시설의 상품가치도 저하되는 결과를 초래한다.

서비스는 고객과 종업원과 경영자를 위해 존재한다. 다시 말해서 원천적인 서비스 주체와 객체인 서비스 대상의 양자가 존재함으로 비로소 서비스재가 존립하게 되고, 존재를 통한 판매와 같이 상호작용의 관계를 이룬다.

결론적으로 서비스의 본질은 인간다운 생활영역을 향한 활동으로 고객의 편익과 혜택을 누릴 수 있도록 하고 일상생활에서 보람과 행복을 추구하는 것이다.

3. 서비스의 특성

서비스는 국가나 사회, 타인을 위하여 자신의 이해를 돌보지 아니하고 몸과 마음으로 일하는 것을 의미한다. 고객은 서비스 정신을 바탕으로 회사의 영속적인 발전을 도와주는 기반이 된다. 고객에게 신뢰받는 기업은 지속적으로 발전하지만, 그렇지 못한 기업은 고객에게 외면당하여 쇠퇴하게 된다. 현대 사회에서 직업인에게 서비스란 자신보다는 고객의 가치를 최우선으로 하고 있다.

기업은 항상 고객의 입장에서 고객이 무엇을 필요로 하는지를 인지하고, 고객이 만족하는 품질수준은 어느 정도인지를 파악하며, 체계적인 노력을 기울여 양질의 품질설계, 철저한 생산관리, 만족스런 서비스를 제공하는 것이 원칙이다. 고객을 위한 자사의 서비스 상품은 유무형의 제품과 비교하여 서비스 전반을 분석하면서 기업이 고객을 리드하는 경영을 해야 한다.

기업의 입장에서 고객을 위한 무형적 서비스의 주요한 특징은 다음과 같다.

(1) 무형성

서비스는 고객이 제공받은 서비스에 대하여 보이지 않는 가치를 파악하거나 서비스를 평가하기가 어렵다. 왜냐하면 눈으로 보이는 유형의 상품일 경우 구매하여 상품을 이용해 보고 평가할 수 있지만, 무형의 상품은 보이지 않기 때문에 구매결정이 쉽지 않다. 기업들은 무형성인 서비스의 문제점을 극복하기 위해 기업이미지 전략 등과 관련된 마케팅 전략의 계획 실행에 중점을 두어야 한다. 서비스의 제공은 무형성으로 인하여 고객이 구입하기 전에는 견본을 제시하거나 오감을 통하여 사전서비스 및 평가가 매우 곤란하다.

서비스 무형성의 가장 큰 특성은 첫째, 서비스를 받는 사람이 유형의 상품보다 상대적으로 인식하기가 어렵다. 둘째는 사용하는 사람과 제공하는 사람이 있지만 소유권 이전이 불가능하며, 셋째는 경쟁자로 하여금 모방이 용이한 이점을 가지고 있다.

(2) 동시성

서비스는 일반 제품과 달리 사전에 만들어 놓은 상품이 아니므로 고객에게 즉시 제공되지 못하고 고객이 서비스를 제공받을 때 직원의 서비스에 의해 평가와 함께 소비되는 성격을 지니고 있다. 즉, 서비스는 다른 산업과 비교하여 인적 의존성이 상대적으로 높기 때문에 서비스 제공자와 고객 사이에서 짧은 접촉시간 동안에 품질이 창조되고 결정된다.

생산과 소비의 동시에 형성되는 서비스는 서비스를 제공하는 사람의 자질에 의해 크게 작용되므로 서비스 직원의 선발교육 및 훈련이 철저하게 이루어져야 한다.

서비스 동시성의 특성은 첫째, 일반 상품과는 다르게 대량생산을 통한 재고를 저장할 수 없으므로 시간과 공간의 제한을 받고, 둘째, 정확한 수요예측에 의한 계획생산이 어렵다. 셋째, 재고의 비저장성으로 인하여 추가 수요의 관리가 강조되고, 넷째, 서비스는 기업의 종사원과 고객이 거래하는 현장에서만 판매가 가능하여 유통과 검수과정이 불필요하다.

(3) 이질성

고객에게 판매되는 상품은 정해진 생산요소의 매뉴얼을 갖추어 생산하는 일반 제조업과는 다르다. 인적·환경적 요인에 따라 서비스라는 상품은 서비스가 창출되어 판매·구매되는 제공과정에서 고객과 직원 등의 서비스 결과가 이질성을 갖는다. 서비스가 생산되고 전달되는 것은 고객과 일정한 시간, 환경 및 제공자에 따라서 서비스의 내용이나 품질이 달라진다. 이처럼 균일화가 어려운 서비스는 어떻게 일정 수준 이상으로 서비스를 유지할 것인지, 표준화시킬 것인지를 고려해 볼 수 있다. 그러나 서비스의 비표준화는 고객에 따른 개별화의 기회를 적절하게 이용해서 고객의 욕구를 충족시킬 수 있다는 장점이 있다.

서비스 비표준화의 특성은 첫째, 서로 다른 표준화가 형성되고, 둘째, 서비스는 표준화하기가 어렵기 때문에 표준가격이 무의미한 요금의 차이가 있으며, 셋째, 다양한 고객의 욕구를 충족시킬 수 있는 전문 서비스 매니저가 필요하다.

표 1-1_ 서비스의 특성

구분	내용
무형성 (Intangibility)	• 서비스는 추상적이어서 만질 수 없다. • 제공받기 전에는 맛과 냄새를 맡을 수 없으며, 소리를 듣지 못한다. • 서비스의 가치를 파악하거나 평가하기는 어렵다.
동시성 (Simultaneity)	• 서비스는 생산과 소비가 동시에 일어난다. • 생산과 동시에 소비가 되어 고객서비스 생산과정 참여가 빈번하다. • 무형의 서비스는 누릴 수 있으나 소유가 불가능하다.
이질성 (Heterogeneity)	• 서비스는 비표준적이며, 고도로 가변적이다. • 생산과 분배과정에서 유형의 제품처럼 동질적이지 않다. • 이질성에 의해 고객제공 서비스의 표준화가 어렵다.
소멸성 (Perishability)	• 서비스는 재고형태로 보존할 수가 없다. • 즉시 사용되지 않으면 생산과 동시에 사라진다. • 사용불가 시 소멸되어 수송이 불가능하다.

(4) 소멸성

서비스는 고객에게 전달되는 동시에 상품으로서의 역할을 하고 난 후 바로 사라지게 된다. 무형의 서비스는 따로 보관이 되지 않아서 장기화가 될 수 없으며, 기업의 수익을 극대화시키기 위해서는 서비스 재고가 발생하지 않도록 수요와 수용능력 관계를 잘 관리하여야 한다.

또한 일반 상품과는 다르게 정해진 상황에서 판매가 발생하고 판매되지 않는 서비스는 소멸되기 때문에 당일 판매되지 않으면 저장했다가 재판매하는 것은 불가능하다. 이러한 점에서 소멸성은 과잉생산으로 인한 손실을 최소화시키고 이익을 극대화하는 서비스 마케팅 전략을 세워야 한다.

서비스 소멸성의 특성은 첫째, 무형의 서비스는 소멸성으로 인한 저장이 불가능하다. 둘째, 제공된 서비스재는 원상태로 환원될 수 없으며, 일정시간과 공간에 존재하므로 일정성의 특성을 가진다.

03 환대서비스의 이해

 1. 환대서비스의 개념

현대인들은 인간의 본능을 채우려는 욕구가 작용하여 미래지향적으로 끊임없이 도전하고 보다 나은 삶을 영위하고자 각자의 주어진 현실에서 최선의 노력을 발휘한다. 또 각자 자신의 목표를 세우고 사회 경험에서 자기계발에 무언가를 도전하고 여가에서 얻어지는 여러 체험으로 심리적인 충족감을 느낀다.

호스피탈 산업(hospital industry)은 21세기의 현대 사회구조 속에서 엔터테인먼트, 숙박 및 외식업을 통해서 주기능을 수행하는 서비스 산업이다. 환대는 손님과 주인 사이의 관계 진전을 뜻하고. 환대하는 행동이나 관례, 즉 낯선 사람들을 호의적으로 받아주고 기쁘게 해주는 것이기도 하다. 환대는 또한 도움이 필요한 어떤 사람에게 관대하게 주의를 기울이거나 친절한 행동을 하는 것이다.

마이클 앤드류 포드(Michael Andrew Ford)는 "환대란 손님에게 집중하는 능력이다."라고 정의하였다. 환대의 의미는 손님이 자신의 영혼을 발견할 수 있는 공간을 창조해내는 능력이다. 환대는 다른 사람의 외로움과 고통을 없애주는 것이 아니라, 자신들의 외로움을 공유할 수 있다는 사실을 인식하도록 돕는다.

환대서비스는 서비스 정신이 깃든 고객의 감동을 생산하는 공항, 호텔 및 리조트, 레스토랑, 여객운송, 오락, 카지노, 리조트 클럽, 스포츠 산업 등을 총칭하는 것으로 일반인이나 관광객을 대하는 서비스업을 말한다. 서비스 산업과 관련하여 서비스는 타인을 위해 자기 스스로 수고한다는 의미로 해석된다. 즉, 봉사라는 뜻을 포함하여 국가나 사회를 위해 윗사람에게 사용되거나 헌신적으로 공헌하는 것이다.

서비스 관점에서 우리는 흔히 서비스를 받는 차원에서 보다 질적으로 우위에 있는 것을 환대서비스(hospitality service)라고 하고 비재화인 무형의 경제재를 생산하는 활동이라 할 수 있다.

환대서비스는 서비스의 경제활동을 보면 전시관련 컨벤션, 축제나 이벤트, 테마파크 등을 포함하여 여행과 레저를 동반한 숙박, 외식, 운송업 등이 연관되어 고객을 유치하기 위해 기업의 상품을 구입하거나 서비스를 제공받고 일정한 대가를 지불하는 순환을 계속하고 있다 .

이러한 분야에서 고객이 원하는 다양한 욕구는 세계 경제 속에서 산업이 발전하면 할수록 인간중심의 서비스를 위한 호스피탈리티(hospitality)가 서비스 산업으로 등장하게 되었다. 기업은 고객에게 끊임없이 관심을 가지고 실행하는 여러 마케팅의 행위에서 고객의 편의를 도모하고, 새로운 것에 시선을 끌기 위해 필요한 재화나 서비스를 제공하여 이들 산업 간에 유기적인 관계를 맺고 있는 것이다.

환대서비스는 여러 기업경영의 호텔, 병원이나 학교, 은행, 백화점, 영화관, 음식점, 교통수단 등 수많은 서비스업을 이용할 때에 많은 혜택을 받는다. 그러므로 서비스 산업은 누구에게나 없어서는 안될 필요조건이며, 경영자로서 사명감을 가지고 최고의 서비스를 제공해야 한다. 서비스업에서 제공받는 인적·물적인 편의가 각각의 서비스업에서 제공되는 서비스는 양적으로 측정이 불가능하지만 고객과의 커뮤니케이션을 통해서 만족 여부를 알 수가 있다.

 ## 2. 환대서비스의 분류

서비스는 사람들을 대상으로 서비스가 전달되는 동안 고객이 즐거움으로 인하여 만족스러운 시간을 갖도록 핵심서비스를 제공받는 것 외에 부가적인 서비스가 실천

되도록 돕는다. 즉, 환대서비스 산업인 호텔이나 여행사, 공항과 항공기내, 백화점 및 면세점 등의 유통서비스, 병원·의료 및 금융·은행서비스 등에서 고부가가치 서비스를 제공하여 현장에서 고객의 만족도를 높일 수 있는 환대서비스가 제공된다.

서비스는 다양한 특성을 지니고 있기 때문에 서비스의 성격상 서비스를 분류하는 것은 쉽지가 않다. 왜냐하면 대부분 서비스 산업에서 창출되는 고용의 기회는 개인의 자아존중 및 자아실현을 위해 고품격의 서비스 제공을 원하기 때문이다.

여러 요인을 기준으로 서비스 분류는 서비스 존재방식에 의한 분류, 고객접촉에 의한 분류, 투입물 결과의 성격에 따른 분류로 전략적 관점에 의해서 나누어진다.

(1) 서비스 방식에 의한 분류

서비스의 핵심은 서비스 상품을 판매할 때 가장 주력이 되는 부분의 서비스가 가장 우선시 된다. 서비스는 경쟁자에 의해 신속하게 모방될 수 있으므로 고객들에게 차별화를 제공하려면 부가서비스를 개발하는 것이 유리하다. 부가서비스는 서비스 기업들이 품질이나 가격 등의 핵심서비스로만 차별화가 어렵게 되면서 차별화의 원동력 또는 경쟁력으로 등장하고 있다.

🍳 그림 1-4 _환대서비스 4대 분류

핵심서비스 개발은 시간과 연구, 비용 투자가 많이 필요하고, 부가서비스는 상대적으로 적은 시간과 비용투자가 가능하다. 서비스 정보는 신상품에 대한 정보, 상품의 디자인이나 기능, 유행의 특성과 각종 이벤트에 매우 관심이 많은 고객들을 위해서 자사의 정보변화를 신속하고 정확하게 접할 수 있도록 한다.

부가서비스의 종류는 정보서비스, 주문서비스, 지불서비스, 해결서비스 외에 고객 질문에 대한 자문서비스, 청구 및 보호서비스 등의 환대서비스가 있다.

① 정보서비스

기업은 가급적이면 고객에게 많은 정보를 제공해야 한다. 정보 제공 시에는 고객에게 먼저 다가서서 무엇을 궁금해 하는지를 파악하여 전달한다. 특히 신규 서비스를 접하는 고객에게는 서비스에 관한 정보가 필히 제공되어져야 한다. 서비스를 이용하는 환대서비스 기업에서는 호텔과 병원을 찾는 고객, 각 기관에서 얻는 인터넷 정보 이용객, 공항에 도착하여 수속절차를 이용하고자 하는 고객들에게 충분한 정보를 제공하여 실수하지 않도록 배려해야 할 것이다.

고객은 상품을 구매하기 이전에 상품가격, 재고의 유무, 상품의 전달장소와 시간, 대체품의 유무사항 등을 조사한 후 상품과 서비스를 선택한다. 대부분의 고객은 정보서비스를 제공받기 쉬운 업체들에게 구매할 확률이 높기 때문에 쉽고 빠르게 정보를 전달하는 것이 중요하다. 현재 신상품에 대한 정보수단들은 인터넷 홈페이지 및 모바일 애플리케이션을 통한 검색, 전화나 SNS 문자발송, 브로슈어 외에 DM(direct mail) 발송, 담당자의 설명 등의 다양한 매체들로 제공되고 있다. 이러한 서비스에 익숙한 고객은 필요한 정보만을 추출하여 신속하고 정확하게 얻고 싶어하므로 다양한 정보기술을 활용하여 고객의 욕구를 만족시켜줘야 한다.

② 주문서비스

주문이란 어떤 일에 대해 일정한 방식으로 해줄 것을 요구하는 것으로서 특정 상품의 생산, 수송 혹은 서비스의 제공을 수요자가 공급자에게 신청하는 일이다. 주문의 특성은 첫째, 고객의 주문이 이루어져야 판매가 성립된다. 고객이 주문하기 쉽게 이용할 수 있도록 고려한다. 둘째, 고객이 정기적으로 주문할 수 있는 시스템을 만든다. 셋째, 고객의 주문경로를 다양화시킨다. 주문경로는 기존의 판매 채널보다 확대하여 전화나 팩스, 인터넷, 모바일 등의 각종 통신을 이용하는 판매형태가 다양하다. 넷째, 고객의 세부적인 요구가 전달될 수 있는 예약시스템을 구축하여 고객의 요구조건에 맞게 접수하여 예약을 통해 고객화의 방안을 모색할 필요가 있다.

③ 해결서비스

서비스는 전달시스템이 잘 계획되었더라도 문제에 대한 해결이 어려운 예외사항이 발생할 수도 있다. 해결방안으로는 고객이 서비스 기업과 접촉하여 주문을 쉽게 할 수 있도록 부가서비스의 개선이 이루어져야 한다.

첫째, 서비스가 고객에게 전달되기 전에 고객들이 특별한 사항을 요구할 수 있다. 이런 경우에는 서비스를 하기 전에 먼저 책임자에게 상황을 정확하게 전달하여 서비스 제공이 가능한지 확인해야 한다. 만약 고객의 요구사항에 적절하게 대응하지 못했을 경우에는 고객불만족에 의한 이탈로 이어질 수 있다. 둘째, 고객이 시간과 장소에 제한 없이 이용할 수 있게 주문창구를 오픈해서 관례적인 서비스에서 벗어나는 예외적인 업무에 대응할 수 있는 지침이 필요하다. 하지만 규정에서 벗어난 예외사항들이 발생하게 되면 서비스 디자인과 전달시스템에 문제가 생기므로 서비스와 전달시스템을 전면적으로 재구축하여 조정할 필요성이 있다. 셋째, 고객의 불평·칭찬·제안 등은 가급적 빨리 처리할 수 있도록 한다. 고객이 불만·불평을 할 수 있는 창구 등은 회사 내에 확대하여 정보를 신속하게 전달받아서 이를 빠르게 분석하고 조치하여야 한다.

고객에 대한 배려는 상품기능이나 품질보증에 관하여 상품사용 시 발생하는 어려움을 극복할 수 있도록 지원하고, 서비스나 제품이 잘못 전달되었을 때 대체품으로 반환할 수 있는 제도와 금전적으로 보상하는 정책을 수립한다.

④ 지불서비스

지불서비스는 고객이 상품을 이용한 후에 대가를 지불하기 전에 지불내역을 고객에게 제시하는 서비스이다. 이 서비스는 고객이 지불하는 방법을 용이하게 만들거나 경제적으로 부담을 적게 만든다. 최근에는 고객의 구매력이 부족한 경우에도 구매할 수 있도록 기업과 연계한 할인혜택의 금융패키지를 제공하는 기업들이 늘고 있는 추세이다. 직원이 고객에게 개별적인 거래내역을 제공할 수 있기 때문에 일부 기업들은 고객이 안심할 수 있는 청구서를 고객 스스로가 작성하도록 서비스를 제공한다.

지불서비스에 대한 부가서비스는 셀프서비스의 개념을 활용하여 이용금액을 용이하게 지불함으로써 신속한 거래를 완료할 수 있는 이점이 있으므로 은행의 온라인 계좌를 이용해서 자동이체를 시킨다면 지불에 대한 시간을 단축시킬 수 있다.

사전서비스	현장서비스	사후서비스
• 판매전 제공	• 서비스 본질	• 유지 서비스
• 기능성 타진	• 직접적 거래	• 제품의 하자
• 간접적 효과	• 한정 서비스	• 고객 확보성
• 마케팅 촉진	• 시스템 조건	• 재구매 유도

🎨 그림 1-5 _ **제품구매의 서비스 3단계**

(2) 고객접점에 의한 분류

고객접촉이란 고객이 시스템 내에 존재하는 상태를 의미하고, 지속적인 고객접촉을 유도할 수가 있다. 기업은 고객의 욕구와 불만사항을 신속히 파악하고 해결함으로써 기업이미지가 개선되어 궁극적으로는 매출 증대로 이어지는 기업의 목적을 가진다. 고객접촉의 정도는 고객서비스를 제공하는 데 소요되는 총 시간 중에서 고객시스템 내에 시간의 비율로서 측정되는 것이다.

서비스 과정의 핵심요소는 고객접촉 정도의 전체량을 말하기 때문에 서비스 시스템과 고객의 접촉시간이 많으면 상대적으로 상호작용이 크게 적용된다. 고객접촉이 낮으면 서비스 생산은 생산 공정 타입과 비슷해지며, 효율성은 높아질 수 있다. 하지만 고객접촉이 높은 경우에는 고객에게 서비스의 한 부분을 담당하도록 함으로써 서비스 생산이 보다 효율적으로 운영될 수 있다.

고객과의 접점은 서비스 분야에 맞는 핵심서비스를 제공하는 단계이다. 예를 들면 여행사에서 여행상품에 대하여 상담원과 직접 접견하는 상황, 은행에서 은행직원과 통장거래를 하는 경우, 백화점에서는 고객이 원하는 상품을 코디하거나 추천해주는 상황, 병원에서 환자가 의사에게 진료를 받는 경우, 호텔에서 프론트 직원에게 예약확인을 하는 경우 등의 서비스를 말한다. 서비스를 제공받는 방법은 고객과 지리적 측면, 또는 고객과의 상호관계적인 측면을 가지고 있다. 고객접점에서 다각적 측면을 지닌 서비스는 서비스 품질과 일관성을 유지하기 위한 관리적 측면에서 고려하고, 서비스를 제공할 때에는 서비스 기업의 유통에 대한 차별화 전략이 필요하다.

📊 표 1-2_ 서비스의 유무형의 성격

서비스 성격	서비스의 직접적인 영향	
	사 람	사 물
유형적 행동	• 여객운송, 의료, 호텔, 미용실, 물리치료, 헬스클럽, 레스토랑, 장례서비스 등	• 화물운송, 수리 및 보수, 창고보관업, 사무소관리, 소매업, 세탁소, 조경 및 잔디관리, 연료보급 등
무형적 행동	• 광고, 예술 및 오락, 연예, 교육, 경영 컨설팅, 정보서비스, 공연, 종교, 전화 등	• 증권/은행, 자료처리, 보험, 조사, 법률서비스, S/W 컨설팅, 프로그래밍 등

① 서비스 활동의 성격

유·무형의 서비스 활동은 서비스의 직접적인 영향을 받아 네 가지로 분류된다. 첫째, 고객과의 지향적인 유형의 활동으로, 개인적 성향이나 관광객들의 운송 등이다. 둘째, 소유물에 대한 지향적 유형의 활동이며, 세탁소나 경비서비스 등이다. 셋째, 고객지식의 지향적인 무형의 활동으로 예술 및 오락, 정보서비스 등이다. 넷째, 재무적 서비스와 같은 고객자산의 지향적 무형의 활동으로서, 이는 거래은행이나 보험처리 관계 등의 법률서비스를 말한다.

② 고객과의 관계

기업은 자사의 고객이 누구인지, 고객이 무엇을 원하는지를 파악하여 서비스를 경영하는 것이 기본이다. 고객에 대한 정보는 고객관계를 지속적으로 유지하여 고객이 원하는 상품과 서비스를 제공할 수 있다. 고객관리는 고객의 평생가치를 극대화하여 수익성을 높이는 동시에 서비스 전달과정에서 내·외부 고객구성원의 성격을 비교하기 위해 중요하다. 이와 같이 고객을 알고 있다는 것은 서비스 조직에 경쟁적 이점과 전략적 선택요인이 될 수 있다. 서비스 기업은 고객들과의 개인적인 면에서 자주 서비스 제공자와 직·간접적으로 거래를 하기 때문에 고객유치 및 데이터베이스를 확보하는 것보다 고객을 파악하는 것이 장기간의 관계를 구축할 수 있는 기회를 갖게 된다.

③ 종업원의 재량권

기업은 종업원이 해야 할 일, 해도 되는 일, 할 수 있는 일에 대한 원칙과 규정이 정해진 운영시스템이 존재한다. 기업의 모든 원칙은 고객이 우선이라는 것을 강조하고, 기업 입장에서 종업원들에게 주인의식을 갖고 경영방침을 설명하여 여러 가지 경우에 따라 대처하는 요령과 자기 나름대로 일을 처리방법에 대한 교육을 실시한다.

고객의 판단을 위한 개인적인 맞춤서비스와 주문제작 서비스를 위한 전략적 선택은 서비스의 전달시스템과 밀접한 관계가 있다. 서비스는 유형이든 무형이든 간에 소비함으로써 창조되어지고, 고객은 구매과정에서 참여하기 때문에 고객의 욕구에 맞추기 위한 서비스가 존재하는 것이다.

④ 수요와 공급의 성격

고객이 원하는 요구조건의 하나는 상품에 대한 가격이다. 가격을 결정하는 데 중요한 포인트는 수요와 공급의 변화 차이로서 적정한 가격결정, 즉 경쟁가격을 정하는 것이 핵심이다. 기업이 생산한 제품은 재화의 가격이 오르면 수요량이 줄고, 반대로 재화의 가격이 내려가면 수요량이 증가하는 경향을 수요의 법칙이라 한다. 또 재화의 가격이 상승하면 공급량은 증가하고, 재화의 가격이 하락하면 공급량이 줄어드는 경향을 공급의 법칙이라 한다.

예를 들어 서비스의 공급이 시기적으로 부적합한 것은 장래 판매를 위한 재고품 저장과 생산여건의 부족으로 인하여 서비스 관리자에게는 타격일 수밖에 없다. 수요와 공급 불일치의 범위는 서비스 기업 전체에 걸쳐 다양하게 나타난다. 가장 적절한 전략적 서비스를 수행하기 위해 고려되어야 할 사항으로는 수요변동의 원인, 수요변동의 성격, 생산능력의 수준과 공급을 변화시키기 위한 기회, 성수기 임시적 고용문제가 발생하게 될 수도 있다.

(3) 서비스의 성격에 의한 분류

고객에 대한 전략적 서비스는 직접적으로 서비스에 영향을 받는 고객의 지향적인 성향과 소유물의 지향적인 유형적 활동을 말한다. 활동의 성격이나 서비스 수요와 공급에 대한 전략은 성수기와 비수기에 대한 대책으로 서비스 전체에 걸쳐 다양한 전략이 수립되어야 한다. 또한 수요와 공급의 성격, 서비스를 제공하는 과정에서 고객의 주문에 의해 제품이 제작되고 종사원의 개인적인 판단에 의해 고객에게 맞는 서비스가 제공된다. 그리고 전략적인 선택을 필요로 하는 종업원의 권한과 주문조건, 고객과의 관계에 의한 장기적인 접촉요인으로 고객과의 관계가 형성되는 것이다.

고객서비스 대상의 주체는 사람이나 물체를 대상으로 하는 가시적인 서비스와 비가시적 서비스가 구성되어 네 가지로 나뉜다.

① 사람을 대상으로 하는 서비스

기업이 고객에 대한 서비스를 위해서 사람을 대상으로 하는 가시적 서비스는 서비스 종업원과 고객 사이에서 반드시 고객이 서비스를 제공받고자 하는 장소에서 적합한 서비스를 받아야 실전에 만족할 수 있다.

② 물체를 대상으로 하는 서비스

물체를 대상으로 하는 서비스는 물체가 있는 곳으로 서비스 시설이 이동되어 고객의 불만을 최소화시키는 방법이다. 예를 들면 지역의 축제를 원활하게 진행해야 할 경우 행사장에서 행사목적에 필요한 물질적인 요소들의 시설을 설치하여 참가자들의 만족도를 높일 수 있게 행사를 원만하게 개최한다.

③ 사람을 대상으로 하는 비가시적인 서비스

사람을 대상으로 하는 비가시적인 서비스는 서비스를 제공한 후에 고객이 느끼는 만족도를 물리적으로 파악하거나 서비스의 기준에 따라서 측정하기 어려운 경우를 말한다. 예를 들면 교육에 관련된 서비스가 이에 해당된다.

④ 물체를 대상으로 하는 비가시적인 서비스

물체를 대상으로 하는 비가시적인 서비스는 고객만족도의 정도에 따라서 기업에서 제공되는 정보의 취합이나 개인이 가지고 있는 정보처리 등으로 서비스 품질에 영향을 미치는 것이다.

 ## 3. 환대서비스의 형태

한국의 서비스 산업은 서비스 산업발전을 위한 창조경제를 달성하기 위해 국내외 관광객에게 한국을 알리고 국가브랜드와 품격을 높이는 데 커다란 구심점이 되었다. 호텔 및 숙박업은 고용을 창출하기도 하며, 창조경제 활성화에 대한 미래 성장 동력 산업으로 확보할 수가 있는 계기가 되었다. 또한 투자자, 관광객외에 국내 체류 외국인과 내국인 등을 상대하여 장소 마케팅을 전가하는 장소 브랜드로 이해할 수 있기 때문에 보다 적극적으로 글로벌한 생산성과 부가가치를 높여야 한다.

환대서비스는 삶의 여가를 즐기기 위해서 여러 가지 상업적인 시설을 포함하고 있으며, 유형의 여가시설과 무형의 인적 서비스로 인하여 고객을 만족시키는 서비스를 제공한다. 고객과 서비스의 관계의 주 업무는 어떠한 산업분야에서도 내부고객에게 동기부여를 줌으로써 다양한 직무를 원활하게 실행하고, 고객과의 타협을 가능하게 하여 고객을 만족시킨다. 그러나 사회가 발달하면 고객에 대한 사회경제적 가치평가의 기준이 향상되기 때문에 고객은 높은 수준의 니즈를 갖게 된다.

환대산업을 위한 서비스는 가급적 내국인뿐만이 아니라 외국인의 감성을 동시에 만족시킬 수 있는 수준 높은 호스피탈리티 산업의 육성이 필요하다. 서비스를 찾는 고객은 종업원의 서비스 행동에서 고객서비스의 만족도에 따라 어느 정도 영향을 주게 된다. 환대서비스 상품은 고객에게 제공되는 물리적 상품과 서비스를 이용하는 고객이 심리적으로 기대했던 만큼 고객만족 평가가 달라질 수 있다.

고객서비스는 고객과 종사원 사이에 상호작용이 높기 때문에 중요하게 인식되어지며, 서비스 품질에 대한 인식이 고객접점 만족도를 높이는 데 긍정적인 영향을 받아 기여하는 바가 크다. 따라서 서비스의 차별화, 서비스의 품질통제, 고객만족이 기업을 평가하는 데 있어서 영향을 미치게 된다. 대부분 환대산업은 매우 발달하여 서비스의 분류인 관광 및 항공, 의료 및 병원, 금융 및 은행, 물류 및 유통 등의 서비스 분야에서 다양하게 변해왔다.

환대서비스는 호텔, 항공, 레스토랑, 여행사 등의 파트너십 분야로 환대와 여행마케팅 시스템을 위해 관광산업에서의 마케팅과 시장 세분화의 구체적인 적용범위로서 고객과 산업 트렌드의 포지셔닝의 개념을 내포하고 있다. 마케팅 계획은 각각의 요소가 발전하고 구현되는 서비스 품질, 상품에 관한 서비스, 가격측정, 고객과의 커뮤니케이션, 포장 및 프로그래밍, 유통채널, 광고 및 홍보, 판매 프로모션, 인적 판매 등의 전략이 마케팅 관리 및 통제, 평가가 뒤따른다.

기업들은 고객과의 접점에서 요구되는 고객의 기호에 어울리는 최상의 서비스를 배려하기 위해 각 기업의 업종에 맞는 서비스와 고객이 원하는 고객관계관리(CRM: Customer Relationship Management)에 최선을 다하고 있다. 서비스직 종사자들은 감성지능에 의한 의사소통능력과 종사원의 감성지능 개발 및 관리를 통해서 서비

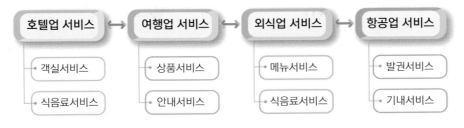

그림 1-6 _ 관광분야 환대서비스의 유형

스를 향상시킨다. 그리고 개인의 능력이 타인의 감정에 대한 이해와 상황에 적절한 자기의 감정표현으로 고객과의 관계를 유지시키는 데 일조하고 있다.

각 업종별 고객에게 요구되는 환대서비스에 대한 서비스 방법을 찾아보고자 한다.

(1) 호텔서비스

한국의 호텔서비스 산업은 해가 거듭될수록 급등하는 관광객의 수에 맞추어 한국의 관광산업으로 주목받고 있으며, 그와 함께 호텔이 관광산업의 중요한 요소로 자리매김하고 있다. 호텔의 등장은 1883년 한국을 방문하는 각국의 외교사절단과 외국 방문객들이 인천항으로 들어오게 되고 인천에 '대불호텔(1889년)'이 건립되어 최초의 호텔이 탄생하였다. 이곳은 한국에서 서양 문물이 가장 일찍 시작된 곳으로서 국내 최초로 커피를 팔았던 호텔이기도 하고, 한국에 머무는 외국인들에게 인천항의 대표적인 숙박기관으로 명성이 높은 곳이었다.

한국의 호텔은 한류열풍으로 인한 외국인 관광객 유치를 위한 환대서비스업이 고조되고 있다. 이러한 영향으로 서비스 산업의 선진화를 위한 양질의 일자리를 창출할 수 있는 기회가 생성되었다.

호텔서비스는 대부분 객실, 식음료, 연회, 판촉, 피트니스 등의 서비스가 있다. 고객에게 호텔에 대한 정보제공은 서비스에 관한 고객응대에 상당한 비중을 차지하고 있다고 볼 수 있다. 객실서비스는 호텔에서의 핵심역할을 하므로 객실과 관련하여 제공되는 숙박서비스로서 객실예약을 비롯하여 가장 중요한 서비스가 제공되는 경우이다.

호텔은 고객이 편안하게 머무를 수 있는 객실 내의 청결함이 요구되는 하우스키핑 등의 서비스가 제공된다. 이외에도 셀프 브랜딩의 매너 있는 서비스를 제공하고, 정보의 서비스 방법을 숙지하여 호텔 내의 업장과 각 시설에 대한 설명과 인근 주변 교통 및 관광에 대한 정보를 충분하게 전달한다. 그리고 고객만족을 위한 품격 있는 서비스와 함께 고객이 호텔을 재방문할 수 있도록 호텔에 대한 충분한 정보를 제공하고 고객과의 친밀한 관계를 유지시킨다.

(2) 여행서비스

여행업은 여행을 하고자 하는 불특정 다수의 관광객들에게 여행의 기본이 되는 서비스를 제공해주기 위해 고객이 원하는 여행정보를 전달하여 고객의 욕구를 충족시켜준다. 여행고객에 대한 경영전략 수립은 여행사와 종사원의 관계가 서비스 지향과 고객 지향성에 영향을 주며, 서비스 리더십과 서비스 시스템이 신뢰와 만족에 긍정적인 영향을 줄 수가 있다.

여행업과 관련한 수배서비스는 고객의 요청에 따라서 희망하는 운송 및 숙박 등의 여행에 필요한 제반사항을 확보하게 되고 하나의 여행상품으로 조합하여 기획력을 키우고 판매촉진을 조성하는 데 밑받침이 된다.

여행서비스 중 통역서비스는 한국을 방문하는 외국관광객들이 체류하는 동안 한국인에 대한 인식을 좌우하기 때문에 근면하고 성실한 태도를 접하여 여행서비스 과정을 거치면서 한국에 대한 호감 가는 이미지를 심어줄 필요가 있다.

여행가이드는 한국을 대표하는 국민의 한 사람으로서 책임의식을 갖고 민간외교와 국제적인 친선도모에 긍정적으로 이바지하는 기본자세를 갖추어야 한다. 또 여행객들의 정보를 분석하고, 고객의 욕구에 부합되는 여행상품 판매활동이며, 관광이 시작되면 입국부터 출국할 때까지 국내외 관광객을 안내하는 것이다.

여행상품은 교통, 숙박 및 식사, 관광 등 여러 가지 요소가 복합되어 있는 상품이기 때문에 수배서비스를 세심하게 계획해서 조합하고 상품을 개발한다. 여행상품 판매는 고객이 상품을 구매하게 하고 여행업자의 주요 기능을 충분하게 발휘하도록 한다.

상품서비스는 여행상품의 가치를 높이는 상품기획으로 경쟁력이 있게 신뢰를 쌓아서 여행객의 불만을 최소화시킨다.

여행서비스는 여러 가지 여행정보를 제공하여 여행상품의 판매활동을 통하여 사명감을 갖고 사회에 이익을 주는 기업의 서비스 활동으로 사회적인 공헌도를 높일 수 있는 기회이자 기업성장에 도움을 준다.

(3) 외식서비스

서비스 산업의 특성인 외식업은 서비스 사회에서 부가가치가 높은 업태로서 서비스가 차지하는 비중이 매우 높다. 객관적으로 외식업체에 대한 이미지는 매출과 관련이 있기 때문에 직원은 물론 접객서비스 태도가 가장 중요한 역할을 하고 있다. 또한 고객만족과 직결되는 서비스는 고객의 재방문과 접객종사원의 서비스가 일정한 사이클로 순환되면서 높은 수익률을 창출하는 데 일조하는 업태이다.

외식관련 서비스는 음식을 제조하는 데 그치지 않고 업소의 이미지를 제고시킬 수 있는 전략수립과 고객이 원하는 상품이 무엇인가를 알기 위한 정보수집에 주의를 기울여야 한다. 외식업의 특징은 노동집약적인 것이 많고, 사람에게 의존하는 부분이 많으며, 상품 생산적 요소가 강하여 인건비의 비율이 매우 높은 편이다. 서비스의 수요는 긍정적으로 소비자의 만족을 목적으로 하고 있으므로 유형재의 가격은 수요와 관계가 있지만 기본적으로는 생산비에 의하여 결정된다.

외식서비스 산업은 외식업 이미지에 포괄되는 종업원의 태도서비스와 분위기에 어울리는 업태서비스가 고객에게 많은 영향을 준다. 외식업서비스의 효용가치는 제공되는 서비스의 개성화가 뚜렷하여 수요자의 주관으로 평가되는 경우가 대부분이다. 결론적으로 서비스는 고객에게 제공된 후에 서비스의 품질을 판정할 수 있으나 서비스 품질의 균일화가 어렵다.

(4) 항공서비스

항공서비스는 발권서비스부터 기내서비스까지가 적용되는 것 외에도 승무원이 제공하는 인적 서비스와 항공사의 비행기와 같은 물적 서비스, 승객의 편안한 여행을 위해 기내에 탑재되는 물적 요소를 활용하여 제공하는 객실서비스 등이 있다. 또한 고객의 긍정적인 구전효과를 유발하고, 장기적으로 충성고객을 높이기 위해 승무원들에 의해 제공되는 인적·물적 서비스의 수행이 뒤따르게 된다. 이 서비스는 충성고객이 유지되어 확대발전할 것으로 기대되기 때문에 기내서비스 품질개선을 위해 승무원들의 지속적인 훈련에 주력하고 관심을 갖는 것이 중요하다.

항공사는 서비스 품질을 개선하기 위해서 최신 기종 도입, 기내식의 향상과 연계성, 노선의 편리함, 인적 서비스를 담당하고 있는 승무원 채용과 훈련 등에 노력을 아끼지 않는다. 항공서비스 분야에서 경쟁하는 데 우위를 차지하는 요소는 합리적인 가격, 편안한 신속한 서비스 등을 고객에게 제공하여 고객충성도를 높이고, 긍정적인 구전효과 등을 증진시킨다. 항공사는 고객으로 하여금 기업의 서비스와 상품을 홍보하고, 충실한 소통으로 이어지는 역할을 하는 것과 같은 적극적인 행위를 유발한다.

항공사의 직원의 외적 이미지는 인적 서비스 품질인 친절한 승무원의 태도가 항공사 이미지에 영향을 주게 되고, 객실승무원의 인적 서비스 품질의 적극성과 친절성이 고객만족에 직접적인 영향을 줄 수 있다. 이것은 항공사 서비스 직원의 신체적 외형, 의사소통을 위한 신체적 언어, 의사표현 언어, 공간적 언어 등 비언어적 커뮤니케이션을 적극 활용하여 공항 및 기내에서의 고객을 응대함으로써 비언어적인 커뮤니케이션의 중요성을 인식시키고 있다.

알아두기

> ## "호텔 리츠칼튼(Ritz-Carltone)의 경영철학
> ## 골드 스탠더드(Gold Standard)"
>
> 리츠칼튼(Ritz-Carltone)은 매리엇 인터내셔널 산하의호텔브랜드이다. 리츠칼튼호텔 경영은 고객의 편안함과 고객에 대한 배려를 위하여 최선을 다하는 것을 가장 중요한 임무로 삼는다. 호텔고객이 새로운 느낌과 만족감을 경험할 수 있도록 고객의 니즈에 맞게 기대와 요구까지도 충족시킨다. 호텔서비스는 고객이 친절하고 품위 있는 분위기를 느낄 수 있도록 최선의 개별서비스와 시설을 제공하고 있다.
>
> ◉ **사훈 : 우리는 신사숙녀를 모시는 신사숙녀이다.**
>
> *We Are Ladies and Gentlemen Serving Ladies and Gentlemen.*
>
> ◉ **리츠칼튼호텔 직원의 기본 수칙**
> - 리츠칼튼호텔의 경영철학과 스탠더드
> - 복장과 용모규정 외 기본 전화예절
> - 호텔의 품질향상 및 문제해결 과정
> - 하우스키핑 & 안전, 자산보호, 환경보호
>
> ◉ **The Ritz-Carlton Hotel의 고객만족의 전략**
>
> 리츠칼튼호텔에서는 신사숙녀들이 고객에 대한 서비스에서 가장 중요한 자원이다. 직원들의 신조는 신뢰와 정직, 존중, 성실과 약속을 바탕으로 호텔의 이익을 위해 그들의 재능을 발전시키고 최대화한다. 리츠칼튼호텔은 다양함이 존중받고, 삶의 질이 향상되며, 개인의 포부를 만족시켜서 리츠칼튼호텔의 신비함이 강화되는 근무환경을 만들 것이다.
> - 리츠칼튼호텔은 종업원을 존중한다.
> - 리츠칼튼호텔은 기회(complain)를 놓치지 않는다.
> - 리츠칼튼호텔은 서비스 문화를 형성한다.
> - 현장을 가장 잘 아는 종업원에게 권한을 부여한다.
>
> ◉ **서비스의 3단계**
> - 따뜻하고 진실된 마음으로 고객을 맞이하고, 고객을 존중한다.
> - 고객이 원하는 바를 미리 예측하고 이에 대해 신속하게 부응한다.
> - 따뜻한 작별인사로 고객에게 감사를 드리며, 고객을 존경한다.
>
> ◉ **현재 브랜드명: 르메르디앙 호텔**

43

chapter 01.
환대서비스의 체크리스트

분류		업무내용	체크	
			YES	NO
호텔 서비스	1	밝은 미소와 표준 언어를 사용하는가?		
	2	신속하고 정확한 서비스를 제공하는가?		
	3	호텔 내에 부대시설 이용방법을 숙지하고 있는가?		
	4	객실 상품에 대한 지식을 가지고 있는가?		
	5	객실 업무에 대하여 모두 파악하고 있는가?		
	6	고객을 친절하게 안내하고 있는가?		
	7	호텔시설에 대하여 제대로 설명하였는가?		
	8	고객이 퇴실할 때까지 최선을 다하였는가?		
여행 서비스	9	가이드로서 갖추어야 할 기본 복장을 준수하고 있는가?		
	10	여행객 응대 시 잘못을 지적받은 적은 없는가?		
	11	진한 화장으로 여행객들에게 불쾌감을 준 적이 있는가?		
	12	기본적인 가이드의 수칙을 숙지하였는가?		
	13	여행객의 요구사항을 반드시 재확인하였는가?		
	14	현지문화에 대한 정보를 충분히 전달하였는가?		
외식 서비스	15	접객 시 서비스 순서에 의해서 하고 있는가?		
	16	고객에게 음식을 서비스할 때 서비스 순서를 중시하는가?		
	17	항상 접객용어를 제대로 구사하고 있는가?		
	18	음식 접대 시 신속하고 정확하게 하고 있는가?		
	19	레스토랑의 모든 상품에 대한 청결성을 유지하는가?		
	20	고객응대 불편 시 상황에 맞게 즉시 사과를 하였는가?		
	21	예약 시 필요한 내용을 정확하게 메모하였는가?		
항공 서비스	22	승객에게 서비스 제공 시 진솔하게 대하였는가?		
	23	승객의 불편함을 최대한 배려하였는가?		
	24	항공발권에 착오가 있는 탑승객의 편의를 도모해주었는가?		
	25	항공기 불편고객에게 새로운 이미지를 심어주었는가?		
	26	탑승에 관한 정보지식을 충분히 안내하였는가?		
	27	항공기 내에 서비스 제공에 심혈을 기울였는가?		
	28	탑승객 요구에 최선을 다하여 서비스를 하였는가?		

MEMO

고객 서비스 실무
Customer Service Practice

Chapter
02
서비스 마인드의 이해

학습목표

고객접견 시 서비스 자질을 갖추기 위하
여 고객서비스 응대역량을 키우고 서비
스 마인드와 자세를 트레이닝하여 고객
에게 최상의 서비스를 제공할 수 있다.

01 서비스의 기본정신

 ## 1. 서비스 마인드

환대서비스 기업에서 종사원이 갖추어야 할 올바른 서비스 마인드(service mind)는 개인이 마음을 어떻게 갖느냐에 따라서 달라지므로 예절의 뿌리이자 매너의 시작이다. 서비스를 할 때에는 스스로가 기업의 주인이라 생각하고 자주정신을 가져야 한다. 고객만족을 위한 서비스는 종사원이 기본 사항을 지키는 것에서부터 시작되므로 고객을 직접 서비스하는 직원의 마음과 근무자세가 기본이다.

종사원은 고객을 최우선으로 생각하는 자세로 '서비스는 사람으로부터 나온다.'라는 것을 기억하고, 고객이 즐거움을 갖도록 서비스에 전념해야 한다. 이러한 서비스를 바탕으로 기본적인 고객접점의 마인드 및 서비스 요원의 자세에 대한 세부적인 요소들을 파악할 수 있다.

서비스는 서비스 요원이 갖추어야 할 자세 및 태도이며, 상대에 대한 마음의 표식이다. 마음은 일반적으로 정신이라는 말과 같은 뜻으로 쓰이지만 정신에 비해 훨씬 개인적이고 주관적인 뜻을 내포하고 있다. 심리학에서는 말하는 의식(consciousness)의 의미를 지니며, 육체나 물질의 상대적인 말로서 철학적인 입장에서의 정신 또는 이념의 뜻으로도 사용하는 경향이 있다.

서비스 요원은 생각이 긍정적이고, 마음이 밝으면 표정도 밝다. 표정은 개인의 영혼을 담은 마음의 거울로서 그 사람의 내면을 나타내는 이미지라고 할 수 있다. 그래서 고객에게 마음의 문을 열고, 자사의 서비스 상품을 이용하게 하려면 무엇보다도 호감을 줄 수 있는 마음가짐을 갖추어야 한다. 올바른 마음가짐은 경쟁 기업에서 서비스 마인드 자체가 서비스 제공의 품격이자 첫출발의 핵심이다.

(1) 고객접견의 정신자세

서비스 종사원은 단정하고 예의 바른 자세로 서비스에 임해야 한다. 종업원은 자신의 직업관 확립과 올바른 정신자세를 통해 프로다운 마인드를 갖추어 접객에 관련된 업무를 충실하게 이행하여야 한다. 직원으로서의 업무 관련 전문지식은 반드시 숙지하여야 하며, 맡은 바 임무를 수행함에 있어서 차질이 발생하지 않게 한다.

고객은 종사원의 환대서비스 태도에 따라 느끼는 고객만족도가 달라지므로 종사원은 책임감 있는 행동을 실행하여 신뢰받을 수 있도록 정직성을 갖춘다. 또한 고객이 온화하고 안락한 분위기 속에서 언제나 환대를 받고 있다는 좋은 인상을 주게 되므로 접객태도를 확립하여 만족한 서비스를 제공할 수 있다.

① 봉사성

서비스는 기업에 있어서 투철한 정신을 심어주는 환대산업의 서비스전략 상품이기도 하다. 종업원은 자신이 기업의 대표라는 주인정신으로 고객에게 최상의 서비스를 제공하겠다는 마음을 갖는다. 고객에게 제공되는 서비스는 물적 서비스와 정성스런 마음으로 고객에게 부담을 주지 않는 범위 내에서 진심으로 우러나오는 마음이어야 한다. 그러므로 서비스 종사자는 고객에게 사무적이고 단순하게 형식적으로만 응대하는 수동적인 서비스가 아닌 진정한 마음에서 표출시켜서 최상의 서비스를 실행할 수 있게 한다.

② 청결성

청결은 고객의 생명과 관계되는 것이다. 서비스 종사원은 철저한 위생관념이 뒤따르며, 개인위생에도 각별하게 관심을 기울일 필요가 있다. 고객이 이용하는 서비스

장소는 공공위생상 청결이 우선이고, 시설 및 집기와 비품 등은 고객에게 불쾌감을 주지 않도록 모든 시설물을 청결하게 관리한다. 개인위생은 서비스 종사자의 기본적인 규칙사항이며, 신체상 건강하고 용모 및 복장 등이 단정해야 한다.

❸ 능률성

직원의 서비스 능력은 한정된 시간 내에 맡은 업무를 정확하게 파악하여 일을 효율적으로 수행하는 것이다. 종사원들은 업무를 스스로 찾고 적극적으로 수행함으로써 서비스에 보다 더 적극적이고 능동적인 자세로 업무에 임할 수 있다. 또한 고객에 대한 접객 인사부터 전반적인 서비스에 이르기까지 원스톱형태의 업무를 자동적으로 진행하고, 업무의 흐름을 숙지하여 일에 있어서 효과적으로 처리할 수 있는 능력을 향상시켜야 한다.

❹ 경제성

서비스 요원이 갖추어야 할 자질 중 하나는 절약정신과 검소한 습관이다. 회사 내에 원가절감을 위해 노력해서 최대한 이익 창출에 일조를 하고, 비품이나 소모품을 철저하게 관리해야 한다. 고객이 이용하는 기물이나 집기류 등의 비품은 중·고가의 상품들로 구성되어 있기 때문에 모든 서비스 회사물품을 항상 절약하는 습관을 갖도록 한다. 그리고 매장의 전기 및 수도 등의 낭비를 가급적 줄이고, 그 외에 집기류들을 조심스럽게 다루어 파손을 억제시켜 최소의 경비지출로 각 부서에서 최대의 이익을 얻으려는 마음으로 매출증진에 노력을 기울인다.

❺ 예절성

모든 종사자들의 자세는 예의 바른 태도가 필수사항이다. 내·외부 고객에게 대면할 때에는 항상 올바르고 자연스러운 몸가짐으로 정중하게 응대하는 습관을 기른다. 서비스 요원의 기본 예절은 고객을 맞이할 때 먼저 밝은 표정으로 미소와 함께 정중하게 인사하고, 환영하는 것이다. 전반적인 서비스 업무의 수행은 각자 세련된 감각과 응대

요령을 통해서 고객은 직원으로 하여금 극진한 대우를 받았다는 인식을 받게 하여 고객이 다시 찾아 올 수 있도록 상대를 공경하는 마음으로 영접하고 환송해야 한다.

❻ 환대성

서비스 종사원은 언제나 고객이 서비스에 만족할 수 있도록 업무환경에 맞추어 관심을 갖도록 한다. 직원의 태도는 호감 가는 인상으로 고객과 응대하여 재방문할 수 있는 환대서비스를 제공한다. 보편적으로 종업원의 환대태도에 고객은 민감하게 반응하며 서비스에 대한 평가기준 또한 냉정하고 다양하다. 그러므로 서비스 요원으로서 고객응대는 고객이 온화하고 안락한 분위기 속에서 언제나 정성스런 환대를 받고 있다는 느낌으로 좋은 인상을 전달해야 한다. 종사원은 수준 높은 서비스를 위한 접객태도를 확립하도록 부단한 노력을 아끼지 않는다.

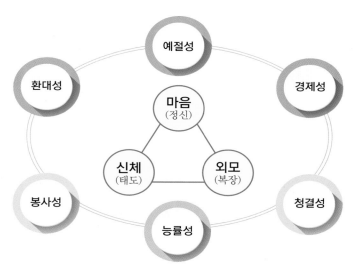

🎨 그림 2-1 _ **서비스 요원의 기본정신**

(2) 접객의 호감태도

서비스 기업은 고객이 추구하는 가치에 따라 환대서비스에 대한 평가가 달라지고,

환대서비스 품질과 고객만족도와의 직접적인 관계가 성립된다. 고객만족을 이끌어내기 위한 서비스 혁신은 진정한 서비스 활동으로 종사원이 고객에게 표현하는 방식이나 화법, 외부고객에 대한 동기유발, 종사원의 능력 및 성격, 비언어적인 커뮤니케이션 등이 요인으로 작용한다.

서비스 기업은 종업원 개인의 인지와 조직 차원의 인지, 고객만족 인사조직관리와 고객만족 프로세스, 서비스 혁신과의 관계 등과 관련이 깊다. 서비스 혁신을 위하여 종업원들은 정기적인 고객만족을 위한 서비스 교육이 필요하고, 성과 보상제도의 운영 및 고객만족도 향상에 있어서 개인별 서비스 역량에 작용하여 고객만족도의 품질 수준에 영향을 미치게 된다.

① 서비스 정신으로 무장하라.

고객접점 서비스 요원은 긴장을 놓지 않고 내가 무엇을 해야 할지에 대해서 항상 서비스 정신으로 대기하고 있어야 한다. 고객을 대하는 자세 중 가장 기본이 되는 것은 밝게 웃는 얼굴표정으로 고객을 대하는 것이다. 고객은 자연스럽게 미소를 건네는 직원에게 편안함과 안정감을 느끼게 되므로 서비스 종사자의 자질은 고객이 직원에게 다가가기 편하도록 상황에 맞게 표정연출을 할 필요성이 있다.

② 자신이 맡은 업무에 자신감을 가져라.

종사원은 언제나 고객에게 믿음과 확신을 심어 줄 수 있는 자신감이 있어야 한다. 특히 서비스 요원은 자신이 맡은 분야에 대해서는 업무를 타인에게 맡기지 말고 스스로 일을 처리하는 역량을 키워서 경험에 의한 자부심을 갖는다. 또한 업무와 관련된 해박한 지식과 풍부한 정보를 습득하여 언제든지 자신감을 잃지 않는다.

③ 매사 긍정적인 마인드를 갖는다.

기업의 종사자는 간혹 고객과 갈등이 발생할 수도 있다. 그러므로 가능한 종사원 스스로 이성적으로 판단할 수 있어야 하고, 긍정적인 사고를 가져야 한다. 간혹 서비스 요원은 고객의 과도한 불평이 자신을 향한 비난이라고 오해할 수 있으므로 직원 스스로 마음을 긍정적으로 컨트롤하는 능력을 키워야 한다.

④ 고객의 입장에서 생각하라.

기업을 책임지는 종사자는 회사 내의 일들을 스스로 자신의 일처럼 적극적인 자세의 사명감을 의식하게 된다. 이것은 직원의 업무에 대한 애정이 고객에게 호감가는 서비스로 전달되려면 역지사지의 마음으로 자신보다는 항상 고객의 입장에서 생각하는 자세를 갖춘다. 모든 고객은 나와 다르다는 생각을 하고 고객을 응대하도록 한다.

⑤ 프로다운 전문지식을 가져라.

직원은 일을 처리할 때에 자신이 맡은 업무에 대해서 그 누구도 따라 할 수 없는 자기만의 차별화된 전문지식을 갖추어 경쟁력을 기른다. 고객은 기본 정보를 외부로부터 얻었더라도 상품을 판매하는 직원이 상품에 대해 프로다운 전문지식을 소유하고 있다면 고객에게 신뢰를 형성하게 되어 매출신장에 도움을 줄 수 있다.

 ## 2. 고객접점 마인드화

서비스는 종업원과 고객이 접촉하는 과정에서 고객은 서비스를 구매하고, 종업원은 그에 부응하여 응대를 함으로써 서로 상호작용(interaction)의 관계가 이루어진다. 다시 말하면, 고객은 상품을 주문하고, 종업원은 상품을 제공하여 서비스 구매과정 속에서 인적 행위를 통한 물리적인 환경이 적용하여 거래가 형성되는 것이다.

현 시점에서 서비스는 현대인들이 고도의 환대서비스 산업시대에 살고 있으므로 가계소득이 상승하고 생활의 여유가 생김에 따라 점차 가격이나 양에 대해서는 신경을 쓰지 않고, 고객의 니즈는 서비스의 품질에 대한 욕구가 높아지게 되었다.

표 2-1_서비스 요원의 직업관

번호	내용
1	• 고객이 좋아하고 싫어하는 것을 예측할 수 있는 능력이 있어야 한다.
2	• 프로다운 주인의식을 갖고 고객을 정성껏 접대해야 한다.
3	• 자신은 항상 유능한 서비스 요원이라는 자부심을 갖는다.
4	• 제공되는 내용물뿐 아니라 과정 및 원리 등이 제반되는 사항을 숙지한다.
5	• 서비스 종사자는 상품지식이 풍부하여야 한다.
6	• 서비스 요원은 외모가 단정하고 청결해야 한다.
7	• 서비스 요원인 동시에 심리학자이며 외교관이라는 생각을 갖는다.
8	• 고객의 건강유지를 위해 공동위생과 개인위생에 철저한 관심을 갖는다.
9	• 고객을 접대하는 사람이므로 일과 사람에 대해 흥미를 갖는다.

대부분 서비스의 품질은 실용적 혹은 양적인 면보다는 심리적인 면에 더욱 강점을 두고 있다. 따라서 서비스 기업은 상품을 구성하는 데 심리적 혹은 정서적인 요소를 고려하여 연출하는 것이 현명하다.

서비스 업무에 있어서 환대서비스 정신이 무엇보다 중요한 것은 종사자의 마음가짐과 서비스 정신을 바탕으로 환대정신이 있어야만 비로소 기술력을 발휘할 수 있다. 기업의 입장에서 고객접점 마인드는 고객이 만족하는 모습을 보고 직원 스스로가 만족을 느끼는 정신이며, 고객이 만족하다고 느낄 때에는 직원도 일하는 데 만족감을 느끼게 되어 누구에게나 보람된 삶의 원천이 된다.

02 서비스의 기본자세

1. 서비스 요원의 역할

오늘날 현대인은 직업을 불문하고 대부분 서비스 업무를 하고 있다. 어디를 가든 서비스를 제공받고, 자신도 누군가에게 서비스를 제공하며 살아가고 있으므로 최고의 서비스는 서비스 문화를 리드하는 것이다. 종업원은 고객의 의견이나 생각, 감정 등을 기업에 종사하는 내부고객을 통하여 전달된다. 서비스 요원에게 제공되는 고객의 각종 데이터는 최상의 서비스를 제공하기 위해 유용한 자료가 되기도 한다.

성공적인 서비스는 인적 서비스와 물적인 서비스가 조화를 이루어야만 하나의 종합적인 가치를 구현하게 한다. 고객이 제기하는 서비스에 관한 불평, 불만의 원인은 직원이 제공하는 인적 서비스의 불만족이 상당수를 차지한다. 즉, 진정한 서비스는 인적 서비스의 가치를 발휘할 때 진가가 나타난다.

기업은 종업원들이 해야 할 일들이 무엇인지를 알아두는 것도 도움이 된다.

1 서비스의 주체

서비스는 인적 서비스와 물적 서비스 두 가지로 나눌 수 있다. 인적 서비스란 서비스 요원의 언행 및 미소, 인사, 응답 및 배려, 신속성 등을 나타내고, 물적 서비스는 상품에 대한 정보, 기술적인 근무조건, 규정이나 방법 등 눈에 보이는 일련의 가격, 양,

시간, 품질 등으로 구성되어 있다.

기업은 서비스 정책에 있어서 물적인 면을 강조해야 하고, 서비스 훈련 규정에 있어서도 근무 규정이나 정해진 규칙, 근무방법 등을 중요시해야 한다. 회사의 비용지출은 실제 서비스 개선을 위한 물적인 면의 변화에 많이 투자되고 있는 것이 사실이며 가시적인 효과가 있기도 하다. 서비스는 좋은 물적 서비스 없이 양질의 인적 서비스를 기대하기는 힘들다.

② 고객과의 관계형성

고객의 접객태도는 서비스의 품질을 좌우하는 결정적인 요소가 되며 그 행동과 태도의 여하에 따라 고객의 만족도가 결정된다. 서비스의 질적 수준이나 고객만족도는 직원의 서비스와 매우 밀접한 관련이 있으므로, 고객은 자신이 거래하는 사람이나 조직과의 결속력을 만든다. 그러나 고객은 단순한 거래 행위라도 기업과 종사자와의 결속감이 깊을수록 그만큼 충성심이 생기는 반면에 관계가 느슨해질수록 새로운 거래처를 찾으려고 다른 곳으로 이동한다.

서비스의 질적 수준은 종사원이 생각하는 것과 고객이 생각하는 것이 다르다. 이러한 차이는 고객과 서비스 요원의 사이에서 강력한 유대관계를 유지하면서 격차를 해소시킬 수가 있다.

③ 고객의 편익제공

고객편익(customer benefit)은 고객들이 제품 및 서비스를 구입하여 얻고자 하는 궁극적인 요소인 핵심적인 가치가 되는 것이다. 마케팅 믹스에서 상품서비스는 기업관점에서 본 것이고, 이를 고객관점에서 보면 편익이 된다. 그러므로 기업은 상품 및 서비스에 대한 정의를 공급자의 관점이 아니라 고객의 가치관점에서 정의해야 한다. 기업은 고객의 편익을 충족시키기 위한 제공물로서 제품이나 서비스를 판매한다. 서비스 요원은 고객에게 상품이 아닌 서비스를 판매하게 된다. 서비스 제공자인 종사원은 직접 고객을 대하기 때문에 회사의 결정적인 성공에 기여하는 집단의 구성원이다.

종사자의 지식 및 기술, 고객응대 태도 등은 자신의 미래와 기업의 성공에 이바지하게 된다. 평범한 서비스나 상품만이 전달되는 서비스는 더 이상 고객에게 선택되기 어렵기 때문에 고객의 니즈를 관찰한다.

④ 기업의 마케터

종업원은 조직을 대표하고 고객의 만족에 직접적으로 영향을 주는 기업의 마케터(marketer)의 역할을 한다. 이들은 서비스를 물리적으로 구체화시켜 걸어 다니는 광고의 구실도 하고, 판매를 촉진하는 역할도 한다. 기업은 고객과의 결속을 성공시키려면 마케터들의 다양한 활동이 필요하고, 고객 충성도와 마케팅과 관련하여 활발하게 컨설팅을 해서 고객관계의 현재 상황을 살펴보고 고객의 불만족이 무엇인지까지 파악해야 한다. 수많은 기업들은 제품과 그 특성에만 초점을 맞추어 고객의 니즈에 집중한다는 사실을 잊어버리는 경우가 있다. 기업은 고객의 니즈를 충족시키겠다는 마음가짐, 즉 사람을 중심으로 하는 사고를 갖는다.

 ## 2. 서비스 요원의 자질

기업은 고객에게 서비스를 제공하고, 동료와 소통이 되도록 협동하는 능력이 필수적이므로 직원을 선발할 때 무엇보다 인성이 중요시된다. 서비스 성향은 서비스의 업무수행에 대한 관심이며, 서비스는 상대방의 마음을 상하지 않게 자신을 낮추고 도와주거나 보살펴주는 마음씨를 말한다. 고객에 대한 작은 배려는 서비스 요원의 가장 중요한 자질 중에 하나이다.

서비스 종사원의 성격유형은 외향성, 성실성, 정서적, 친화성 요인이 인상관리행동에 영향을 끼친다. 직원의 인상관리행동은 주도적, 합리적, 이익 교환적, 호의적, 그리고 의견 동조적 행동이 자기효능감에 영향을 주고 있다.

(1) 서비스의 능력

종사원의 서비스 능력은 서비스 역량(service competencies)과 서비스 성향(service inclination) 두 가지의 보완적인 능력이 있다. 서비스 역량은 서비스 직무에 따라 요구되는 역량이 다르나 직무를 수행하는 데 필요한 기술 및 지식과 함께 서비스 품질의 다차원적인 특성을 믿을 수 있고, 신속하게 반응을 하여 공감할 수 있어야 한다는 점을 고려하면 서비스 역량 그 이상의 자질을 갖추어야 한다.

서비스 성향은 누구든지 사회질서를 잘 따르며, 상황에 따라서 적응을 잘하고, 대인접촉 기술이 있는 것을 포괄하는 하나의 행동양식으로 정의하고 있다. 고객을 응대할 때 배려하는 것은 남을 배려하는 사려 깊은 마음과 정중한 태도, 그리고 다른 사람들과 잘 어울릴 수 있는 사교성과 같은 서비스 지향적 성격과 서비스 효과성이 상관관계가 있다는 연구결과가 나왔다.

그러나 서비스 성향은 타고난 성품만으로 불특정 다수의 고객들의 다양한 욕구를 만족시키기에는 부족하므로 고객의 입장에서 고객을 끌어내는 서비스 감각이 요구된다. 고객의 행동과 표정을 보고 고객의 기분을 알아차리고 민첩하게 응대할 수 있는 감각이 있어야 한다. 고객서비스에 성공하는 비결은 적극적으로 행동하는 능력과 실행하는 능력이 있어야 한다.

이를 위한 서비스의 능력이 단계적으로 의식능력, 판단능력, 대처능력, 기억능력, 소통능력을 갖출 수 있도록 최선의 노력과 열정을 겸비해보자.

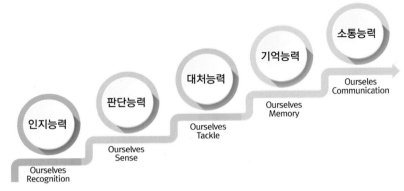

🎨 그림 2-2 _ **서비스 능력의 프로세스**

1 의식능력

의식(consciousness)은 깨어 있는 상태에서 자기 자신이나 사물에 대하여 인식하여 작용하는 것이다. 서비스직에 종사하는 사람들은 적절히 서비스 성향을 갖고 있어야 하며, 서비스 조직 안에서 업무능력이 쌓이면 서비스 성향을 갖게 된다. 종사자에게는 다른 사람보다도 서비스 자질이 뛰어난 사람, 즉 타고난 능력과 기질이 탁월하다. 일반적으로 직원의 업무적인 일은 교육과 훈련을 통해 배울 수 있으나 타고난 인성, 즉 성품이 좋아야 하므로 서비스 기술과 기질이 충분한 서비스 요원을 선발하는 것이 기업에 유리하다. 종사원은 스스로 잠재되어 있는 의식을 스스로 발견하고, 고객과 소통하는 방법을 연구해야 한다. 그리고 서비스 정신을 실현하여 국가 경제에 공헌한다는 자부심으로 철저한 전문가 정신과 직업의식을 가져야 한다.

2 판단능력

판단(judgment)은 일정한 논리나 기준에 따라 사물의 가치와 관계를 결정하는 것을 말한다. 서비스 요원은 다양한 상황을 접하게 되므로 대처능력에 있어서 이해력 및 표현력 등이 요구된다. 고객응대 시에 이런 능력의 기초가 되는 것이 판단력이다. 특히 다양한 성격과 욕구를 지닌 고객과 접객상태에서 정확한 상황판단력으로 고객의 욕구를 파악하여 대처하는 능력이 필요하다. 또한 여러 가지 일을 동시에 해결해야 하는 상황에서 어떤 것이 일의 우선이고, 무엇을 먼저 해야 일을 신속하고 효율적으로 처리할 수 있는지를 판단하는 것도 직원의 능력이라고 할 수 있다.

3 대처능력

대처(cope with)는 어떤 정세나 사건에 대하여 적당한 조치를 취하는 것이다. 고객과의 사이에서 다양하고 복잡한 심리상태를 갖게 하는 상황에서 고객과 원만한 관계를 유지하는 것이 바람직하다. 때로는 자신의 행동이나 의지와는 관계없이 곤란한 상황에 처하는 일도 간혹 경험하게 된다. 이러한 경우에는 서비스 요원이 자신의 감정을 조절하고 예기치 못한 환경이나 상황을 잘 극복해야 한다. 기업의 종사자들은 주기적으로 적응할 능력을 소양하고 회사 차원에서 평소의 경험을 토대로 개인적인 노력과 훈련이 요구된다.

④ 기억능력

기억(memory)은 과거의 사물에 대한 것이나 지식 따위를 머릿속에 새겨 두어 보존하거나 되살려 생각해 내는 것이다. 이것은 시간이 흐를수록 기억의 생리학적 기초가 변화하는 경향이 있다. 서비스 요원의 기억력은 근무 중에 갖추어야 할 필수요건 중의 하나이다. 종사원이 고객의 정보, 고객의 요구사항, 고객과의 약속 등을 기억하는 것은 서비스를 행함에 있어서 중요한 일이다. 근무 중에 직원은 다수의 고객에게 한 번에 여러 가지 사항을 요청받을 경우에 전부를 기억하기 어려우므로 개인별 요구사항을 잊어버리지 않도록 메모하는 것도 좋은 방법이다 .

⑤ 소통능력

소통(communication)은 의견이나 의사 따위가 남에게 잘 통하는 것을 말한다. 인간의 아름다운 모습은 언어를 잘 구사할 수 있기 때문에 다른 유기체와 구별되고, 특히 사회생활에서 서로 상대에게 건네는 말은 커뮤니케이션의 중요한 수단으로서 인간의 즐거움과 밀접하게 관련된다. 고객과 소통하기 위해서는 문맥, 어휘, 발음, 화법인 언어적 행동과 그 외에 태도, 표정, 제스처 등의 비언어적 행동이 조화를 이루어야 한다. 정확한 의사전달은 신뢰를 쌓을 수 있게 만드는 메커니즘이 되므로 고객의 감정을 존중하는 시각으로 세심하게 배려해주는 것이 원칙이다.

(2) 서비스 요원의 요구조건

환대서비스 직종은 종사원끼리 서로 간의 의존도가 높은 업무로 인하여 정직(honesty)과 신뢰(trust)가 요구되는 사항이다. 고객은 서비스를 받은 후 기업의 이미지를 인식하게 되므로 기업 입장에서는 친밀감과 신뢰감을 줄 수 있는 서비스로 기업이미지의 창출에 노력해야 할 것이다. 고객은 기업에 대한 서비스와 직원에 대한 품격 있는 서비스를 끊임없이 갈망하고 요구하기 때문에 고객과의 지속적인 관계가 유지되려면 기업의 가치 제고를 고려해야만 한다.

직원의 서비스는 각자가 신뢰를 지닌 원만한 협조체제를 만들어야 기업서비스가 발전하고, 기업의 매출신장과 영속적인 발전에 기여할 수가 있다. 특히 대규모 행사 시에는 모든 직원들이 서로 책임감을 갖고 정직하게 협조하여야 정확하게 서비스를 제공할 수 있게 된다.

서비스 기업이 요구되는 기본적인 직원채용의 요건은 심신의 건강미, 창조적인 인재, 지속적인 인내심 등을 갖추어야 한다.

① 심신의 건강미

고객을 접객하는 환대산업은 고객접점에서 종업원의 건강이 매우 중요한 조건이 될 수 있다. 기업은 직원 채용 시 서류심사나 필기시험 응시, 면접 등을 통해 최종확정을 결정한다면 신체가 건강하고 정신이 건강한 인재를 선호한다. 서비스 요원들은 치열한 경쟁에 대비하여 입사준비를 철저히 하고 있다. 서비스의 자질은 결코 겉으로 드러나는 우수한 이력만으로는 고객에게 서비스를 제공하는 데 서비스 전체를 커버하기는 어렵다.

② 창조적인 인재

고객을 접객하는 서비스 기업의 조직 특성은 서비스 요원의 협조 및 성과와 순응성을 중요시한다. 서비스의 업무는 동료들과 팀워크를 통해서 수행하기 때문에 반사회적이거나 반조직적이면 서비스를 실행함에 있어서 어려움이 따른다. 서비스 기업에서는 업무의 특성상 협조성을 우선시하고, 조직에서 순응이 가능한 인재와 창조적인 인재를 선호하는 편이다. 아울러 사회의 다양성 및 진보성, 경쟁격화 등의 영향을 입어 협조나 순응만을 강조해서는 안 된다는 것을 인식하고 있다. 그러므로 기업은 조직과 융화가 잘 되는 창조적인 인재를 확보하려고 노력하고 있다.

3 지속적인 인내심

서비스 조직에서는 서비스 요원의 인내 및 지속성이 요구된다. 흔히 서비스 기업에 취업해서 직장 동료와의 불화, 혹은 고객과의 마찰, 일이 단순하고 너무 힘들다고 하여 불만을 말하는 사람들이 있게 마련이다. 그러나 모든 사업 분야에서 대부분의 일들은 인간관계에서 벌어지는 일들이 많아서 오히려 쉬운 일이 없다. 회사내의 조직구성원으로서 중요한 것은 서비스 업무라서 부정적인 인식보다는 업무이행에 진보적인 자신을 개발하는 마음가짐을 갖는다. 이런 인내하는 마음가짐에서 미래지향적인 직업인으로 거듭날 수 있을 것이다.

이와 같이 기업이 원하는 직원채용은 기업의 경영목표에 맞게 종사원의 세가지 요건에 촛점을 맞추어 자질을 갖춘 적합한 인재를 확보한다. 이를 위해서는 기업의 정기적인 자기계발 프로그램을 개발하고, 직원교육을 통해서 유능한 인재양성은 기업성장에 플러스 요인이 될 수 있다.

chapter 02.
서비스 성향 체크리스트

▶나의 서비스 성향(Service Inclination)은?

고객을 응대할 때 나는 어느 정도 다른 사람과 고객을 기분 좋게 하는 사람인지 해당되는 란에 한번 체크해보자.

No	서비스 성향 문항	YES	NO
1	나는 처음 만난 사람과 대화하는 것을 좋아한다.		
2	친구가 고민을 털어 놓을 때 어떻게 하든 해결해 주려 노력하는 편이다.		
3	나는 명절날 집안이 시끌벅적한 것이 좋다.		
4	나를 처음 본 사람들은 나에게 호감 가는 인상이라고 한다.		
5	친구가 오해를 하고 화를 내도 일단 참고 보는 성격이다.		
6	길을 가다 누군가가 길을 물어보면 자세히 알려주는 편이다.		
7	나는 친구나 가족을 위해 깜짝 파티를 준비해 본 적이 있다.		
8	사람들은 나에게 매사에 긍정적이라고 한다.		
9	나는 어른을 만날 때와 친구를 만날 때의 옷차림을 구분하는 편이다.		
10	나는 한 가지 일에 짜증내지 않고 꾸준히 하는 편이다.		
11	나는 상대의 얼굴만 봐도 마음 상태를 알 수 있다.		
12	나는 자원봉사를 하거나 후원금을 내 본 적이 있다.		
13	나는 주위 사람들에게 상냥한 편이다.		
14	약속이 있는 경우 꾸미고 나가는 편이다.		
15	지하철이나 버스를 타면 노약자에게 항상 자리를 양보하는 편이다.		

No	서비스 성향 문항	YES	NO
16	필요하다면 자존심을 버릴 용기가 있다.		
17	주위 사람들에 대하여 관심이 많은 편이다.		
18	나는 평소에 설득력이 강한 편이다.		
19	나는 사진을 찍을 때 활짝 웃는 게 자연스럽다.		
20	나는 문제 해결 시 감정보다는 이성을 앞세운다.		

평가방법 및 결과활용 : YES에 체크한 항목의 개수를 센다.

1~5 개	6~10 개	11~15 개	16~20 개
D형	C형	B형	A형

서비스 성향 유형별 특성

A형	• 나는 타고난 서비스 요원이다. • 내가 서비스 직업을 선택한다면 훌륭하게 고객만족을 실현할 수 있다. • 지속적으로 단골고객을 확보할 수 있고 문제해결력도 뛰어나다. • 사람을 직접 상대하는 직업이 가장 잘 어울린다.
B형	• 나는 비교적 높은 서비스 성향을 가지고 있고 인간관계가 원만한 편이다. • 서비스 직업을 선택해도 무난하게 어울린다. • 서비스에 대한 충분한 자기개발과 회사의 배려가 있다면 많은 발전을 할 것이다.
C형	• 나는 잠재적으로 서비스 성향을 어느 정도 갖추고 있다. • 그러나 충분한 동기부여가 되지 않아 자신의 능력이 발현되지 못하고 있으며, 때로는 트러블이 생기는 등 변화가 조금 심한 편이다. • 약간 무뚝뚝한 편이라 오락이나 레저산업 계통의 서비스보다는 금융분야의 차분하고 정확성을 요구하는 서비스 산업의 직무가 더 잘 어울린다. • 교육을 통한 자기개발을 통해 좀 더 발전적인 모습을 기대해도 좋다.
D형	• 나는 좀 부담스러운 서비스 성향을 갖고 있다. • 오히려 업무를 기획하거나 지원하는 직무가 더 어울린다. • 본인 스스로 서비스 성향이 약하다는 것을 알고 있기 때문에 다른 사람의 서비스를 정확하게 평가할 수 있는 장점이 있다.

63

Chapter
03
서비스 이미지의 이해

학습목표

서비스 직무에 필요한 퍼스널 이미지를 형성하는 요소를 숙지한 후, 서비스 업무에 활용하고 자신의 긍정적인 이미지를 효율적으로 코디하여 셀프서비스를 경영할 수 있다.

01 표정이미지 관리

 1. 표정의 연출서비스

우리의 삶은 대체적으로 타인과의 만남에서 이루어져 서로의 관계를 형성한다. 인간관계는 만남에서 자신의 생활 모습이 비추어지는데, 사람을 만나면 제일 먼저 상대방의 얼굴을 보게 되고 헤어지고 난 후 시간이 지나서도 상대의 얼굴이나 표정이 영상으로 떠오르게 된다. 서비스 실무에 있어서도 표정은 고객과의 응대에서 성공을 부르는 얼굴의 첫인상을 결정짓는 중요한 요소이다. 이것은 상대에게 긍정적인 힘을 줄 수 있는 요인이 되므로 고객에게 미소를 짓기 위해 밝은 표정을 짓는다.

서비스는 고객을 응대할 때에 서비스 요원의 표정이야말로 고객만족과 직결되는 요소이다. 고객접견 시 처음 맞이하는 과정에서 종업원 한 개인의 표정으로 인하여 고객에게 기업의 전체적인 이미지를 흐리게 한다면 고객만족에 도움을 주지 못한다. 종업원은 고객을 응대할 때 자신의 표정을 친근감있고 편안하게 연출하고 있는지에 대해서 생각을 하면서 행동에 옮긴다. 얼굴은 자신이 표현한 이미지를 상대방이 그대로 표정을 알 수가 있다. 그래서 얼굴은 나의 것이지만 기분을 판단하는 표정은 고객의 것이라는 것을 명심해야 한다.

서비스 요원의 서비스 행동은 고객을 처음 봤을 때 환영과 존중의 표시로 웃는 얼굴로 맞이하는 것이 기본이다. 어느 누구에게나 첫인상은 두 번 있을 수 없는 처음이자 마지막 인상이 된다. 고객이나 상대방에게 나쁜 첫인상을 좋은 인상으로 바꾸어주기 위해서는 서로가 60번 이상 만나야 호감 가는 상태로 생각이 바뀐다고 한다.

만약 서비스 현장에서 서비스 요원이 고객의 얼굴도 보지 않고 인사하는 것은 기분이 나쁜 상태이기 때문에 내가 환영받고 있다는 생각이 들지 않는다. 고객을 대할 때의 표정은 고객이 느끼는 감정차이가 있으므로 상황에 맞게 정성을 다하고, 고객이 공감할 수 있는 표정을 자연스럽게 연출한다.

또한 간접적인 고객응대 서비스는 종업원의 미소가 전달되므로 신중하게 대면해야 진정한 서비스가 이루어진다. 고객을 향한 미소는 겉으로 나타내기 위한 것이 아니라 내면에서 우러나야 하고, 서비스를 할 경우에만 고객 앞에서 미소를 짓는 것이 아니라 고객이 없는 곳에서라도 진정한 마음으로 미소를 짓는다.

종사자의 최고의 자질은 어떠한 상황에서도 미소를 지을 수 있는 능력을 갖추어, 항상 밝고 즐거운 마음을 갖도록 노력해야 진정한 미소를 보일 수 있으며, 자신의 내면을 가꾸어 갈 때 표정이미지가 개선된다.

서비스 요원은 서비스를 할 때에 프로 마인드의 다섯 단계의 긍정적인 사고를 가질 수 있도록 생각해보자.

1단계 　자신의 일이 아름답다고 생각하기

2단계 　나는 멋진 사람이다라고 생각하기

3단계 　나의 미소는 매력적이다라고 생각하기

4단계 　고객에게 나만의 호감을 준다고 생각하기

5단계 　내 분야에서 최고이다라고 생각하기

🎨 그림 3-1 _ 프로 마인드 형성단계

(1) 훈련을 통한 표정연출

상대방과의 대면에서는 자신의 얼굴표정이 까다로워 보이거나 대하기 어려운 인상을 주어서는 안 된다. 종업원은 아무리 좋은 상품을 판매한다 하더라도 고객에게 차갑고 대화하기 어려워 보이는 사람으로 인상을 주게 된다면 고객은 그곳에 다시 찾아오고 싶지 않을 것이다.

표정은 자신도 모르는 사이에 무의식중으로 나타나기 때문에 바꾸기가 어렵다. 그러나 표정이미지는 매일 3~5분씩 관심을 갖고 연습을 꾸준히 하면 쉽게 바꿀 수 있다. 우리는 어깨부위 외에 근육이 뭉쳐있으면 아픈 부위의 주변 근육을 마사지해서 근육을 부드럽게 풀어주듯이 얼굴도 마찬가지로 변하게 된다.

얼굴근육은 한 쪽만 사용하거나 전혀 사용하지 않으면 근육이 굳어있어서 얼굴의 피부와 뼈를 지지하는 근육이 불균형하게 발달하여 비대칭으로 보일 수 있다. 표정연출을 위한 훈련은 간단한 스트레칭을 통해서 얼굴근육의 잘 사용하지 않는 부분을 충분히 풀어줘야 한다.

사람들의 표정은 딱딱하게 굳어있는 얼굴근육으로 인해 어두워 보이는 얼굴을 스트레칭을 하여 밝은 인상으로 변화시킬 수 있다. 얼굴의 표정근은 다리나 팔근육처럼 크지 않아 적은 힘과 짧은 시간을 들여서도 큰 효과를 기대할 수 있다. 평소 나만의 표정연출에 대한 기준과 습관을 버리고 다른 사람에게 객관적인 평가를 받아 보는 것도 좋은 방법이다. 표정이미지는 꾸준히 거울을 보며 활짝 웃는 미소가 연출될 수 있게 트레이닝을 해보도록 한다.

📊 표 3-1_ 퍼스널 표정이미지 관리 비교

바람직하지 않은 표정	바람직한 표정
• 무뚝뚝하거나 무표정	• 부드럽고 온화한 표정
• 미간에 주름이 잡히는 표정	• 긴장하거나 찡그리지 않는 표정
• 양쪽이 대칭이 되지 않는 표정	• 처음부터 한결같이 움직이는 표정
• 코웃음 치는 일그러진 표정	• 입꼬리가 살짝 올라간 모양의 표정

(2) 고객과의 시선처리

시선(eyes)은 어떤 대상에 대한 주의와 관심으로 관찰자와 특정 사물 간의 눈길이 고객에게 직접적으로 전달되어 시선처리 하나만으로도 상대의 감정이 크게 작용한다. 시선접촉은 효과적으로 신뢰감을 구축할 수 있기 때문에 아이콘택트(eye con-tact)는 바로 시선의 방향이나 대상 따위를 정하여 바라보는 일로서, 각 나라의 문화에 따라서 아이콘택트의 예절이 국가와 사람마다 각기 다르다.

한국과 같은 동양에서 눈을 똑바로 쳐다보는 것은 도전적이거나 무례한 것으로 오해 받을 수도 있다. 상대방을 쳐다보면 신뢰감을 표시하는 것이지만 눈을 깜빡이지도 않고 강하게 응시하는 것은 불편한 느낌을 줄 수 있다. 그러나 정직과 솔직한 눈으로 바라본다면 접근하는 데에 심리적 부담이 없다는 뜻을 나타낸다.

고정된 얼굴로 시선보기
상대 신체에 시선고정하기
눈을 올려서 곁눈질하기

눈동자를 많이 움직이기
지나치게 두리번거리기
대화 중에 한눈팔기

그림 3-2 _ **비호감 시선처리**

최근의 연구에서 비언어적 커뮤니케이션은 부분적으로는 본능적이나 자신의 관리 차원에서 교육과 모방에 의해 작용하는 것이라고 한다. 영국의 생물학자인 다윈(Darwin)은 인간의 감정적인 얼굴표현이 어느 나라 문화든지 유사하다고 말하였다. 웃는 표정, 찌푸린 표정, 험악한 표정 등의 인상은 모든 인종에게 공통적인 얼굴표정이 있는가 하면 특정 인종이나 문화에만 있는 특유의 색다른 표정으로 구별되어진다.

누군가와 대화를 하면서 상대방과 눈이 마주친 순간의 뇌파를 실험한 결과, 눈을 마주치지 않았을 때를 비교해 보면 뇌에서 느끼는 기쁨의 차이가 크다는 사실을 알 수 있다고 한다. 그만큼 시선은 상대와 신뢰도의 차이와도 연관이 있다. 얼굴의 눈빛은 모든 것을 표현하는 요소이기 때문에 고객과 눈을 마주치는 것 하나만으로도 효율적인 의사소통이 가능하다.

그러나 무조건 눈을 맞추는 것이 바람직한 것은 아니다. 시선은 고객이나 그 외에 내부고객과 접견할 시에는 주의할 사항이기도 하다. 상대방의 눈을 너무 똑바로 쳐다보면 상대가 오해를 할 수 있으므로 적당한 안정거리를 조절하고, 상대방을 지나칠 정도로 응시하지 않는 것이 상대에 대한 에티켓이다. 상대방을 쳐다볼 경우, 가끔 사람의 눈을 바라볼 때에 어려워하는 사람이 있는데 눈동자만 보지 말고 양쪽 눈과 코를 잇는 미간과 인중, 목선을 바라보는 것도 좋은 방법의 예라 할 수 있다.

그림 3-3 _ **고객응대 시선처리법**

 ## 2. 표정에 따른 호감도

기업의 첫인상을 결정짓는 요소 중 하나는 고객을 응대하는 서비스 요원의 얼굴표정이다. 호감도(favorability)는 어떤 대상에 대하여 좋은 감정을 갖는 정도로 주로 광고에서 상품이나 모델, 기업 등에 대하여 소비자들이 느끼는 호감이라는 뜻으로 쓰인다. 메긴슨(L.C. Megginson)에 의하면 첫인상에서 호감을 주게 되면 심리적으로 계약이 발전되어 신뢰가 형성되고 영향력이 커지지만, 거부감을 전달하게 되면 계약의 성과에는 실패하여 관계가 정지된다고 하였다.

서비스 요원은 서비스 현장에서 항상 고객들의 시선에 노출되는 직업의 특성을 가지고 있으므로 얼굴표정이 밝고 편안해야 고객에게 긍정적인 인상을 심어줄 수 있다. 이것은 사람들이 밝은 얼굴을 하는 사람과 대화를 하면 저절로 기분이 좋아지고 때로는 우울한 표정을 하는 사람과 대화를 하면 기분이 저하되어 상대방의 감정에 좋지않은 영향을 주게 된다.

대부분 상대방의 인격은 많은 대화를 통해 여러 가지를 복합적인 판단으로 파악할 수 있다. 첫인상을 결정짓는 시간은 단지 2~3초에 불과하므로 이 짧은 시간에 기업과 개인의 이미지가 전달되고 곧바로 업무의 성패로 이어지기도 한다. 결국 첫인상이 좋으면 만남에서 상대방에게 호감을 느끼게 되고 지속적인 인간관계가 원활하게 이루어진다. 반대로 첫인상이 좋지 못하면 무관심하게 되어 자기표현을 할 수 있는 기회를 잃게 마련이다. 이러한 경우의 만남은 더 이상 이루어지지 않게 된다.

서비스 요원은 고객과 접견할 때에 당연히 밝은 미소를 짓거나 웃고 있는 고객에게 응대하고 싶어 한다. 왜냐하면 종사원과 고객과의 관계에서 미소라는 매개체를 통해 의사소통을 가능케 하는 비언어적인 메시지가 담겨져 있기 때문이다. 그래서 미소는 인간이 갖고 있는 필수적인 사회활동의 요소 중에 하나이다. 다시 말해서 표정은 미소 자체가 비언어적인 부드러운 대화이고, 호감의 표시로 연출된다. 미소는 상대방을 편안하게 하고 마음을 즐겁게 한다.

🎨 그림 3-4 _ **고객응대의 표정이미지**

3. 표정관리 트레이닝

얼굴은 태어나면서 각자 부모로부터 물려받아 자연스럽게 성장하면서 조금씩 변해간다. 인상관리는 어떻게 하느냐에 따라 호감가는 인상이 만들어지고, 얼굴표정과 이미지는 개인의 노력에 의하여 변화시킬 수 있다.

얼굴표정 연구에 따르면 미소 짓는 사람이 미소를 짓지 않는 사람보다 더 유쾌하고, 사교적이며, 매력적이고, 유능하고, 정직하다는 평가를 받는다고 한다. 표정을 통한 서비스 커뮤니케이션 능력이 성공과 행복을 좌우한다고 믿는다. 조직에서 인정받는 사람은 실력이 있을 뿐 아니라 대부분 주위 사람과 원만한 관계를 유지한다.

그러나 인간관계는 다른 사람에 대해 부정적인 평가보다는 긍정적인 평가로 관대하게 보여주려는 경향을 나타내고 있는 것을 '관용효과(leniency effect)'라고 부른다. 또 능력이 없어서는 안 된다고 단정하는 사람들은 미소 지은 표정으로 인한 소통 능력을 익히면 얼마든지 성공할 수 있다. 따라서 좋은 첫인상을 심어주는 얼굴표정은 필수적이므로 표정관리에 관심을 가지고 노력하여야 한다.

표정관리는 어느 장소에서든 정확한 운동법을 익혀서 자세를 바르게 하고, 미소가 숙달되었을 때는 자유롭게 해도 무방하다. 표정관리 트레이닝은 긴장을 푼 상태에서 편안한 마음으로 여유 있는 시간에 규칙적으로 여러 번 하고, 천천히 하는 것이 좋다.

표정근육 스트레칭은 갑자기 하게 되면 피부가 건조하여 땅기게 되므로 보습크림을 바르고, 부드럽게 움직이며 연습하면 유연해진다.

(1) 얼굴근육 스트레칭법

얼굴은 몸과 마음이 건강하다고 느껴질 때 밝은 표정이 나타난다. 스트레칭을 할 때는 얼굴의 근육, 관절, 골격에 따라 움직일수록 표정이 부드럽고 아름다워질 수 있다. 그리고 꾸준하게 반복해서 얼굴을 스트레칭하면 밝은 표정에 반영되고, 혈액순환

📊 표 3-2_ **얼굴 표정관리 트레이닝법**

순차	관리요령	활용기법
point 1	• 일상적인 작업을 하면서 반복훈련	• 표정관리시간을 확보하기 위해 남는 시간 • 일상에서 기다리는 효율적인 시간 • TV를 보는 시간에 여유롭게 활용
point 2	• 무리하지 않고 자연스럽게 습관훈련	• 표정을 무리하게 전환하면 쉽게 포기 • 점차적으로 조금씩 꾸준히 하면 효과적 • 표정근에 조금씩 자극을 주면 효율적
point 3	• 근육에 열이 느껴질 정도로 효과훈련	• 얼굴을 움직이다 보면 서서히 열이 발생 • 욕조에 몸을 담그고 실시하면 배가효과

이 잘 되어 피부에 산소를 공급해 준다. 이때 화장을 하지 않은 깨끗한 상태에서 스트레칭하는 것이 혈액순환에 도움이 되어 효과적이다.

얼굴의 기본 트레이닝은 먼저 턱과 귀를 풀어주고 혀를 운동하여 스트레칭하기 전에 표정을 완화시키는 부분운동을 실시한다. 얼굴근육은 얼굴전체를 효과적으로 펴주기 위해서 힘을 줄 때와 힘을 뺄 때를 나누어 아래의 순서대로 10초 동안씩 세 번 되풀이 한다.

(2) 입의 표정 트레이닝

입주위의 표정은 눈주위의 근육보다 입주위에 표정근이 집중되어 있기 때문에 입주위 근육의 모습만 바라봐도 상대의 기분을 파악할 수 있다. 입주위로 인한 표정관리는 매일 입술근육을 단련시켜서 입주위의 주름도 방지하고, 입꼬리의 모양과 입매를 단정하게 하는 효과가 있어서 자연스러우면서도 매력적인 입의 표정을 만든다.

얼굴의 입꼬리는 올라갔을 때에 표정 자체가 즐겁고 부드러워 보인다. 호감 가는 스마일 라인은 대체적으로 입꼬리가 얼굴좌우 위쪽을 향해서 올라간다. 미소가 아름답게 웃는 얼굴을 만들기 위해서는 입주위의 근육을 부드럽게 '하, 히, 후, 헤, 호' 발성연습을 하는 트레이닝 방법이 있다.

🎨 그림 3-5 _ 얼굴근육 스트레칭

Step 1   눈동자는 최대한 크게 뜨고, 눈썹을 치켜 올리고, 볼의 근육도 올린다.
Step 2   입은 가볍게 물고, 얼굴의 근육을 바깥쪽으로 잡아당기듯 밀어 준다.
Step 3   Step 1의 얼굴과 반대의 표정을 짓는다. 눈주변은 코의 중심에 집중시킨다.
Step 4   얼굴의 근육은 전체적으로 크게 확대시켰다가 작게 오므린다.
Step 5   얼굴근육 전체에서 힘을 뺀 후, 눈을 지그시 감는다.

이와 같은 얼굴표정 트레이닝은 하루에 4~5회 정도 해주는 것이 표정관리에 도움이 되며, 시간이 지나면서 얼굴표정이 부드러워지는 것을 느끼게 될 것이다.

🎨 그림 3-6 _ 입 표정관리 훈련법

Step 1   '하'소리 : 턱이 움직일 정도로 입을 크게 벌리고, '하' 하고 소리를 낸다.
Step 2   '히'소리 : 입꼬리를 양옆으로 힘껏 잡아당겨 '히' 하고 소리를 내며,
           입에 근육을 벌린다.
Step 3   '후'소리 : 입술을 앞으로 쭉 내밀고 큰소리로 분명하고, 정확 하게 '후' 하고 소리를 낸다.
Step 4   '헤'소리 : 입을 'V'자로 모양을 만드는 느낌으로 '헤' 하고 소리를 낸다.
Step 5   '호'소리 : 입술을 최대한 동그랗게 만들어 '호' 하고 소리를 낸다.

---

(3) 눈의 표정 트레이닝

눈의 표정은 입의 표정만큼이나 매력적인 표정관리 요소이다. 입은 웃고 있는데 눈이 무표정하면 오히려 부자연스럽게 보일 수 있다. 얼굴 중에서 눈의 표정은 눈이 밝고 생기가 있으면 자신감이 있어 보이고 아름다워 보인다. 눈주변의 근육을 단련시키면 주변의 근육들이 탄력 있어 보여 밝은 눈의 표정을 가질 수 있다.

눈동자는 선명하지만, 눈동자를 이리저리 돌려 시선처리가 불안정하다면 정서적으로 안정되지 못하고 자신감이 부족한 사람으로 보인다. 시선처리는 안정적이며 호감을 줄 수 있도록 정면을 향하고, 상대방과 같은 방향으로 몸의 방향을 움직이는 것이 좋다. 눈의 표정은 맑고 선한 눈매와 부드럽고 안정적인 눈매를 만들어 누구를 만나든지 상대방에게 신뢰를 줄 수 있다.

호감 가는 이미지를 위한 눈근육 트레이닝을 하는 방법은 다음과 같다.

Step 1	목의 힘을 뺀 채로 목을 좌우앞뒤로 천천히 크게 10번씩 돌린다.
Step 2	눈을 크게 뜨고 정면을 바라보며, 입은 크게 벌려 5초 동안 유지하고, 다시 오므렸다가 원래대로 하기를 다섯 번 반복한다.
Step 3	정면을 보고 눈동자를 힘껏 오른쪽으로 돌린 채 5초 동안 머물다가 다음엔 왼쪽으로 5초 동안 돌려 멈추고 나서 눈을 한번 감는다.
Step 4	눈을 크게 뜨고 5초 동안 오른쪽 위를 보고, 5초 동안 왼쪽 아래를 보고, 왼쪽 위를 보고 5초, 오른쪽 아래를 보고 5초, 그리고 한번 천천히 눈을 감는다.
Step 5	다음엔 눈동자를 돌려준다. 우회전 다섯 번, 좌회전 다섯 번씩 해 준다.

(4) 스마일 라인 트레이닝

대인관계에서 호감 가는 첫인상을 좌우하는 핵심적인 요소는 스마일이다. 자연스럽게 웃는 얼굴표정을 습관화시키기 위해서는 입꼬리 주위의 근육을 단련시켜야 한다. 웃는 얼굴을 만드는 스마일 머슬(smile muscle)은 입꼬리에 연결된 얼굴근육으로 입꼬리보다 위에 위치하면 가만히 있어도 웃는 인상처럼 보인다.

호감 가는 스마일 라인은 양쪽 입술꼬리에 힘을 주어 살짝 올리면서 자연스럽게 짓는 미소가 상대에게 좋은 인상을 준다. 입술라인을 트레이닝할 때에는 편안함이 살아있는 입술표정으로 만들어주고, 스마일 라인을 만들기 위해서는 평소에 입꼬리가 처지지 않도록 자주 올려주는 연습을 하는 것이 포인트이다.

① 검지를 이용한 스마일 라인

호감 가는 표정은 좌우측 입꼬리가 상향으로 올라간 상태이기 때문에 스마일 라인을 만들기 위해서는 검지를 이용하여 입꼬리에 힘을 주어 올려 주는 연습을 한다. 스마일라인 방법으로는 검지를 입꼬리에 대고 올려서 잡아당겨준 후, 놓으면 원위치로 돌아온다. 입을 다문 채 올려주면 표정이 차분하고 조용한 미소를 띠게 되고, 이를 살짝 보이면서 웃게 되면 미소가 더욱 화사하게 보인다.

② 발음을 이용한 스마일 라인

입꼬리가 올라가도록 하는 또 다른 방법은 얼굴의 웃는 표정을 만들어 주기 위해서 발음을 통하여 소리를 내면서 입술의 모양을 만들어주는 것이다. 평상시에 고객을 응대하는 기분으로 스마일을 의식하여 입꼬리를 올려주면서 당기는 듯 긴장을 풀어 준다.

🎨 그림 3-7 _ 입꼬리 표정관리법

75

02 자세이미지 관리

 ## 1. 기본 자세이미지

　　기업의 종사자가 갖추어야 할 기품 있는 요소는 바른 자세에서 비롯된다. 자세는 자신의 태도를 다른 사람에게 보임으로써 개인의 인격이 평가되는 부분이라고 할 수 있다. 일상생활에서는 바른 자세보다는 무의식적으로 편한 자세를 취하기 쉽기 때문에 목과 어깨, 허리가 구부정해져 불편함이 생길 수 있다.

　　올바른 자세는 마음에서 우러나오는 태도가 반영되어 자신을 표현하는 마음가짐이라 볼 수 있다. 바른 자세는 직장생활뿐만 아니라 건강에도 유익하다. 신체의 가슴과 어깨를 펴주는 자세는 몸 안에 충분한 공간이 생겨 심신이 편안해지는 효과가 있으므로 생활 속에서 바른 자세를 습관화시킨다.

　　자세는 외모 다음으로 개인의 인격을 평가하는 요소로서 서비스 요원의 자세를 통해서 고객들은 외적으로 보여지는 직접적인 이미지를 전달받는다. 서비스 요원은 바른 자세로 서있거나 앉아있고, 걷는다는 것은 고객을 진심으로 돕겠다는 표현이다. 그러나 벽에 기대어 서있거나 신발을 끌며 걷고, 혹은 한쪽 팔을 괴고 앉아 있는다면 고객을 대하는 태도가 좋지 않다고 평가받는다. 신체로 만들어지는 자세는 곧 마음의 자세에서 나오기 때문에 평소에도 의식적으로 바른 자세를 익히고, 습관화해서 신뢰감 있는 이미지 형성에 도움이 되도록 한다.

2. 자세의 종류

(1) 서있는 자세

모든 동작의 기본은 앞쪽 정면을 바라보고 바르게 서있는 자세이다. 종업원이 근무 중에 멋진 유니폼을 입고 서있어도 자세가 굽어 있다면 더 이상 멋있어 보이지 않는다. 바른 자세를 갖추기 위해서는 하루에 일정한 시간을 정하여 뒷머리, 어깨, 등, 엉덩이, 뒤꿈치를 벽에 닿게 하여 똑바로 서서 바른 자세를 유지하는 연습을 반복한다.

서비스 요원의 기본자세는 거울 앞에서 정면과 옆모습을 체크해 본다.

① 표정에 신경을 쓰면서 얼굴에는 가벼운 미소를 띤다.
② 편안한 마음으로 호흡을 가다듬고 허리와 가슴을 편다.
③ 얼굴의 시선은 상대방의 얼굴을 정면으로 향한다.
④ 뒤꿈치는 나란히 붙이고, 앞부리는 15° 정도 벌린다.
⑤ 양손은 가지런히 모아 자연스럽게 옆선에 내려뜨린다.

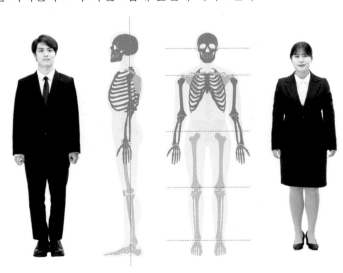

🎨 그림 3-8 _ **올바른 선 자세**

77

(2) 앉은 자세

앉은 자세는 상체가 바르게 서있는 동작에서 그대로 의자에 앉는 동작으로 상체를 펴고 앉는 것이다. 일상에서 책상에 앉아 장시간을 작업하다 보면 자신도 모르게 자세가 흐트러져서 올바르지 않은 자세를 유지하는 경우가 많다. 특히 의자에 주저앉거나 끝에 걸쳐 앉지 않도록 주의한다. 앉은 자세를 바르게 하려면 의식적으로 올바른 자세로 앉는 습관을 기르면서 연습을 해야 한다.

기본적으로 바른 자세는 의자에 앉는 좋은 습관을 기르면 자신감이 부여된다.

① 상체의 어깨와 가슴은 똑바로 펴서 곧고 바르게 앉는다.
② 허리는 반듯하게 세우고 의자의 뒤쪽으로 깊숙이 앉는다.
③ 시선은 정면을 향하여 상대방의 얼굴을 바라본다.
④ 여성의 손은 가지런히 모아 무릎 위에 얹고,
　　남성은 가볍게 주먹을 쥐어 양 무릎 위에 두 손을 올린다.
⑤ 여성의 다리는 가지런히 세워 편한 쪽으로 약간 기울인다.
　　남성은 다리를 어깨넓이로 벌려 바로 세워 앉는다.

🎨 그림 3-9 _ 올바른 앉은 자세

(3) 걷는 자세

고객을 응대하는 서비스 요원은 용모가 깔끔하고 맵시가 있어 보이더라도 등이 구부정하거나 팔자걸음을 걷거나 발을 끌듯이 걷게 되면 상대에게 부정적인 인상을 줄 수 있다. 그러나 바른 자세로 당당하고 씩씩하게 걷는 사람은 보는 사람으로 하여금 진취적으로 보이며 신뢰감마저 들게 한다. 올바른 걸음걸이는 습관화된 기본자세에서 나타나게 된다. 올바르지 못한 자세로 걸음을 걷게 되면 걷는 자세뿐만 아니라 마음자세도 흐트러지게 마련이다.

걷는 자세는 매력적인 개인의 태도를 올바르게 하여 생활 속에서 실천에 옮기고, 흐트러진 자세를 바르게 고치는 습관을 기른다.

① 머리와 목은 곧게 펴서 정면으로 똑바로 세운다.
② 시선은 눈높이보다 15°정도 올려 바라본다.
③ 상반신은 끌어 올려주듯이 바르게 하고, 어깨는 아래쪽으로 당기듯 편한 상태를 유지한다.
④ 몸의 중심은 내딛는 발쪽에 모아주고, 가슴은 세워서 넓게 펴준다.
⑤ 두 무릎은 다리를 자연스럽게 스치면서 11자로 걷는다.
⑥ 양팔은 고정시키거나 지나치게 흔들지 않고 자연스럽게 흔든다.

🎨 그림 3-10 _ **올바른 걷는 자세**

(4) 걸음걸이

일상생활에서 걷는 자세는 상대에게 자신의 정보메시지가 담겨져서 전달된다. 걷는 자세는 건강과 관련되어 있고 태도가 부자연스러우면 부정적인 이미지를 보여주기 때문에 올바른 걸음걸이 자세를 익히도록 한다. 평소에 자신의 걷는 모습을 관찰해 보고 어떠한 자세로 걷는지 스스로 비교하여 반듯하게 걷도록 한다.

걸음걸이는 각 유형의 특징을 살펴보고, 기본 걸음걸이를 연습하는 것이 효과적이다.

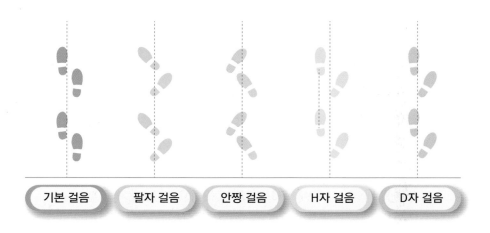

그림 3-11 _ **걸음걸이 유형**

① **팔자 걸음** : 보행각이 5° 이상 30°까지 넓게 벌려 걷는 자세이며, 민첩성, 신속성 및 품위가 약간 결여된 걸음이다.

② **안짱 걸음** : 중앙선 쪽으로 엄지발가락이 붙고, 뒤꿈이 벌어진 걸음으로 전체적으로 자세가 불안하여 자신감이 없어 보인다.

③ **H자 걸음** : 발굽의 형태가 중앙에 미치지 못하고 H자로 공간을 형성하여 조금 거만해 보이고, 대체적으로 비만인 경우 H자 걸음을 걷는다.

④ **D자 걸음** : 한 발은 직선으로 걷고 다른 한 발은 포물선을 그리면서 걷는 걸음으로 중년 여성에게서 많이 나타난다.

03 음성이미지 관리

 ## 1. 올바른 인사말

대인관계에 있어서 호감 가는 목소리는 올바른 태도와 긍정적인 감정이 섞인 말로 표현하면 외모가 주는 강력한 힘을 능가한다. 사람의 음성은 언어적 정보뿐만 아니라 감정이나 태도, 말하는 사람의 개성을 담고 있다. 대화를 할 때에는 매력적인 목소리를 갖고 있지 않더라도 정확한 발음과 올바른 언어사용 및 정중한 태도를 겸비한 경우 그 사람에 대해서 오랫동안 호감 가는 인상으로 기억에 남게 된다.

서비스 요원은 직장 내 근무 혹은 비즈니스 시 외부에서 누군가를 만났을 때에 마음에서 우러나오는 인사말과 함께 공손하고 정중한 인사를 하게 되면 고객에게 신뢰를 얻을 수 있다. 음성이미지는 주기적인 트레이닝을 통해서 배려심과 자신감을 부여하고, 프로다운 전문성 등을 표현할 수 있다.

직장인은 출근해서 퇴근할 때까지 일과 중에 업무를 하면서 고객뿐만 아니라 직장 동료들과도 꼭 건네야만 하는 말의 핵심을 잘 전달하고, 너무 불필요한 말을 사용하여 실수를 하지 않아야 한다. 말씨는 같은 말이라도 말 한마디를 긍정적으로 표현해서 자신의 인격이 돋보이도록 호감이미지를 표현한다.

고객을 응대하는 서비스 요원은 항상 상황에 따라 차별화된 인사말을 적절하게 사용하고, 인사말 뒤에는 칭찬의 말을 추가하면 훈훈한 대화가 시작된다. 다른 사람과 똑같은 말을 건네기보다는 상대방에게 감동을 주는 나만의 인사말을 사용하면 더 좋은 서비스를 제공할 수 있다.

81

① **호칭하며 인사하기** : 항상 고객에게 관심을 갖고 직책과 성함을 기억한다.

② **정중하게 인사하기** : 존경하는 마음으로 고개를 숙이고, 1~2초 후에 일어선다.

③ **미소띠며 인사하기** : 모든 고객과 직원 간에 미소를 짓는다.

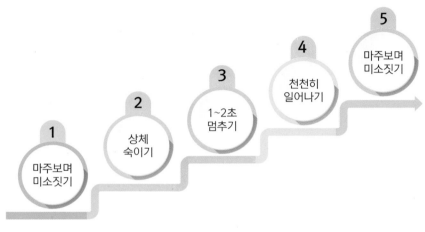

🎨 그림 3-12 _ **올바른 인사절차 및 인사말**

 ## 2. 상황에 따른 인사말

　일상에서 행해지는 인사는 정지된 상태가 아닌 움직이는 상태에서 자연스러운 대화를 통하여 소통이 이루어져야 한다. 특히 인사는 고객응대의 기본으로 때와 장소가 다르거나 고객의 움직이는 상황에 따라서 적합한 인사를 하도록 한다.

　자신을 상대방에게 알리는 인사말은 매우 다양하다. 직장에서는 자신을 남에게 소개하는 말로 '처음 뵙겠습니다. (저는) ○○에 있는 ○○○입니다.' 또는 '인사드리겠습니다. (저는) ○○○입니다. ○○에 있습니다.'처럼 말하는 것이 바람직하다. 그리고 자신을 소개할 때 기본적인 인사와 함께 상대방이 자신을 알 수 있도록 기본 신상에 대한 정보를 덧붙일 수 있다.

📺 표 3-3_ **상황에 맞는 실전화법**

구분	고객응대내용
기본 인사말	• 안녕하십니까? (회사명, 부서명, 담당자)○○○입니다. • 감사합니다. (회사명, 부서명, 담당자)○○○입니다. • 정성을 다하겠습니다. (회사명, 부서명, 담당자)○○○입니다.
긍정일 때	• 네~ 잘 알겠습니다. • 네. 그렇습니다. • 네. 저도 그렇게 생각합니다.
부정일 때	• 네~ 그렇게 생각을 하셨군요. • 죄송합니다만. 저는 이렇게 말씀드리고자 합니다. • 죄송합니다. 그 부분은 이렇습니다.
맞장구치는 법	• 아~ 네. 네, 그러시군요. 그렇습니다.
거절할 때	• 정말 죄송합니다만, 양해를 부탁드립니다.
부탁할 때	• 부탁 말씀을 드리겠습니다. 부탁드리겠습니다.
사과할 때	• 불편을 드려 대단히 죄송합니다.
기다리게 할 때	• 죄송합니다만, 잠시만 기다려 주시겠습니까?
다시 물을 때	• 죄송합니다만, 다시 한 번 말씀해 주시겠습니까?
겸양을 나타낼 때	• 네. 감사합니다. 더욱 열심히 하겠습니다.
부서가 다를 때	• 죄송합니다. 이곳은 ○○○부서입니다. 제가 해당 부서로 연결해 드리겠습니다. 잠시만 기다려 주십시오.
고마울 때	• 네. 감사합니다.
분명하지 않을 때	• 죄송합니다만, 지금은 확인되지 않고 있습니다. • 지금은 정확한 사항을 확인할 수 없습니다.
끝 인 사	• ○○○부서 ○○○입니다. 감사합니다. • ○○○부서 ○○○업무를 담당하는 ○○○입니다.

04 용모이미지 관리

 ## 1. 기본 복장관리

고객응대 시 직원의 전체적인 외모는 개인의 이미지에 따라 고객의 만족도와 관계가 있다. 서비스 제공자의 용모와 개인의 특성은 고객의 감각이나 취향의 외적이미지에 영향을 주고 있기 때문에 서비스의 중요한 단서이다. 환대서비스 중 외식업에 종사하는 서비스 요원의 청결한 용모는 위생적인 문제와 직결된다. 서비스 요원의 용모가 단정하지 못하면 회사의 이미지에 좋지 않은 영향을 끼친다. 종사원이 유니폼(uniform)은 단정하게 착용하고 세련된 용모를 갖출 경우, 고객에게 긍정적인 인상을 남기므로 세심한 이미지 관리가 요구된다.

(1) 스타일

옷차림(fashion styling)은 대인관계에서 인상을 형성하는 데 중요한 부분을 차지한다. 개인의 스타일은 그 사람의 가치관, 성격 및 태도, 사회적인 역할이나 지위를 짐작할 수 있게 해준다. 직원의 근무 중에 복장은 첫인상을 결정짓는 요소이자 비즈니스에서도 호감 여부를 결정하는 영향력을 가진다.

고객을 응대할 때 스타일(style)은 착용하는 서비스 요원의 유니폼을 통하여 기업과 직무의 특성이 강조된 단체복으로 자신이 평소 즐겨 입는 패션스타일과는 매우 다르다. 복장은 자신을 표현하는 개성적이고 독특한 옷차림보다는 정장스타일처럼 단정하고 깔끔한 유니폼을 착용한다. 유니폼은 소속 기업의 이미지를 대표하는 복장으로 청결함과 단정하게 표현하는 것이 기본이 되어야 한다.

① 착장방법

고객을 대면해야 하는 서비스 요원의 복장은 업무의 일부이다. 복장은 착용자의 가치관, 경제적 능력, 성격 및 교육 수준 등을 대변하기 때문에 자신의 인격을 표현하는 하나의 도구이며 수단이라고 할 수 있다. 고객에게 호감이 가는 이미지가 보여지도록 자신의 신체에 맞는 것을 선택하고, 착장(TPO: Time, Place, Occasion)을 고려해서 신뢰감을 줄 수 있는 적절한 자신의 직업과 위치, 주변 환경에 맞는 의복을 착용한다.

고객응대 업무를 위한 복장은 단순하고 깔끔한 이미지를 표현하고 상체의 움직임이 많으므로 허리선이나 어깨선 등에 여유를 주어 업무활동에 편안함을 주어야 한다. 지나친 액세서리를 피하고 유행에 민감한 것보다는 자신의 직무에 맞는 의상을 착용한다. 직무규정에 알맞은 제복 스타일은 정장차림 또는 니트, 카디건, 앙상블과 스커트 혹은 슬랙스를 입는다.

🎨 그림 3-13_ **고객응대 서비스 정장차림**

85

② 유니폼관리

고객응대 업무 시에 착용해야 하는 유니폼은 기업의 직업과, 동료의식, 단체의 소속감 등을 나타내준다. 복장태도는 근무할 때마다 깔끔하게 손질하여 착용하여 자신의 체형에 맞는 제복차림으로 고객들에게 좋은 이미지를 심어주도록 한다. 유니폼은 고객이나 상대방에게 정숙하고 멋스러운 이미지를 전달할 수 있으므로 계절별로 어울리는 유니폼을 선택하고, 주기적으로 깨끗하게 잘 세탁해서 착용한다.

(2) 코디네이션

종사자의 복장 코디네이션(clothes coordination)은 옷차림만으로 끝나지 않고, 그 외의 복장과 어울리는 요소들과 함께 연출되어 스타일이 완성된다. 유니폼은 의복 이외에 모자, 신발, 액세서리 등이 포함된다. 그래서 서비스 요원의 외모가 깔끔하고 단정한 옷차림이더라도 신발이 더럽고 낡았다면 고객들에게 부정적인 인상을 줄 수 있으므로 세심한 부분까지 고려해야 한다.

비즈니스를 위한 액세서리는 지나치게 화려해서 고객의 시선을 사로잡는다면 업무와 어울리지 않게 좋지 않은 인상을 심어 줄 수가 있다. 이처럼 외모는 겉으로 보여지는 것뿐만 아니라 숨겨진 내면의 이미지까지 생각할 수 있는 부분이라서 서비스 요원은 프로다운 마음자세를 가지고 용모관리를 해야 한다.

① 손발관리

손발(hands & feet)은 깨끗하게 자주 씻고 충분한 보습을 위해 관리하고 손톱은 짧게 정리하고 청결을 유지해야 한다. 또한 네일 컬러링을 할 때는 피부색과 비슷한 자연스러운 색으로 선택하고 깔끔한 손톱을 표현한다. 매니큐어가 벗겨진 손톱은 상대방에게 게으르고 불결한 이미지를 줄 수 있으니 주기적으로 관리한다. 발은 겉으로 잘 드러나지 않은 부분이긴 하나 한결같이 청아한 모습을 유지하여 고객에게 불쾌감을 주지 않도록 노력한다.

② 스타킹과 양말

여성이 착용하는 스타킹(stockings)은 유니폼의 색상과 자신의 피부색에 어울리는 자연스러운 색상을 사용한다. 스타킹은 올이 나가는 등 손상이 많이 가는 소재로 되어 있으므로 늘 신경을 쓴다. 상황에 따라서 교체해야하는 경우가 생기므로 항상 여유 있게 준비해 둔다. 남성의 경우에는 바지와 같은 계열로 진한 색상의 양말이 적당하다. 일반적으로 정장차림에는 검정색과 같은 어두운 계통의 양말(socks)을 신는다. 양말의 목이 너무 짧아서 앉았을 때 발목이나 발등이 비치지 않도록 목이 긴 양말을 선택하고, 더러움이 자주 타는 흰색은 피하도록 한다.

(3) 신발

신발(shoes)은 걸어 다닐 때 발을 보호하고 장식할 목적으로 신고 다니는 물건을 통틀어 이르는 말로서 그 사람의 전체적인 정장스타일을 완성시키는 역할을 한다. 신발은 절대적으로 구겨 신지 않도록 하며, 청결함을 유지해야 한다. 또한 아무리 멋있는 옷차림을 하였어도 구두굽이 닳아 있거나 더러워져 있으면 전체적으로 이미지의 완성도가 떨어진다. 정장용 구두는 의상의 색상과 잘 어울리는 검정이나 브라운색 계열의 색상을 선택한다. 신발은 착용감이 좋고 편한 것을 구입하여 착용하면 업무를 수행하거나 근무하는 동안 피로감을 덜 수 있고 건강과 컨디션에도 도움이 된다.

(4) 액세서리

액세서리(accessories)는 유니폼의 단정한 이미지 연출에 최종적인 도움을 준다. 액세서리는 여러 종류를 착용하기보다는 회사 내의 복장이미지에 맞게 단정하고 깔끔한 단순부착형을 선택하는 것이 바람직하다. 근무 시에는 귀걸이나 팔찌, 반지 등의 지나친 액세서리 사용을 삼가며, 눈에 띄는 화려한 액세서리는 착용하지 않는다. 반지는 알이 크거나 두꺼운 것은 고객의 시선에 지나치게 노출되므로 심플한 디자인을 선택한다. 액세서리도 자신의 이미지에 맞도록 조화롭게 선택하고 단순하면서도 세련되게 표현하는 센스가 필요하다.

2. 헤어스타일 및 메이크업

신체적으로 외모는 자신을 어떻게 연출하느냐에 따라 품위가 달라져서 상대에게 이미지가 결정되어진다. 자신의 체형과 자신에게 어울리는 색상, 상황에 맞는 용모는 상대방으로 하여금 매력적이고 긍정적인 인상을 주게 된다.

서비스 요원은 복장점검 후에 깔끔한 헤어스타일과 자연스러운 메이크업으로 기업의 이미지를 긍정적으로 표현해야 한다. 직원 개개인은 현재 맡은 부서에서 기업을 대표한다고 생각하고 언제나 밝고 단정한 용모를 위해 지속적으로 노력해야 한다. 서비스 요원의 옷차림과 헤어스타일 및 메이크업은 청아하게 표현하여 개인의 장점을 최대한 부각시켜서 고객으로 하여금 신뢰감을 얻을 수 있도록 연출한다.

(1) 헤어스타일

서비스 종업원의 깔끔한 용모는 헤어스타일(hair style)로 인해서 업무수행에 지장을 초래하지 않도록 헤어스타일을 항상 단정하고 간결하게 표현한다. 손질이 안 된 머리나 혹은 지나치게 염색한 머리는 가급적 삼가고, 서비스 전문가답게 깨끗한 헤어스타일을 연출한다.

여성의 경우, 단발머리는 자연스럽고 단정한 헤어스타일을 유지하며, 어깨 밑으로 내려오는 길이의 헤어는 다음의 그림과 같이 정돈하는 것이 바람직하다.

① 고객응대자세에서 고개를 숙일 때는 머리가 흘러내리지 않도록 한다.
② 짧은 머리는 귀 뒤로 넘겨 고개를 숙일 때 늘어지지 않게 한다.
③ 긴 머리는 하나로 묶어 망을 씌우거나 밴드로 깔끔하게 고정시킨다.
④ 앞머리가 흘러내리거나 눈을 가릴 때에는 핀이나 헤어제품으로 고정한다.
⑤ 머리핀은 너무 크거나 눈에 띄게 화려한 장식은 사용하지 않는 것이 좋다.

① 볼륨부분과 포니테일	② 볼륨 후 함께 묶은 포니테일	③ 미세 머리망 씌우기
④ 동그랗게 말아 U자 핀고정	⑤ 올림머리 측면스타일	⑥ 올림머리 후면스타일

🎨 그림 3-14 _ **서비스 요원의 헤어스타일링**

(2) 메이크업

메이크업(make-up)은 자신의 장점을 부각시키고, 단점을 최소화함으로써 자신감을 갖게 하는 도구로 작용된다. 화장은 얼굴을 바꾸는 것이 아니라 내면의 아름다움을 얼굴색으로 자아내는 표현이다. 서비스 요원의 메이크업은 종사원 개인의 얼굴이 회사를 대표하는 홍보역할을 할 수 있기 때문에 깔끔하고 단정한 메이크업이 요구된다.

서비스 요원의 메이크업은 목과 얼굴에 경계선이 생기지 않도록 피부표현을 자연스럽게 하고, 화장을 했을 때에는 고객에게 불쾌감을 주지 않는 메이크업으로 자신에게 어울리는 포인트를 강조해서 은은한 이미지를 전달시킨다.

① 메이크업 베이스

메이크업 베이스(makeup base)는 색조화장을 할 때 가장 먼저 제품을 사용하는 바탕화장으로서 가장 중요한 단계이다. 이것은 피부보호, 피부톤의 조절과 파운데이션의 지속력을 유지시키는 역할을 한다. 자신의 피부톤에 맞추어 색상을 선택하고 소량을 덜어 피부가 밀리지 않게 골고루 펴 바른다. 기초적인 베이스는 차분하고 여유있게 꼼꼼하게 체크한다.

- **핑크컬러** : 창백하고 하얀 피부에 혈색을 밝게 보이게 한다.
- **그린컬러** : 여드름 등으로 붉은 톤이 많은 피부에 적합하다.
- **퍼플컬러** : 피부색이 노란 경우에 화사함을 연출하게 한다.

② 파운데이션

파운데이션(foundation)은 피부의 커버력을 돕고 장시간 화장을 해야 하는 경우에 메이크업을 유지하는 데에 도움이 된다. 이는 피부보호 및 피부결점 커버, 얼굴의 윤곽조절의 기능이 있다. 파운데이션 사용 시 스펀지나 붓을 이용하여 얼굴의 볼 부분부터 골고루 펴서 바른 뒤에 소량을 여러 번 덧발라 자연스럽게 표현해 준다.

얼굴형을 수정할 경우에는 메인 컬러의 파운데이션 이외에 하이라이트와 섀딩컬러를 활용해서 얼굴에 입체감을 줄 수 있다. 얼굴에 있는 주근깨, 기미 등의 잡티를 가려야 할 경우에는 컨실러를 얇게 바른 후 파운데이션을 덧발라주면 커버가 된다. 또한 파운데이션을 바를 때에는 얼굴과 목의 경계가 두드러지지 않도록 주의한다.

③ 파우더

파우더(powder)는 피부에 바탕화장을 마무리 단계로 파운데이션의 수분이나 유분기를 피부에 잘 스며들도록 하며, 물기가 없이 매우 부드러운 상태의 피부를 오래 지속시켜 준다. 건성피부나 얼굴에 주름이 많은 경우에는 가루형 파우더보다는 압축형 팩트를 선택하고 수분함량이 높은 에어쿠션을 사용하는 것이 효과적이다. 이때 파우더는 너무 많은 양을 바르면 뭉칠 수 있으므로 퍼프나 붓을 활용하여 잘 밀착시켜 바른다. 파우더는 화장법에 따라 이마와 콧등에 하이라이트를 주어 입체감 있게 표현할 수 있다.

④ 아이브로

눈썹(eyebrows)은 자신의 얼굴 전체의 이미지에 영향을 크게 주기 때문에 자신의 얼굴형에 어울리게 그린다. 메이크업을 할 때는 진하지 않게 얼굴형과 어울리는 눈썹 모양으로 세련된 이미지를 표현한다.

- 긴 형 얼굴 : 눈썹을 일자 형태로 그리면 얼굴이 짧아 보인다.
- 사각형 얼굴 : 길고 각을 지게 그려서 느낌을 완화시켜준다.
- 삼각형 얼굴 : 날카로움을 없애기 위해서 긴 곡선형으로 그린다.
- 달걀형 얼굴 : 자연스럽게 부드럽고 둥근 형태를 그린다.

©www.hanol.co.kr

🎨 그림 3-15 _ **눈썹 그리기**

⑤ 아이섀도

아이섀도(eye shadow)는 눈언저리에 바르는 색조 화장품이다. 입체적인 효과를 살려주는 아이섀도는 맑고 또렷한 눈매가 연출되도록 한다. 눈썹과 눈 사이에 음영을 표현하는 은은한 색상의 베이스를 눈꺼풀 위에 전체적으로 펴 발라준다. 섀도는 자신의 얼굴색에 어울리는 포인트 섀도를 선택하여 강조하고 싶은 곳에 바른다.

섀도컬러는 계절에 어울리는 색상을 선택하며, 피부색과 눈의 형태 등을 고려하여 전체적인 조화가 이루어지도록 화장을 한다. 이 부분은 개성적인 독특한 색상보다는 은은하고 온화한 색상을 선택하고 아이 메이크업하는 것이 자연스럽다.

🎨 그림 3-16 _ 아이섀도의 연출법

©www.hanol.co.kr

6 아이라이너

아이라이너(eyeliner)는 눈의 윤곽을 그리기 위한 화장품으로 다양한 눈매를 연출하거나 아름답고 또렷하게 표현하는 데 도움이 된다. 보편적으로 각기 다른 인상에서 눈이 차지하는 비중이 높기 때문에 사람의 얼굴에 나타나는 모든 표정은 사실상 눈 화장으로 완성될 수 있다.

속눈썹라인은 아이섀도 위에 그려지므로 섀도 등이 묻어나지 않도록 자연스럽고 가늘게 그려 깨끗한 이미지를 연출한다. 아이라인을 그릴 부분은 먼저 섀도라인을 그린 후, 펜슬로 다시 그려주면 잘 번지거나 지워지지 않아서 필요에 따라 여러 가지 아이라이너를 사용할 수 있다. 눈꼬리 부분은 자신에게 어울리는 펜을 세워 직선느낌으로 밖으로 자연스럽게 빼준다.

① 눈꼬리 쪽을 잡아당겨 눈썹의 라인이 잘 보이도록 그린다.
② 라인은 눈 앞쪽이나 뒤쪽꼬리부분에서 가운데를 향해서 그려준다.
③ 속눈썹 사이를 메워주듯이 빈틈없이 골고루 그려준다 .

©www.hanol.co.kr

🎨 그림 3-17 _ **아이라이너 연출법**

7 마스카라

마스카라(mascara)는 속눈썹이 검고 짙게 보이도록 하기 위하여 화장하는 도구이다. 눈화장은 길고 풍성한 속눈썹을 연출하여 눈을 선명하고 매혹적이며, 분위기를 돋보이게 해주는 것이다. 연출 시에는 눈썹에 너무 힘을 주지 말고 자연스럽게 마스카라로 끌어올려 준다.

마스카라의 사용법은 아이래쉬 컬을 한 후, 눈썹 뿌리부터 3단계에 걸쳐 지그재그로 바르고, 마스카라를 세워 아래 속눈썹을 한 올씩 바르면 눈이 커 보이는 효과가 있다. 마스카라를 장시간 화장을 하고 있을 경우에는 눈 밑에 검게 묻어나는 경우가 많으니 자주 화장 상태를 확인한다. 또한 마스카라를 바를 때에 뭉쳐서 지저분해 보이지 않게 주의해야 한다.

8 립스틱

입술은 얼굴 중에서도 움직임이 활발하여 눈에 잘 띄는 부위이다. 립스틱(lipstick)은 입술 화장에 사용하는 막대 모양의 연지로서 또렷한 입술 윤곽을 살려준다.

립스틱의 색상은 자신의 입술에 생기를 주는 색상을 선택하여 얼굴의 분위기를 한층 더 매력 있게 표현해주므로 자신의 피부색과 의상에 맞추어 어울리는 것을 선택한다. 직업적 특성상 고객과 대화를 나누는 경우에는 윤기가 없는 건조한 느낌의 립스틱보다는 적당한 수분함량을 지닌 립스틱을 선택하는 것이 좋다.

- 핑크 계열
  상냥하고 귀여운 이미지 표현
- 오렌지계열
  발랄하고 청순한 이미지 표현
- 레드 계열
  깨끗하고 강렬한 이미지 표현
- 로즈 계열
  화려하고 생동감 이미지 표현
- 퍼플 계열
  우아하고 로맨틱 이미지 표현

©www.hanol.co.kr

그림 3-18 _ **립스틱 연출법**

9 블러셔

블러셔(blusher)는 메이크업의 마무리 단계로서 얼굴을 생기 있게 만들어 준다. 이것은 얼굴부분에 음영을 주어 얼굴이 입체적이면서 부드럽게 표현되기 때문에 결점을 보완해 주고 있다. 블러셔는 미소를 지었을 때 볼 뼈를 감싸듯이 자연스럽게 바른다. 웃는 상태에서 볼화장을 하면 혈색이 좋고 건강한 얼굴로 보인다. 블러셔 하기 전에는 얼굴의 유분기를 확인하고 얼굴면에 색상의 경계선이 없도록 그라데이션으로 처리한다.

전체적인 얼굴표정은 입체적이고 화사하게 밝은 느낌으로, 이마, 콧등, 인중, 턱에 연하게 하이라이트로 포인트를 잡아준다. 이마는 전체를 하기보다는 미간과 이마위에 자연스럽게 펴주고, 눈썹 위는 일자로 살짝 터치한다. 그리고 콧등과 인중은 펴바른 다음 턱부분은 튀어나온 부분에 터치하면 부드러운 인상이 연출된다.

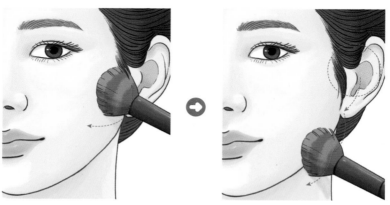

©www.hanol.co.kr

그림 3-19 _**블러셔 메이크업**

chapter 03
자세 및 용모 체크리스트

자세		점검사항	체크	
			YES	NO
선 자세	1	가슴과 등을 바르게 펴고 있는가?		
	2	발의 앞부리는 (여자)15°~30°/(남자)30°~45°로 벌리고 있는가?		
	3	고개는 반듯하게 들고 턱은 앞으로 당기고 있는가?		
	4	손은 하의(치마나 바지) 옆선에 위치하는가?		
앉은 자세	5	어깨, 가슴 및 허리는 반듯하게 펴고 앉았는가?		
	6	시선은 정면을 바라보고 있는가?		
	7	무릎과 발꿈치는 90도 각도를 유지하는가?		
걷는 자세	8	어깨는 수평으로 하고 있는가?		
	9	머리와 목은 곧게 펴고 흔들지 않는가?		
	10	발은 일직선으로 평행하게 걷는가?		
헤어 스타일	11	헤어는 청결히 손질되어 있는가?		
	12	앞머리가 이마를 가리지 않는가?		
	13	헤어 액세서리가 너무 눈에 띄지 않는가?		
메이크업 스타일	14	코옆과 턱선에 파운데이션이 뭉치지 않았는가?		
	15	얼굴과 목의 색이 서로 다른 느낌이 들지 않았는가?		
	16	립스틱이 번지거나 치아에 묻지는 않았는가?		
	17	볼에 바른 블러셔가 너무 진하지 않았는가?		
유니폼	18	유니폼이 구겨지지 않았는가?		
	19	유니폼은 얼룩이 없이 청결한가?		
	20	바지나 스커트의 단이나 소매깃은 단정한가?		
손/발	21	손과 발은 언제나 청결한가?		
	22	손톱의 길이와 네일 컬러의 색상은 화려하지 않은가?		
스타킹 양말/신발	23	스타킹의 색상은 유니폼과 조화로운가?		
	24	구두 뒤축이 벗겨지거나 닳아 있지 않은가?		
	25	구두는 깨끗이 닦여 있는가?		
액세서리	26	지나치게 화려한 액세서리는 착용하지 않았는가?		

Chapter
04
서비스 매너의 이해

학습목표

환대서비스의 직무를 위해서 대인관계
에서 지켜야 하는 매너 및 에티켓의 개념
을 이해하고, 서비스 매너의 기본요소를
함양시켜 실행할 수 있다.

01 매너의 상식

 ## 1. 매너 및 에티켓

비즈니스 매너는 사람과 사람 사이의 관계에서 가져야 할 정직한 마음씨와 올바른 언어의 사용 및 행동의 표현을 말한다. 현대사회에서의 매너는 하나의 능력이자 필수 요건이며, 한 조직의 리더와 구성원들이 갖추어야 할 기본 요소이다.

매너(manner)는 자기 스스로가 상대에게 어떠한 사람인지를 보여주는 것이며, 사회에서나 가정에서 자신을 알리는 매우 중요한 역할을 하고 있다. 기본 매너가 아무리 형식적으로 훌륭하다 하더라도 정신적·인격적으로 진정한 마음이 우러나와야 고객에 대한 진정한 예를 갖출 수 있다.

환대서비스 산업에서 종사자가 갖추어야 할 매너와 에티켓의 정확한 정의를 알아보고자 한다.

(1) 매너의 개념

환경이 급변하고 있는 글로벌 시대의 현대사회는 사회구성원들이 무조건 서양의 매너만을 그대로 따르기보다는 우리나라의 문화예절을 반영한 사회생활 및 비즈니스 매너를 이해하고 실천하는 것이 우선이다.

매너의 어원은 마누아리우스(manuarius)에서 유래되었다. 손 'manus'과 방식·방

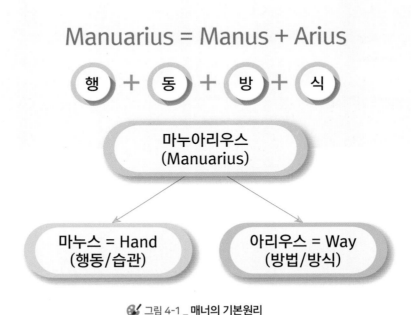

그림 4-1 _ 매너의 기본원리

법 'arius'의 복합어로 마누스(manus)는 영어의 hand란 뜻으로 손이라는 의미 외에 사람의 행동, 습관 등의 뜻을 내포하고 있으며, 아리우스(arius)는 More at manual, More by the manual의 방식을, 방법이라는 뜻을 지니고 있다. 즉, 매너는 에티켓을 행하는데 '품위 있는 방식을 행동하는 것'으로 일상의 관습, 몸가짐을 의미한다.

　　매너라는 것은 배려가 기본이 되어야 하는 행동양식으로 상대를 먼저 생각하는 마음이 있어야 한다. 좋은 매너는 상대방을 배려하는 마음이 우선시되어 상대방의 주장과 입장을 고려하고, 남을 배려하여 좋은 관계를 맺을 수 있도록 돕는다. 이러한 매너를 사회활동에서 많이 실천하는데, 이를 비즈니스 매너라는 용어로 사용하고 부르는 것이 일반적이다. 또한 환대산업에서 서비스 요원이 고객을 위한 마음과 배려는 서비스 매너라고 사용하는 것이 기본 상식이 되었다.

　　매너는 사회에서 반드시 지켜야 할 행동양식으로 강제성을 띠고 있지는 않다. 현대인에게 있어서 매너는 타인에게 폐를 끼치지 않고, 호감을 줄 수 있어야 하며, 상대를 존중하는 마음을 가져야 한다.

매너는 어렵거나 까다롭고 번거로운 격식이 아닌 언제 어디서나 서로의 존재를 인정해 주려는 노력 혹은 행동이다. 매너는 늘 주변 사람을 배려하고, 특별한 상황에 대해서 진지하게 생각하고, 사고와 행동을 일치시키는 자세, 상대방의 문화나 전통에 대한 이해와 정보를 습득하려는 노력의 습관을 통해 얻어진다.

(2) 에티켓의 개념

에티켓(etiquette)이란 서양의 예절이며, 서양의 사회계약적 생활규범을 말한다. 또한 생활규범은 생활문화권에 따라 독특하게 발달되고 정립되어왔다.

영어의 에티켓은 예절·예법 등을 의미한다. 에티켓의 원뜻은 프랑스어 에스띠끼에(estiquier)이며, 베르사유 궁전 화원에 붙인 나무 말뚝에 붙인 출입금지라는 말에서 유래되었다. 이것은 베르사유 궁정(宮庭)을 보호하기 위해 정원의 화원 주변에 표지판을 세워 아무나 들어가지 못하도록 하기 위해 사용된 것이라는 설이 있으며, 또 하나는 루이 14세 시대 궁정에 들어가는 사람에게 주어지는 일종의 ticket에 그 기원을 두었다는 설이 있다. 오늘날에는 이러한 유래설의 의미가 확대되어 상대방의 "마음의 정원을 해치지 말라"는 적극적인 의미로 해석되어지고 있다.

에티켓은 '남에게 폐를 끼치지 않는다.', '남에게 호감을 준다.', '상대방을 존경한다.'는 뜻으로 대중이 모인 장소나 타인 앞에서 지켜야 할 예의범절을 가리키는 말이다. 에티켓은 질서 있고 안정된 사회를 유지하려는 필요성에 의해서 발달되었다.

(3) 매너와 에티켓의 차이

매너와 에티켓의 차이를 살펴보면, 매너는 사람의 습관과 구체적인 행동방식을 뜻하며, 사람과의 관계에 더 치중하여 '좋다'와 '나쁘다'로 구분된다. 반면 에티켓은 기본적인 생활규범으로 '있다'와 '없다'로 구분한다.

비즈니스 방문 시 매너가 좋은 사람이라면 사무실을 방문할 때 사무실 내에 있는 사람이 놀라지 않도록 '똑똑~' 가볍게 문을 두드릴 것이다. 일종의 무언의 법칙과 같은 에티켓은 지켜지지 않을 경우, 난감한 상황이 발생하지만, 매너가 잘 지켜지면

훈훈한 상황이 연출된다. 매너는 항상 상대방에게 초점이 맞춰지기 때문이다.

매너와 에티켓을 동양에서는 이와 비슷한 말로 '예의범절'이 있으며, '예의'는 에티켓과 유의어이고, '범절'은 그 마음을 표현하는 행동이므로 매너에 해당한다. 즉, 에티켓은 행동기준이며, 매너는 그것을 행동으로 나타내는 방법이라고 정의할 수 있다. 예를 들어, 웃어른께 인사를 하는 것은 에티켓이며, 인사를 경망스럽게 하는지, 공손하게 하는지에 따라 매너로 구별한다.

표 4-1_ 매너와 에티켓의 차이

매 너	에티켓
• 행동으로 나타내는 방법	• 행동기준
• '상대방'에 관심	• '나 자신'에 관심
• '좋다, 나쁘다'로 구분	• '있다, 없다'의 유무로 구분
• 방식(way)	• 형식(form)
• 상대를 배려해서 조심스럽게 노크하는 것	• 화장실에서 노크하는 행동 자체

 ## 2. 네티켓의 개념

네티켓(netiquette)은 네트워크와 에티켓의 합성어이다. 전자우편을 보내거나 가상공간에서 다른 사람과 만나거나 다른 네트워크에 참여할 때 지켜야 할 기본적인 매너이다. 또 사이버 공간에서의 전혀 모르는 타인과의 채팅이나 게임을 할 때 지켜야 할 상식적인 예절이기도 하다.

네티켓은 인터넷이 발달하면서 일상의 예절 못지않게 중요하게 간주되었다. 각 나라마다 이에 대한 기준 마련이 시급한데, 1994년 미국 플로리다대학교의 버지니아 셰어(Virginia Shea) 교수가 제시한 '네티켓의 핵심원칙(The Core Rules of Netiquette)'이 세계적으로 유명하다.

버지니아 셰어 교수가 제시한 '네티켓의 핵심원칙 10가지'는 다음과 같다.

① 인간임을 기억하라.
② 실제 생활에서 적용된 것처럼 똑같은 기준과 행동을 고수하라.
③ 자신이 어떤 곳에 접속해 있는지 알고, 그곳 문화에 어울리게 행동하라.
④ 다른 사람의 시간을 존중하라.
⑤ 온라인에서도 교양 있는 사람으로 보이도록 하라.
⑥ 전문적인 지식을 공유하라.
⑦ 논쟁은 절제된 감정 아래 행하라.
⑧ 다른 사람의 사생활을 존중하라.
⑨ 당신의 권력을 남용하지 마라.
⑩ 다른 사람의 실수를 용서하라.

한국에서는 2000년 6월 15일 정보통신윤리위원회에서 '네티즌 윤리강령'을 선포하였고, 2001년 초 교육부가 '정보통신윤리교육지침'을 마련한 바 있다. 이에 따라 일부 중·고등학교에서 네티켓에 대한 교육을 실시하기 시작하였다.

기본 교육내용은 다음과 같다.

① 게시판의 글은 명확하고 간결하게 쓴다.
② 문법에 맞는 표현과 한글맞춤법에 맞춰 사용한다.
③ 남의 글에 대해 지나친 반박은 삼간다.
④ 전자우편은 자신의 신분을 미리 밝히고 편지를 보낸다.
⑤ 채팅할 때에는 자기 자신을 먼저 소개한 뒤 대화에 임한다.
⑥ 모두 '님'자라는 호칭을 사용한다.
⑦ 다른 사람을 비방하거나 욕설 또는 빈정대는 말은 하지 않아야 한다.
⑧ 같은 내용의 말을 한꺼번에 계속 반복하는 것은 예절에 어긋나며,
　 채팅을 끝내고 종료할때는 반드시 인사를 한다.
⑨ 성희롱이나 스토킹, 비어 및 속어 등은 사용하지 않아야 한다.

(1) 네티켓 기본원칙

네티켓은 온라인상에서 바르게 행동하기 위한 사회적 규칙이다. 그 공간에서 네티즌 간의 의사소통은 가상세계에서 지켜야할 기본 에티켓이 있다.

① 온라인에서도 최소한의 매너를 갖추도록 한다.
② 감정을 지닌 사람이 존재하고 있음을 알아야 한다.
③ 가상공간의 분위기를 인지하도록 한다.
④ 상대방의 시간을 낭비하지 않도록 한다.
⑤ 이해하기 쉬운 글로 서술하도록 한다.
⑥ 정보를 공유하도록 한다.

(2) 커뮤니티 네티켓

최근 SNS, 블로그, 포털사이트 등은 서로가 의견을 교환하면서 네트워크를 기반으로 한 커뮤니케이션이 점차 확대됨에 따라 커뮤니티 네티켓이 강조되고 있다. 네티켓은 서로가 지키지 않으면 다른 사람들의 감정을 상하게 할 뿐 아니라, 인생에서 잊혀질 수 없는 상처를 남겨 큰 실수를 저지르기 쉽다. 따라서 기본적인 커뮤니티 네티켓은 반드시 지켜야만 한다.

① 대화내용과 분위기를 파악하여 정중하게 경청한다.
② 상대방을 비방하거나 유언비어 또는 속어는 가급적 피한다.
③ 타인의 글을 전파할 때는 인용한 글의 출처를 밝힌다.
④ 인터넷상에서 누군가와 마주본다는 마음가짐을 갖는다.
⑤ 상대를 배려해서 자신이 입력한 내용을 재확인한다.

(3) 이메일 커뮤니케이션

이메일(e-mail)은 상대방에게 가장 신속하게 전달되는 메시지이다. 이메일은 참조 버튼을 누르면 여러 명의 사람에게 동시 전송이 가능하다. 이러한 정보의 공유 기능은 팀 프로젝트나 업무협조에 얻는 데 유용하게 활용되고 있다. 반면 보안이나 정보 유출의 가능성이 있으며, 이메일의 특성상 전송 버튼을 누르는 순간 여과되지 않은 정보와 감정이 상대에게 전달될 수 있는 단점이 있다.

메일을 보낼 때는 참조와 달리 숨은 참조를 사용해야 하는 경우는 2가지가 있다. 의도적으로 다른 수신자가 숨은 참조인을 모르도록 해야 하는 경우와 단체 메일을 보낼 시, 나 이외에 다른 수신자 전체 대상을 몰라야 하는 경우이다.

이메일링은 상대에게 회신/전달 등을 하게 되면, 내가 쓰는 본문뿐만 아니라, 그동안 주고받은 메일의 전체 내용 및 수신자 등 history를 함께 보내게 된다. 예를 들어 의도된 행동이 아니라면, 이런 상대방과 주고 받은 history를 남기지 말고 새 메일을 보내는 것이 적합하다. 이러한 history가 달리는 것이 몇 번 계속되다 보면 분명 필요하지 않은 정보가 외부인, 비관계자에게 노출될 수 있다.

메일을 보낼 때는 한 번에 내용이 파악되도록 간결하게 작성한다. 문장은 한 줄이 넘어가지 않도록 짧게 끊는 것이 포인트이다. 인간미 있는 끝인사 및 발신정보를 보내도록 한다. 발신정보에는 회사명/부서, 이름/직위, 회사 전화번호, 휴대폰 번호, 회사 주소, 메신저 등 개인 SNS 정보를 표기한다.

02 서비스의 매너관리

 1. 서비스의 기본관리

매너는 우리나라의 예절을 소중히 생각하고 서양의 각 나라별 문화예법을 우리 것으로 받아들이고, 한국적인 기본예절을 몸에 익혀서 아름다운 삶을 영위하기 위함이다. 기본매너는 아무리 에티켓을 지킨 행동일지라도 매너가 없으면 품위 있는 인격을 소유할 수가 없다. 매너는 사회를 살아가는 방법이자 습관이며, 타인을 배려하는 문명화의 과정으로서 성공을 위한 경쟁력의 커뮤니케이션이라고 할 수 있다.

서비스의 목적은 서비스 그 자체이며, 서비스를 하는 데는 상대를 배려하고 협력과 친절로 상대가 불편해하는 것을 피하고 상대가 호감을 갖도록 한다.

(1) 고객에 대한 예절

예절은 고객에 대한 서비스 요원이 갖춰야 할 의식이며 자신을 조절하는 능력을 갖춤으로써 품위 있는 서비스를 제공할 수 있다.

① 고객을 안내할 때는 고객의 왼쪽이나 오른쪽 대각선 방향으로 2~3걸음 앞에서 고객이 잘 따라오는지를 살피며 보조를 맞춰가면서 이동한다.
② 고객이 짐을 들고 있으면 도와드려야 할지 묻고, 고객의 의견에 따른다.
③ 계단이나 통로에서 고객을 마주치면 목례를 하고 통행에 방해되지 않도록 옆으로 비켜선다.

(2) 직원 상호 간의 예절

직장생활에서 원만한 인간관계를 이루려면 상대방을 존중하고 이해하는 태도를 갖추어야 한다. 고객에게만 예절을 갖추는 것이 아니라, 내부고객인 직원사이에도 고객에게 예절을 갖추듯 상호 간에 예절을 바르게 지킨다.

직원의 기본예절은 기업의 구성원으로서 한 사람 개인이 아니라 조직 내 규칙대로 행동해야 하고, 다른 직원과 함께 동료의식을 가지면서 상사의 지시에 따른다. 또 직원 간에 서로 다투지 말고, 특히 고객의 앞에서는 어떠한 경우에도 분위기를 흐려서는 안 되며, 업무종료 후에 자신의 의견을 건넨다.

회사분위기는 직원끼리 서로 아끼고 존경하며 예절을 지킬 때 밝고 명랑하게 되며 업무의 능률도 향상된다. 그러한 분위기가 그곳을 찾는 고객에게 호감을 주게 되어 직원 신뢰 형성에 도움이 된다.

① 동료와 서로 인사를 나누며, 정중한 표현을 한다.
② 단정한 옷차림과 구두는 깨끗하고 깔끔하게 신는다.
③ 상대방과 눈을 마주치며 자신 있게 손을 내밀어 진지하게 악수를 한다.
④ 어디서든지 자신감 있게 표현하고 자신을 바르게 소개한다.
⑤ 채택여부와 상관없이 자기의 의견이나 주장은 분명히 밝힌다.
⑥ 반대되는 의견은 합리적인 방법으로 이해시키고 절충한다.
⑦ 직원들은 가급적 출, 퇴근 시 외출하고 돌아왔을 때 밝게 인사를 한다.
⑧ 고객 앞에서 부하직원에게도 품위 있는 대화로서 존대어를 사용한다.
⑨ 직장 내에서 부하직원이라고 함부로 불러서는 안 되고, 적절한 호칭을 붙인다.
⑩ 상사를 존경하고 부하를 아끼면서 동갑이라도 선배는 선배로서 대접해야 한다.
⑪ 동료의 결점을 들추거나 사생활에 간섭하지 않는 것이 좋다.

(3) 바른 자세와 직장관

회사 구성원은 개개인이 모두 직장을 자신의 일처럼 대표자라는 의식을 가지고 행동에 유의해야 한다. 직장을 위하는 일은 나를 위하는 것으로 생각하고, 직장의 발전이 곧 나의 발전이며, 또 직장업무를 통해 국가발전에 기여하고 있다는 자부심을 갖고 업무에 충실하도록 한다.

또한 근무 중의 자세는 일에 대한 마음의 표현이며, 자세가 바른 사람은 상대방에게 호감을 주고 신뢰감을 준다. 근무하는 동안 바른 자세를 유지하는 모습은 프로답고 건강하게 보이며, 업무의 능률도 향상시킨다.

(4) 미팅 시 예절

직장에서의 미팅은 근무를 시작하여 하루 업무를 검토하고 조직 내 구성원들의 마음가짐이나 고객의 마음을 움직일 수 있는 업무자세를 점검하는 시간이다. 기분 좋은 하루를 다짐하면서 개인의 영향력이 기업의 이윤창출에 영향을 줄 수 있도록 각자의 직무에 충실히 임해야 한다.

🎨 그림 4-2 _ **업무 전 미팅절차**

① 영업시작 전에 영업을 위한 준비사항을 철저하게 점검한다.
② 용모와 복장을 점검하여 깔끔한 이미지를 갖춘다.
③ 당일 해야 할 업무내용을 파악하고, 중요도에 따라 우선순위를 정한다.
④ 부서의 형편과 책임자의 업무상황에 따라 적절한 시간을 조율한다.
⑤ 정해진 미팅시간을 지키고 절대 늦어서는 안 된다.
⑥ 미팅시간에 업무내용을 숙지하고 근무에 임해야 한다.
⑦ 업무에 관련된 사항을 전달하고, 업무분장을 한다.

2. 업무의 기본자세

서비스 종사원은 상사로부터 평가를 받기 전에 스스로 자신을 평가하고 반성하는 태도를 길러 자기향상 및 회사발전에 기여해야 한다. 이에 대한 필수조건으로 자신의 근무태도를 성실하게 하기 위해 다음 사항을 점검해본다.

(1) 근무태도의 기본 수칙

고객에게는 직원 한 사람의 근무태도로 기업의 전체 분위기가 순간 평가되므로 서비스를 하는 동안에는 한 순간이라도 방심해서는 안 된다.

① 서비스 종사자는 기업을 대표한다는 주인의식을 가진다.
② 출근시간 10~30분 전까지 도착하여 간단한 청소와 정리 정돈을 하고, 하루의 일과계획을 점검한다.
③ 근무 시에는 큰 소리로 동료나 고객을 부르지 말고, 바빠도 뛰지 않는다.
④ 예절 바르고 정중해야 하며 정직하게 고객의 요구에 따라 서비스한다.
⑤ 근무 중에는 항상 단정하게 하고 성실한 태도로 신속하게 서비스한다.
⑥ 한 사람의 고객을 자세히 살피고 모든 고객을 나의 가족처럼 생각한다.
⑦ 각 영업장과 상호협력하고, 실수했을 때는 정중하게 사과를 해야 한다.
⑧ 상품 및 서비스에 대한 충분한 지식을 습득하도록 한다.
⑨ 출장 등의 외근 중에는 수시로 중간보고를 하고, 일정이 길어질 경우에는 외근 후 퇴근가능 여부를 상사에게 보고한 후 상사의 지시를 따른다.
⑩ 업무가 끝난 후 책상 위나 주변을 깨끗하게 정리하고, 사무용품, 비품, 서류 등을 지정된 장소에 둔다.
⑪ 사무용 소모품을 아끼고, 회사용품을 사적으로 사용하지 않는다.
⑫ 퇴근 시 상사와 선후배 및 동료에게 인사를 하고, 먼저 퇴근 할 때는 "먼저 가겠습니다." 등의 인사를 한다.

⑬ 보안을 위해 책상서랍, 캐비닛, 서류보관함 등은 반드시 잠금장치를 한다.

⑭ 가장 늦게 퇴근할 경우에는 전열기구 및 컴퓨터 등의 전원을 정확하게 점검하고
문단속을 한다.

(2) 서비스 요원의 체크포인트

서비스의 체크포인트는 내적인 성향과 외적인 행동에 영향을 줄 수가 있으므로 자신
의 경우를 체크하여 내외적인 면이 변화되어 고객중심의 서비스를 할 수 있어야 한다.

업무 시 수동적인 측면보다 적극적인 태도로 고객응대에 자신감을 부여하여 다음
수칙을 점검한다.

① 업무 시 기본수칙의 바른 자세, 공손한 말씨는 기업의 이윤과 직결된다.

② 친절하고 신속하게 기술적인 서비스에 최선을 다한다.

③ 고객을 장시간 기다리지 않게 하는 것을 원칙으로 여긴다.

④ 풍부한 상품 지식의 습득은 정확한 서비스를 가능하게 한다.

⑤ 고객이 자리를 떠날 때까지 관심을 가지고 인상 깊게 환송한다.

⑥ 다른 부서 간의 상호 협력하는 자세는 서비스의 질을 더욱 향상시킨다.

(3) 업무처리와 자기관리

업무를 하는 과정은 기업의 목표와 고객이 원하는 바를 숙지하고, 각 부서별 자신
이 맡은 임무를 완수할 수 있도록 아래와 같이 실천한다.

① 업무는 점검하고 철저하게 계획을 세우고, 업무수행 절차에 따라서
'계획 → 실행 → 검토' 순으로 진행한다.

② 융통성을 갖고 일의 개선에 꾸준히 노력한다.

③ 맡겨진 일은 어떠한 일이 있어도 성취하도록 한다.

④ 업무분야에 대해 전문가가 되도록 자기계발을 꾸준히 하도록 한다.

⑤ 세계화·정보화 시대에 뒤지지 않도록 새로운 정보와 지식을 익히도록 한다.

⑥ 규칙적인 생활과 충분한 휴식, 건강을 위해 꾸준한 운동으로 자기관리를 한다.

표 4-2_ 서비스 요원의 내적·외적 성향 체크리스트

번호	내적인 문제(성향)	번호	외적인 문제(행동)
1	성격에 문제가 있는 편이다.	12	개인의 행동이 이기적인 편이다.
2	거짓말을 잘 하는 편이다.	13	행동이 둔하고 민첩하지 못한 편이다.
3	감수성이 둔한 편이다.	14	고객에게 관심이 없는 편이다.
4	인상이 나쁜 편이다.	15	근무실태가 좋지 않은 편이다.
5	선천적으로 게으른 편이다.	16	업무과정을 중요시 않는 편이다.
6	감정이 극단적인 편이다.	17	개인적인 일을 회사에서 하는 편이다.
7	실수에 대한 자극이 없는 편이다.	18	출퇴근시간이 일치하지 않는 편이다.
8	노력하지 않는 편이다.	19	의존적인 인식이 강하다.
9	약속을 잘 안 지키는 편이다.	20	근무 중에 외출이 많은 편이다.
10	자신의 주장이 없는 편이다.	21	결과만을 기대하고 노력이 없는 편이다.
11	반복적인 패턴이 형성되는 편이다.	22	개인의 업무를 타인에게 미루는 편이다.

(4) 고객응대가 서투른 경우

서비스 요원의 서투른 고객응대는 고객에 대한 서비스를 위한 준비가 부족하다는 것이다. 직원은 최선을 다하여 고객을 충성고객으로 만들겠다는 자세로 임하고, 자신이 업무 중에 결여된 사항들을 재점검하여 고객에게 성의를 보이도록 한다.

① 고객의 특성 및 심리를 파악하지 못하고 있다.
② 고객응대 매뉴얼에 대한 지식이 부족하다.
③ 제공하는 서비스에 대한 정보와 신뢰가 없다.

④ 표준 화법에 능통하지 못하다.

⑤ 업무수행 과정의 지시사항을 파악하지 못한다.

⑥ 서비스 접근(approach) 능력 및 융통성이 부족하다.

(5) 고객접점 서비스 감정표현

고객을 응대하는 매 순간 접점별로 분석, 표준매뉴얼에 따라 세부적으로 제시하는 과정에서 가장 중요한 것은 고객의 동선에 따라 고객의 입장에서 개선 방법과 프로세스를 이해해야 한다. 고객응대 서비스 효과를 극대화하기 위해서는 고객접점 서비스를 행할 때 감정조절을 필요로 한다.

서비스 요원의 고객응대는 다음과 같은 고객접점의 감정표현을 숙지한다.

① 고객이 화를 낼 때 고객과 같이 언쟁을 높이지 않는다.

② 불만족사항에 대한 고객의 의견을 충분히 듣고 차분히 설명한다.

③ 인위적인 과장이나 부자연스러운 태도를 보이지 않는다.

④ 어떠한 상황이라고 해도 경어를 사용한다.

알아두기

ALL ABOUT VVIP: 호스피탈리티업계 하이엔드 마켓의 핵심
"하이엔드 서비스, 전문화된 노하우"

◉ VVIP 고객들을 상대할 때 가장 중요한 것은?

VIP서비스는 하이엔드라고 해서 최고의 퀄리티보다, 고객이 원하는 바를 디테일하게 맞추는 것이다. 그 예는 국토부에서 초청했던 여성국빈께서, 지하상가에서 파는 발목스타킹을 원했다. 고객을 위해 전날부터 투숙했던 호텔 근처의 시장, 지하상가를 뒤져 그분이 원할 만한

곳을 찾았다. 따로 피팅룸이 없으니, 국빈께서 스타킹을 공중화장실에서 피팅하고 오시는 등 재미있는 경험이었다. 물론 고객의 요구 시에 NO는 없고, 'PLAN B'를 생성한다.

◉ 한국을 찾는 VVIP들이 한국에서 선호하는 것은?

한국에 대한 이미지는 언론 및 유투브를 통해 많이 달라졌다. 젊은 고객들은 VR 등에 관심이 많고, 고위층의 VIP로 갈수록 대표적으로 진행하는 것은 DMZ 및 판문점 투어다. 특히 정부에서 공문을 보내면 장관급은 프라이빗하게 투어가 가능하다.

◉ VIP 고객들을 위해 호텔에서 필요한 역할은?

호텔은 서비스가 훌륭하다 보니 서비스에서 일어나는 특별한 문제는 없다. 그렇지만 기본 매뉴얼에서 나온 서비스가 아니라, 창의적으로 'KICK'할 수 있는 요소가 있어야 한다. 예를 들면, 특급호텔에서 전시한 작품을 만든 화가를 만날 수 있다든가, 아니면 한국의 오뛰쿠튀르를 선도하는 디자이너를 만날 수 있도록 주 고객을

대상으로 하이엔드 고객들에게 감동을 주는 등, 각 호텔이 가지고 있는 럭셔리 인프라를 통해 'One of Kind Experience'를 만들어야 한다.

◉ 앞으로의 방향성과 계획을 한다면?

티퍼센트는 고객을 위해 '원오브카인드 경험'을 제공할 것이다. 먹는 것, 보는 것, 느끼는 것까지 오감을 전부 설계하고, 볼륨 베이스 비즈니스보다는 한 분이라도 감동을 주는 여행을 컨설팅하는 디자이너가 되어야 한다. 한국의 아웃바운드 비즈니스는 이미 포화상태. 가격경쟁으로 귀결이 되는데, 우리는 가격을 넘어 최고의 경험을 선사할 것이다.

출처: 월간호텔 & 레스토랑. 정수진 기자

chapter 04.
서비스 요원의 태도 체크리스트

구분		태도내용	체크	
			YES	NO
근무태도	1	회사의 제 규정 및 규칙을 잘 지키는가?		
	2	성실하고 적극적인 자세로 근무하는가?		
이해 및 판단	3	업무내용을 즉시 이해하는가?		
	4	판단하기 전 조사, 연구 후 계획을 수립하는가?		
	5	상사의 의도나 방침을 잘 이해하는가?		
	6	업무를 이해하지 못하고, 일 처리하여 실수하지 않는가?		
협동심	7	상사의 지시에 의한 업무를 잘 협조하는가?		
	8	타 부서의 동료와 동료나 부하와의 협조가 잘 이루어지는가?		
	9	타인을 비난하거나 이기적인 행위를 하지는 않은가?		
책임감	10	타인이 기피하는 업무를 적극적으로 시도하는가?		
	11	책임을 회피하거나 전가하는 일은 없는가?		
	12	자신의 업무는 정확하게 완수하는가?		
	13	서비스의 개선과 매출신장에 적극적으로 보이는가?		
언어사용	14	고객 및 동료와 대화 시 적절한 언어를 구사하였는가?		
	15	자세를 낮추듯이 항상 존칭어를 사용하였는가?		
업무량 및 정확도	16	전체적으로 업무를 조심성 있게 끝맺음을 하였는가?		
	17	업무처리에 문제 없이 일관성 있게 처리하였는가?		
	18	업무를 안심하고 맡길 수 있는가?		
	19	바쁜 와중에도 무난하게 업무를 잘 처리하는가?		
접객태도	20	불만고객에게 끝까지 서비스할 자세를 가지고 있는가?		
	21	고객에게 불쾌감을 주지는 않았는가?		
	22	항상 호감 가는 태도로 서비스를 하였는가?		

고객 서비스 실무
Customer Service Practice

Chapter

05
고객만족의 이해

학습목표

고객만족을 창출하기 위해서 고객의 특성에 따른 고객의 개념을 이해하고, 고객 서비스 프로세스를 파악하여 기업과 고객과의 신뢰를 구축할 수 있는 경쟁력을 갖출 수 있다.

01 고객의 특성

 ## 1. 고객의 개념

고객의 의미는 시대적인 흐름과 환경의 변화에 따라 여러 가지로 해석이 가능하다. 고객이란 기업의 입장에서 영업을 하는 사람에게 대상자로 찾아오는 손님이나 혹은 재방문을 하는 사람, 습관적으로 물건을 사는 사람, 또는 초대받은 사람 등을 말한다. 넓은 의미에서의 고객은 나를 제외한 모든 사람과 조직체이다. 그러나 일반적인 현상에서 보면 특정업체의 제품과 서비스를 최종적으로 구입하여 사용하는 사람을 의미한다. 고객의 어원은 돌아볼 고(顧), 손님 객(客)을 뜻한다. 고객은 상품 및 서비스를 구입하고 사용하는 사람뿐만 아니라 미래에 상품 및 서비스를 사용할 가능성이 있는 사람, 주주, 거래처, 협력업체, 기업에서 일하는 종사자 등도 포함한다.

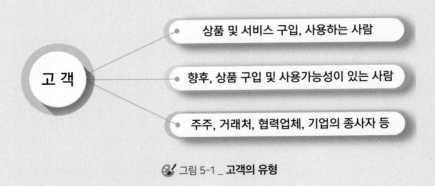

그림 5-1 _ 고객의 유형

2. 고객의 분류

기존의 대다수 기업들은 단순히 소비자만을 고객이라 인식하였다. 물론 고객이나 소비자가 상품이나 서비스를 구매하고 소비한다는 관점에서는 동일한 사람이다. 다만 고객은 상품에 대한 구매가능성이 있는 모든 사람을 의미하기는 하나, 직접적인 거래과정에서 발생하는 피해에 대해 잠재고객 집단에 이야기할 수 없는 최종 고객만이 소비자로 파악되어진다. 즉, 자사의 종사원이나 협력업체들은 고객에서 제외되었다. 그러나 현시점에서 고객은 기업의 경영활동 전반적인 면에서 영향을 미치는 모든 사람과 조직을 표현한다. 이는 부하·동료·상사 등 기업 내부의 모든 직원들과 협력 및 납품업체 등의 직접적인 소비자까지 기업에 영향을 미치는 모든 사람과 조직을 고객으로 인식하게 된 것이다. 서비스 사회에서 고객의 정의는 guest, customer, consumer, client로 내부고객과 외부고객으로 분류할 수 있다.

(1) 기업관점에서의 고객

일반적으로 기업관점에서의 기업에 있어 상품을 구매하고 이용하는 고객은 하나이다. 하지만 고객은 조직경계 관점에서 고객의 가치를 생산하는 내부고객과 그러한 가치를 구매하고 이용하는 외부고객으로 분류된다.

표 5-1 _ 기업관점에서의 고객 분류

분류		내용
내부고객		• 동료, 상사 등 기업 내부에 있는 임직원들로 최종 고객들의 욕구를 충족시킬 수 있는 제품이나 서비스를 추구하여 가치창출의 직접적인 역할을 담당
외부고객	최종고객	• 기업의 이익창출을 위해 긍정적인 관심과 초점의 대상이 되는 고객 • 직접적인 소비자
	협력고객	• 고객에게 제공될 상품생산에 필요한 원재료를 공급하는 납품업체, 하청업체 등

1 내부고객

내부고객(internal customers)은 자신이 속해있는 기업의 재화를 구매하거나 서비스를 이용하는 직원이며, 고객의 범위를 확대하면서 도입된 개념이다. 즉 외부고객에게 제공하는 고객가치를 위한 패키지를 개발하고 제공하는 데 협력하는 조직 내부의 구성원들을 말한다. 예를 들면 기업에서 상품을 기획하는 부서는 생산된 상품을 판매하는 영업부서와 밀접한 관계를 유지하고 있다. 따라서 직원을 적절히 채용하고 채용된 종사자는 지속적으로 교육시키며 적절한 보상과 자부심을 가질 수 있는 환경을 만들어서 구성원의 동기를 유발하기 위해 수행하는 활동이다.

2 외부고객

외부고객(external customers)은 기업이 생산한 가치를 사용하는 고객이 내부고객에 의해 생산된 서비스의 가치를 최종적으로 이용하거나 구매하는 대상을 의미한다. 또한 대부분 '고객'으로 통용되며, 기업의 밖에서 재화를 구매하거나 서비스를 이용하는 고객을 말한다. 상품서비스의 존재는 이러한 외부고객의 가치를 이해하는 것으로부터 시작되어 상품이 존재할 수 있도록 하는 기준이다.

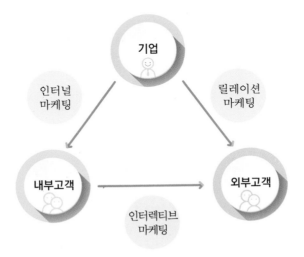

그림 5-2 _ **내부고객 및 외부고객과의 관계**

(2) 고객관계에서의 분류

기업은 목표고객의 브랜드 가치를 위해 기업이 의도하는 고객관계에서의 분류를 두 가지로 나눌 수 있다. 첫째, 관계진화과정에 의한 고객으로서 잠재고객, 신규고객, 기존고객, 충성고객, 이탈고객이다. 둘째는 참여 관점에 의한 고객으로는 구매용의자, 잠재-가망고객, 구매-비의사자, 최초 구매고객, 반복 구매고객, 단골고객, 옹호고객, 체리피커, 블랙컨슈머 등으로 나뉜다.

🌵 관계진화과정에서 고객분류

① 잠재고객

잠재고객(potential customer)은 자사의 제품이나 서비스를 구매하지 않은 사람들 중에서 향후 자사의 고객이 될 수 있는 잠재력을 가지고 있는 고객을 말한다. 기업측면에서 바라볼 때 잠재적인 가치를 가지고 있고, 차후 구매고객으로 전환되기를 기대하는 고객이다.

② 신규고객

신규고객(acquired customer)은 처음으로 기업의 제품이나 서비스를 구매한 고객이다. 이 고객의 특징은 1차 구매 후 이탈하는 경우가 많기 때문에 매우 낮은 수준의 고객유지율을 보일 수 있으므로 기업은 고객의 2차 구매를 유도해야 하고 기대 수준에 대해 확신을 갖도록 지속적으로 관리한다.

③ 기존고객

기존고객(existing customer)은 신규고객들 중에서 2회 이상 반복구매를 한 고객으로 거래 하는 기업에 대한 확신이 높아지면서 1인당 구매금액도 점차 높아지게 된다. 따라서 기존고객은 지속적인 기대 수준을 만족시키고, 고객니즈 파악을 기초로 한 차별화된 제안과 관계적 노력을 전개하는 것이 기업을 위하는 길이다.

4 충성고객

충성고객(core customer)은 상품 및 서비스를 반복적으로 구매하고 기업과 강한 유대관계를 형성한 고객이다. 이들은 고객유지율과 1인당 구매금액이 가장 높은 수준이므로 그 기업의 수익성에 가장 직접적인 영향력을 제공한다. 또한 VIP고객이나 주고객으로 인하여 제품 및 서비스에 대한 적극적인 의견제시와 신제품 아이디어의 제공 등의 역할을 수행하고, 주변인들에게 홍보와 추천활동을 전개함으로써 기업의 장기적인 성장에도 도움을 줄 수 있는 역할을 담당한다.

5 이탈고객

이탈고객(defected customer)은 더 이상 자사의 제품이나 서비스를 이용하지 않는 고객이다. 기업에 있어서 이탈고객이 중요한 것은 가치가 높은 이탈고객을 재획득하려면 많은 노력과 시간이 걸리며 기존고객에 대한 이탈방지 활동을 효과적으로 진행해야 하기 때문이다. 그래서 이탈고객을 예방하기 위한 적절한 프로그램과 환경 분석 시스템을 수립해야 한다.

🌵 참여 관점에 의한 고객분류

1 구매용의자

구매용의자(suspect)는 자사의 상품이나 용역을 구매할 능력이 있는 모든 사람을 포함한다. 서비스를 이용할 것인지 여부가 불확실하고 잠재고객으로도 볼 수 있지만 애매모호하게 느껴지는 고객이다.

2 잠재-가망고객

잠재-가망고객(prospect)은 자사의 상품이나 서비스를 알고는 있으나 아직 구매행동으로까지 연결되지 않아 마케팅 활동을 전개하면 고객으로서 흡입이 가능한 고객이다. 기업입장에서는 잠재고객을 가망고객으로 전환할 수 있는 관점 마케팅이다.

③ 구매-비의사자

구매-비의사자(disqualified prospect)는 자사의 상품이나 서비스에 전혀 관심이 없거나 구매 의사를 가지고 있지 않은 고객으로, 자사제품에 대한 필요를 거의 느끼지 못하고 구매할 능력이 없는 것으로 판단된 고객이다.

④ 최초 구매고객

최초 구매고객(first time customer)은 자사의 상품이나 서비스를 최초로 이용한 사람으로 제품을 1회 구매한 고객이다. 최초의 구매자는 각별한 관심과 주의가 필요하고 충성고객으로 만들기 위한 구체적인 실천을 계획해야 한다.

⑤ 반복 구매고객

반복 구매고객(repeat customer)은 자사의 상품이나 서비스를 2회 이상 이용한 고객이다. 이들은 같은 제품을 구매한 사람일 수도 있고, 다른 제품이나 용역을 번갈아 구매한 사람일 수도 있다.

⑥ 블랙컨슈머

블랙컨슈머(black consumer)는 특정 기업의 상품과 서비스를 이용하면서 구매한 상품을 문제 삼아 피해를 본 것처럼 꾸며 기업의 잘못이 아닌 부분을 인위적으로 조작하여 보상을 요구하는 고객이다. 이들은 과장된 불만을 표출하여 적정 수준 이상의 보상을 통해 혜택과 이익을 보려는 특징이 있다.

3. 고객의 심리

서비스 요원은 상대방 입장에서 고객의 마음을 이해하고 고객의 말에 귀를 기울이면, 고객도 종사자의 입장을 생각하는 마음을 갖게 되므로 서비스 현장에서 다양한 고객을 매일같이 접하게 된다. 현장경험이 많은 직원은 고객의 행동패턴이나 고객의 유형, 또는 고객심리 등을 고려하여 응대할 수 있으나 신입직원의 경우에는 상황에 맞는 서비스 응대부족으로 많은 어려움을 겪는다. 이러한 원리를 동반한 고객의 기본 심리를 존중하여 서비스하는 것이 원칙이다.

① 기대심리

기대심리란 어떤 일이나 대상이 원하는 대로 되기를 바라는 마음이나 상태를 뜻한다. 고객은 언제나 환영받기를 기대(expectation)하는 특징이 있다. 그래서 서비스 종사원은 항상 밝은 미소로 고객을 맞이해야 한다. 고객은 손님으로서 왕으로 대접받고자 원하는 것이 아니라 환영받기를 원하는 기본적인 심리를 가지고 있다.

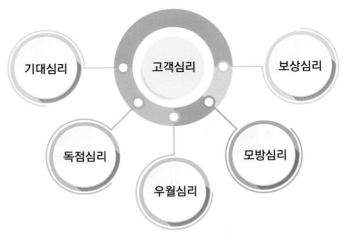

그림 5-3 _ 고객의 심리유형

② 독점심리

고객은 누구나 모든 서비스에 대하여 타인과 나누어야 할 것을 혼자서 독점(monopolization)하고 싶은 심리를 가지고 있다. 그러나 고객 한 사람의 독점하고 싶은 심리를 만족시키다 보면 다른 고객들에게 불편을 초래하게 된다. 따라서 모든 고객에게 공평한 친절을 베풀 수 있는 자세를 갖추도록 한다.

③ 우월심리

고객은 서비스 종사자보다 우월(superiority)하다는 심리적인 사고를 하고 있다. 고객응대 시 서비스 종사자는 고객에게 서비스를 제공한다는 직업의식으로 고객의 자존심을 인정하고 겸손한 태도로 자신을 낮춘다. 기업입장에서는 고객의 장점을 적극적으로 칭찬하고, 실수는 덮어주는 노력이 필요하다.

④ 모방심리

고객은 다른 고객의 행위나 표현을 모방(imitation)하고 싶어 하는 심리를 가지고 있다. 고객응대 시에 반말을 사용하는 고객이라도 서비스 종사원이 정중하고 상냥하게 응대하면 고객도 친절한 태도로 반응하게 된다.

⑤ 보상심리

고객은 비용을 들인 만큼 그에 따른 서비스를 보상(compensation)받기를 기대하며, 다른 고객과 비교해 손해를 보고 싶지 않은 심리를 갖고 있다. 서비스는 언제나 고객의 기대에 어긋나지 않는 인적·물적 서비스를 공평하게 제공하고, 특정 고객에게 별도의 서비스를 제공할 때에는 그 서비스를 받는 고객만큼 주변의 다른 고객도 신경을 써야 한다.

02 고객만족의 개요

 ### 1. 고객만족의 개념

고객만족은 고객이 기업의 행위에 대하여 흡족하게 여기는 것이므로 기업이나 회사에서 고객 또는 소비자의 만족을 목표로 하는 경영기법이다. 다시 말하면 고객에게 최대의 만족을 주는 고객감동(customer delight)은 기업의 존재 의의를 찾고, 이를 통해 고객들이 계속해서 기업의 상품이나 서비스를 이용하면서 이윤을 증대시키는 것이다.

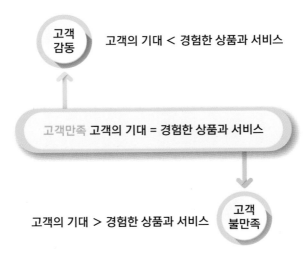

고객
감동 　고객의 기대 < 경험한 상품과 서비스

고객만족 고객의 기대 = 경험한 상품과 서비스

고객의 기대 > 경험한 상품과 서비스 　고객
불만족

🎨 그림 5-4 _ 고객만족과 고객감동의 기대차이

만족이란 라틴어에서 유래된 'satis의 충분하다'와 'facere의 만들다'의 합성어로서 한자어로는 찰 만(滿), 발 족(足)이며, 그 의미로는 성취하거나 무엇을 채운다는 뜻이다. 따라서 고객만족은 고객이 바라고, 원하는 것을 채우는 것, 즉 고객의 욕구와 기대에 최대한 부응한 결과이며 고객이 그 상품과 서비스를 다시 구입하고, 아울러 고객의 신뢰감이 연속되는 상태이다. 다시 말해서 고객만족이란 '사용 전의 기대와 사용 후의 제품성과 간의 지각된 불일치에 대한 고객의 평가과정'이라고 할 수 있다. 또 고객만족을 소비경험의 결과로 여기는 입장에서 '시장 전체뿐만 아니라 구매한 특정 상품이나 서비스, 구매장소, 혹은 쇼핑 및 구매행동과 같은 개별적 행위에서 유도된 정서반응'으로 정의할 수 있다.

기업은 고객만족과 경제적인 이윤관계에 있어서 상품이나 서비스의 품질, 그리고 가격이 고객만족에 어떻게 영향을 주는지와 고객만족도가 생산성에 왜 영향을 미치는지에 대해서 살펴봐야 한다. 치열한 시장경쟁시대의 기업에서 제공하는 품질이 전달되는 과정은 고객의 판단을 기초로 한 주관적인 차원의 판단이 더욱 중요하게 생각되어진다. 이러한 양질의 서비스는 기업이 제공하는 서비스의 수준과 고객이 경험한 서비스의 차이를 통해 고객에게 직접적으로 지각되기 때문이다. 고객이 기대 이상의 품질을 경험하면 만족한 서비스가 되고, 기대 이하인 경우는 불만족을 느끼기도 한다.

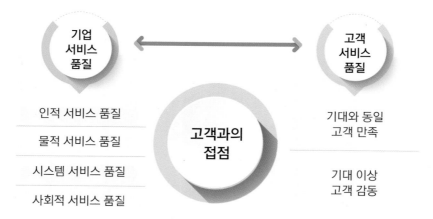

🎨 그림 5-5 _ **기업의 서비스 품질 구분**

2. 고객만족의 핵심

오늘날 세계경제는 상품을 대상으로 하는 경제에서 서비스를 대상으로 하는 경제로 이동하고 있다. 이것은 경제와 산업이 고도로 발전하고 성숙되면서 서비스가 없는 어떤 재화도 존재할 수 없고, 제품이 없는 그 어떤 서비스 재화도 존재할 수 없다. 바로 상품에서 서비스를 동반한 프로세스로 형성되어진다.

이러한 관점에서 고객만족과 불만족, 만족도와 충성도와의 관계, 고객만족의 구성요소가 무엇인지에 대해서 살펴보자.

(1) 고객만족과 불만족

고객의 만족도는 유무형의 상품 및 서비스를 구입하여 만족하게 되면 재구매로 이어지고, 고정고객을 확보하기가 쉬워진다. 또한 주변에 좋은 정보를 전파하여 신규고객도 창출되어 결국 매출이 증대하게 된다. 상품이나 서비스에 만족도가 높으면 기존고객이 상품을 반복구매하고, 구전에 의하여 신규고객이 창출됨으로써 판매비·광고비 등의 비용절감도 할 수 있다. 단골고객은 기업의 매출을 올려줄 뿐만 아니라 걸어다니는 프로모션 역할까지 하는 것이다.

그러나 고객은 구매에 대해 불만족하게 되면 재구매가 중단되어 고객을 상실하게 되고, 나쁜 정보를 주변에 전파함으로써 잠재고객까지 상실되므로 매출감소를 가져다준다. 그래서 대부분의 기업들은 고객 불만족을 개선하기 위해 고객센터와 고객 상담실 등을 설치하여 운영하고 있다.

(2) 만족도와 충성도와의 관계

고객충성도는 고객만족의 실현을 통해 자사의 서비스를 계속 이용하게 하며, 기존고객의 이탈을 방지하기 위해서 고객과의 관계를 형성한다. 고객만족도(customer

그림 5-6 _ 서비스의 만족과 불만족 결과

satisfaction)와 고객충성도(customer loyalty)는 명확하게 분리되는 개념이 아니며, 고객만족이 지속적으로 축적됨에 따라 고객충성도의 상승으로 이어진다.

진정한 서비스는 고객에게 감동을 주기 위해서 기업의 입장보다는 고객에게 초점을 맞추고, 사소한 서비스에도 소홀히 해서는 안 된다. 이와 같은 서비스는 해당 기업에 대하여 만족도가 높을 경우에 충성도는 높아지고, 만족도가 낮으면 충성도는 낮아진다. 결론적으로 만족도와 충성도가 매우 낮은 고객은 불만고객이 되어 어느 기회에 불만족을 표출한다.

반면에 매우 만족한 고객과 충성도가 높은 고객은 서비스 기업과 생사를 같이하는 동반고객으로 발전하게 된다. 기업의 성패는 자신의 기업에 불만고객이 많은지, 충성도가 높은 고객이 많은지에 따라 알 수가 있다. 충성고객을 창출하기 위해서는 기존고객이 자사의 서비스에 대해서 반복구매를 하도록 유도하고, 이탈하지 않고 지속적으로 관계를 맺는 마케팅 전략을 세운다.

고객경영은 고객의 불만을 기초로 고객의 심리를 잘 파악하여 대응하고, 상품이나 서비스불만에 대한 위기를 기회로 삼아 오히려 마케팅을 잘할 수 있다. 자사제품에 대해 불만을 제기한 고객에게 최대한 친절하고 공정하게 처리하면 기업브랜드의 신뢰를 가지게 되어 충성고객으로 만들 기회가 된다.

(3) 고객만족의 구성요소

기업은 고객의 기대를 충족시킬 수 있는 품질을 제공해야 하고 고객의 불만을 효과적으로 처리해야 한다. 또한 고객만족을 위해 기업에 대한 내부고객의 만족이 필수적이므로 직원들의 복지향상, 일체감 조성 등 사원만족도 아울러 뒤따라야 한다. 고객만족은 결국 상품의 품질뿐만 아니라 제품의 기획, 설계, 디자인, 제작, 애프터서비스(A/S)등에 이르는 모든 과정에 걸쳐 제품에 내재된 기업문화 이미지와 더불어 상품의 이미지, 이념 등 고차원적인 개념까지 고객에게 제공함으로써 만족감을 얻게 할 수 있다.

고객만족은 기업의 성공이나 장기간 경쟁력을 위해 필요한 요소이다. 고객 입장에서 보면 기업이 3가지 요소를 어떻게 수행했는가 점검해 보자.

- 하드웨어적 요소 : 매장의 시설, 인테리어, 분위기 연출 등
- 소프트웨어적 요소 : 매장에서 취급하는 상품, 서비스 프로그램, A/S시스템, 부가서비스 체계 등
- 휴먼웨어적 요소 : 매장에서 일하고 있는 사람들이 보이는 서비스 마인드와 접객서비스 행동, 매너 등

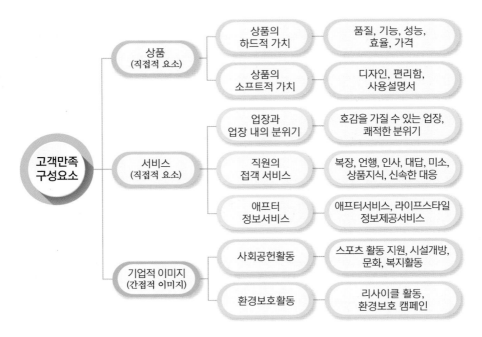

🎨 그림 5-7 _ **고객만족의 구성요소**

고객을 만족시키기 위해서는 그들의 니즈를 파악하고, 그에 알맞은 서비스를 제공하였을 때 고객의 마음을 움직일 수 있다. 3가지 요소 중 하나라도 0점을 받게 되면 다른 요소가 100점이라고 해도 결론은 0점이다. 예를 들면, 리조트 시설이 최고급에 좋은 음식재료를 선택하여 운영하고 있으며, 멋진 이벤트를 개최하더라도 직원들이 불친절하다면 고객은 오지 않는다. 또 낡고 안전하지 못한 시설에서 제대로 된 서비스 프로그램이 없이 직원들에게 오직 친절한 서비스만을 요구한다면 진정성이 결여되어 고객만족을 이끌 수 없다.

기업경영의 목표를 달성하기 위해서는 고객만족의 구성요소는 다음과 같다.

1 상품

상품(product)은 사고파는 물건이나 재화를 뜻하며, 시장에서 교환되는 유·무형의 재화이다. 최근에는 상품의 측면에서 차이가 크지 않기 때문에 판매 시점의 서비스의 차이가 기업의 우열을 결정하게 되었다. 소비자의 구매성향은 고객만족의 비중이 상품에서 서비스로 이동하고 있는 것이다. 상품의 가치로는 품질, 기능, 디자인, 컬러, 편리성, 상표명, 사용설명서 등이 있다.

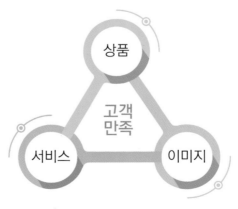

🐾 그림 5-8 _ **고객만족의 구성요소**

② 서비스

서비스(service)는 시대적으로 보면 이전에는 상품의 하드적인 가치로서의 품질, 기능, 가격 등의 비중이 컸으며 상품의 품질이 좋고 가격이 저렴하면 고객은 그것으로 만족하였다. 그러나 고객은 단순히 제품만이 아닌 소프트적인 가치로서의 디자인, 사용용도 및 용이성, 배려 등을 중시하게 되었다. 상품을 판매하는 기업은 입지와 분위기뿐만 아니라 내부직원의 친절성과 고객대응 능력, 불만처리 절차 및 애프터서비스 등에 신경써야 한다.

③ 기업이미지

기업이미지(corporate image)는 특정 기업에 대해 일반대중이 가지고 있는 의견이나 태도 또는 기성관념을 총칭한다. 기업의 상품 및 서비스가 우수하다 하더라도 사회적 물의를 일으키는 기업의 이미지는 상대적으로 평가가 하락하고 고객의 만족도는 더 낮아지게 된다. 이러한 이미지 개선을 위한 활동으로는 사회봉사 및 문화활동, 스포츠 활동, 시설개방, 고객보호 및 환경보호 캠페인 등이 있다.

03 고객만족의 프로세스

1. 고객만족경영의 개념

기업의 경영혁신은 기존에 회사의 개념(concept)을 바꾸는 것부터 변화가 시작되어야 최고의 기업으로 성공할 수 있다. 기업의 변화는 기존 사업방식, 기업의 성공조건, 상품 마케팅 전략에 대한 개념, 기업문화 및 고객서비스에 대한 관념, 경쟁회사와의 차이, 기업의 외적 환경 및 조건, 가치관의 개념 등이 포괄된다.

고객만족경영(CSM: Customer Satisfaction Management)은 기업이 제공하는 상품이나 서비스에 대한 고객의 기대보다 만족 수준을 높이기 위하여 계속적으로 고객들의 기대와 만족 수준을 조사하고, 이를 바탕으로 불만족 요인을 찾아 개선하여 고객만족을 높이는 경영활동이다. 즉, 고객만족도를 전략적으로 파악하고, 객관적으로 판단하여 이를 제고하기 위한 경영노력 그 자체를 말한다.

세계적인 마케팅 정보서비스 회사인 J.D. Power는 1977년 미국시장을 리서치한 후, 고객만족을 평가기준으로 자동차 부문의 기업순위를 발표한 것을 계기로 '고객만족'이라는 단어가 여러 분야에 널리 퍼지기 시작하였다. 이후에 고객만족경영이 최초로 등장한 것은 1980년 스칸디나비아 항공의 얀 칼슨(Jan Carlzon)사장이 '진실의 순간(MOT: Moment of Truth)' 개념을 회사 경영에 도입한 시기이다.

(1) 고객만족의 경영전략

고객만족을 위한 프로세스는 하나의 서비스 과정일 뿐이지 방향성을 결정하는 경영이념 및 비전을 제시하는 사업전략은 아니다. 서비스 혁신은 새로운 관점에 기초한 경영이념이나 비전을 성취하기 위한 조직의 체질을 만드는 도구에 불과한 것이다. 혁신을 성공시키기 위해서는 먼저 전체의 방향과 전략을 결정해주는 개념을 바꾸는 것에서부터 시작되어야 한다. 기업의 변화는 고객만족을 기업에서 개념화시키고, 이를 도입하려는 이유를 보면 경쟁력 있는 기업이 되기 위한 본격적인 경영전략의 방법이기 때문에 경쟁업체보다 고객에게 맞는 편리한 상품을 제공하는 시장의 지향적인 원리이다.

기업경영은 고객중심의 최고 서비스를 기대하려면 자사의 서비스 콘셉트를 심플하게 설정하여 판매목표를 촉진시키고, 타깃고객을 분명하게 하고 경쟁사와 차별화를 할 수 있도록 명확하게 한다. 서비스 포지셔닝은 기업의 경쟁력을 갖추기 위해 기업서비스의 결점을 찾아내고 회사의 이점을 최대한 살리려고 노력해야 한다.

서비스 포지셔닝 개발은 시장조사를 통해서 표적시장에 대한 경쟁력을 갖추려면 표적시장의 접근을 위한 자산의 경영자원이 충분한가를 알아보고, 적정규모의 시장성을 갖추었는지도 살펴본 뒤 경쟁사와 차별화를 두는 것이 발전의 여지가 있다.

이것은 기업에서도 고객에 관한 정보공유화를 위해 서로 각 부서마다 연계된 시스템이 전개되어야 한다. 이는 부서 간의 연계성 부족으로 고객에 대한 정보가 담당부서에 전달되지 않아 불만족한 상태로 남아 있는 경우가 많으므로 부서 간의 원활한 커뮤니케이션 방안이 요구되어진다.

🎨 그림 5-9 _ **고객만족의 경영전략**

131

(2) 고객만족의 결정요인

고객의 기대에 영향을 주는 요소는 구전을 이용한 의사소통, 개인적 성격이나 환경적 요인, 과거경험, 그리고 서비스 제공자들의 의사소통능력 등을 들 수 있다. 서비스에 대한 고객의 평가는 서비스 전달과정 중에 일어나는데, 고객과의 접촉 순간에 서비스에 대한 만족과 불만족을 평가하게 된다.

1980년쯤 고객의 기대에 영향을 주는 요인으로 Parasuraman, Zeithaml, Berry 교수는 고객이 서비스 품질을 판단하는 데 일반적으로 다섯 가지 차원을 제시하였다. 이 요소들은 업종을 초월해서 고객의 만족도를 결정하는 요인으로 꼽히며 기업들의 고객서비스 만족도를 평가할 때 체크리스트로 사용할 수 있다.

고객만족의 서비스에 대한 결정요인으로는 신뢰성, 대응성, 확신성, 공감성, 유형성과 같이 다섯 가지로 볼 수 있다.

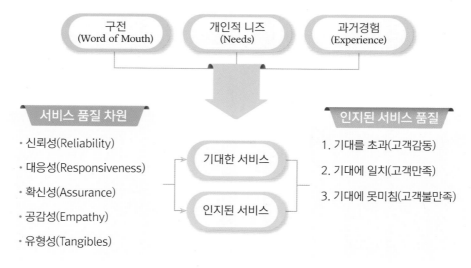

🎨 그림 5-10 _ 고객의 서비스 품질에 미치는 영향

① 신뢰성 : 고객과 약속한 것을 정확하게 믿을 수 있도록 제공하는 능력
② 대응성 : 고객들과 부딪친 문제를 최대한 빨리 도와주려는 의욕

③ 확신성 : 고객들에게 보여주는 지식과 예절, 고객들로 하여금
　　　　　신뢰 및 신용을 느끼게 해주는 능력
④ 공감성 : 고객들 개개인에 대해 보여주는 관심과 배려
⑤ 유형성 : 물리적인 시설과 장비, 그리고 직원들의 태도와 외양

 ## 2. 고객만족의 효과

서비스에 만족한 고객들은 주변 지인들에게도 적극적으로 추천하여 구전활동을 하게 된다. 최근에는 SNS를 통해 고객이 기업의 상품과 서비스를 불특정 다수에게 알리는 경우가 많다. 따라서 기업은 신규고객 획득, 기존고객 유지 및 고객 수익성을 증대시키기 위해 고객과 커뮤니케이션 채널을 연결하여 지속적으로 소통해야 한다.

이처럼 고객은 기업서비스에 만족했을 때 다른 비구매자들에게 권유를 하고 고객감동과 수익 사이의 가교역할을 해준다.

(1) 재구매의 고객창출

기업의 성공은 고객이 무엇을 원하는지를 파악해서 이를 만족시켜야 한다. 만족고객은 기업에게 높은 수익과 운영비의 절감효과를 가져다준다. 신규고객의 확보보다는 기존고객이 재구매나 반복구매를 할 때에 이익 극대화가 가능하다. 상품에 만족한 고객은 재구매 시에도 한 상표를 지속적으로 구입하는 브랜드 충성도(brand loyalty)를 나타낸다. 즉, 고객에게 만족감을 줌으로써 전환비용을 극대화시켜서 강력한 고객충성심을 창출하는 기업과 고객 간의 인간적인 관계에 중점을 두고 '관계 마케팅(relationship marketing)'의 시발점이 되는 것이다.

(2) 비용절감

기존의 고객을 재구매 고객으로 끌어가는 것은 재구매 고객이 가져다주는 비용절 감(expense reduction) 효과 때문이다. 기업이 새로운 고객을 끌어들이는 데 드는 비용은 기존의 고객을 만족시키는 데 드는 비용의 5배 이상 많은 노력과 비용이 요구된다. 또한 고객의 욕구와 기대치를 예측하여 불필요한 지출이 없도록 할 수 있고, 제품에 만족한 고객은 가격에 민감하지 않으므로 더 많은 이익을 창출할 수 있다.

(3) 구전광고 효과

기업은 고객을 만족시킴으로써 구전효과(mouth to mouth)를 가져올 수 있다. 만족한 고객은 친지, 이웃, 친구 등에게 제품을 추천하고 구입을 권유하기도 한다. 고객은 광고보다는 가까운 지인의 말 한마디를 더욱 신뢰하는 경향이 있기 때문이다. 기업입장에서는 구전효과가 어떤 대중매체 광고보다도 뛰어난 효과를 발휘하고 많은 힘을 들이지 않고 큰 성과를 볼 수 있는 방법이기도하다.

알아두기

한국 인천국제공항의 고객만족효과 사례

인천국제공항이 12년 연속 세계 공항서비스 평가 1위의 영예를 얻었다. 그동안 전 세계 어느 공항도 기록하지 못한 유일무이한 기록이다. 현지시각 17일 오후, 국제공항협의회(ACI: Airports Council International) 주관으로 모리셔스 포트루이스 스와미 비비카난다 국제컨벤션센터에서 '2016 세계 공항 서비스평가(ASQ: Allowable Sale Quantity) 시상식'이 열렸다. 이 평가식은 2016년 한 해 동안 세계 각국의 공항이용객 55만 명을 대상으로 1 대 1 대면 설문조사를 실시하였다.

종합평가결과, 인천국제공항공사는 5점 만점에서 최종점수 4.99점을 기록하면서 전 세계 종합순위(Global Ranking)에서 1위를 차지했다. 공사는 '아시아·태평양 최고공항' 부문과 '대형공항(여객 4,000만 명 이상) 최고공항', '아시아·태평양 대형공항 최고공항' 등 3개 분야에서 1등을 수상하는 영광을 얻게 되었다.

아울러 세계 공항서비스 수준 향상에 대한 공로를 인정받아 '특별공로상(ASQ Special Recognition)'도 수상했다. 이번 수상은 공사가 지난해 초 수하물 지연사태 및 밀입국 사건이라는 위기를 딛고 이루어낸 성과의 의의를 가진다.

인천공항공사측은 "인천공항의 세계 서비스 평가 12연패와 더불어 특별공로상 수상은 5만 공항 가족의 헌신적인 노력으로 이룬 소중한 성과"라며 "여기에 안주하지 않고 내년 초 제2여객터미널의 개항을 새로운 도약의 계기로 삼을 것"이라고 밝혔다.

한편 인천공항은 "개항 초기부터의 서비스강화 전략이 성과를 거두게 되어 제2여객터미널에 ICT(Information & Communication Technology) 기술을 접목한 스마트 공항으로 변모하는 등 차세대 공항서비스 개발을 선도하려는 노력에 집중하기 위한 것"이라고 밝혔다. 공사는 앞으로도 비공개 서비스 평가 등을 지속적으로 실시해 서비스 품질을 유지해 나갈 방침이다.

출처 : 조선일보, 2017. 10. 19 기사 중 발췌

chapter 05
고객만족 체크리스트

구분	점검사항	체크	
		YES	NO
1	방문 전후, 직원의 전화응대에 만족하였는가?		
2	고객편의시설(대기장소, 화장실 등)에 대해서 만족하였는가?		
3	서비스 담당자의 전문성은 있었는가?		
4	서비스 담당자의 친절성은 있었는가?		
5	서비스에 대한 안내는 상세히 받았는가?		
6	서비스 결과에 만족하였는가?		
7	문제해결은 신속하게 진행되었는가?		
8	답변에 대한 요청(자료요청 등)은 신속했는가?		
9	추가문의에 대한 안내(연락처 및 담당자 등)는 정확했는가?		
10	당사의 제품이나 서비스를 다른 사람에게 추천하겠는가?		

🖋 생각해 보기

• 기업의 성공적인 고객만족서비스 경영사례를 조사하여 토의해보자.

MEMO

Chapter
06
고객관계서비스의 이해

학습목표

고객의 니즈변화로 서비스가 확대됨
에 따라서 고객관계관리의 개념을 이해
하고, 고객접점관리를 통한 충성고객 창
출과 고객의 평생가치를 극대화시킬 수
있다.

01 고객관계관리의 개요

 ## 1. 고객관계관리의 특성

(1) 고객관계관리의 개념

기업의 경영은 산업사회에서 급격히 변화하고 있다. 정보통신 기술의 발달로 인해 고객들은 과거와는 비교할 수 없을 정도로 많은 정보를 가지고 있으며, 자신의 이익을 위해 지능적으로 판단할 수 있는 능력을 갖게 되었다. 기업의 기술이 향상된 생산은 과잉화가 되는 반면 고객의 수요가 부족한 현실이다.

과거 기업의 환경은 고객이 많아서 기업 입장에서 고객 또는 시장을 어디서든 마음대로 고를 수 있던 때와는 달리 새로운 고객을 얻기 위해서 투입해야 하는 기업의 노력이 필요하다. 이와 같이 마케팅 환경이 크게 달라져가고 있기 때문에 고객 차원에서의 고객관계 관리시스템이 확장되어야 한다.

고객관계관리(CRM: Customer Relationship Management)는 고객과의 관계를 효과적으로 관리하는 경영방식이다. 즉, 기업은 소비자들을 자신의 고객으로 만들고, 장기간 유지하여 기업들이 고객과의 관계를 관리하고 고객을 확보하여, 판매자 및 협력자와 내부 정보를 분석하고 저장하는 데 유리하다.

가드너 그룹(Gardener's group)은 고객관계관리를 "신규고객 획득, 기존고객 유지 및 수익성을 증대시키기 위하여 지속적인 커뮤니케이션을 통해 고객의 행동을 이해하고, 영향을 주기 위한 광범위한 접근이다."라고 정의하고 있다.

따라서 무한경쟁시대의 기업 상황을 타개하기 위해 막대한 자금을 들여 구축하고 있는 CRM시스템이 실질적으로 기업의 경영성과와 사용자 만족도에 영향을 주는지, 또 어떠한 기업의 특성변수가 기업의 경영성과와 사용자 만족도와 상관관계를 가지는지를 국내 기업들을 대상으로 실증분석을 통한 심도 있는 연구가 요구된다.

결론적으로 고객관계관리의 가치창출 과정은 신규고객 획득, 우수고객 유지, 고객가치 증진, 잠재고객 활성화, 평생고객화의 과정을 거친다. 또한 고객과의 관계를 긴밀히 유지함으로써 새로운 고객을 획득하고, 이탈고객을 최소화하며, 기존고객을 좀더 우량고객으로 변화시키는 것을 목적으로 한다.

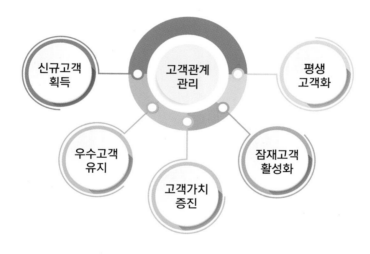

그림 6-1 _ **고객관계관리의 가치창출**

(2) 고객관계관리의 관점

① 고객을 보는 시각차이

고객과의 장기적 관계를 유지함으로써 자연스럽게 수익이 창출될 수 있도록 하므로 고객을 기업과 함께 하는 동반자로 본다. 이것은 단기적 거래실적보다는 장기적인 고객 생애가치(LTV: Live, Time, Value)에 중점을 둔다.

② 기업과 고객과의 소통방향

기존 마케터가 매스미디어를 통해 기업으로부터 외부고객에게 일방적 메시지 전달에 의존했다면, 고객관계관리는 다양한 방법을 통해 쌍방향 커뮤니케이션(two-way communication)을 강조한다. 기업이 제공한 정보에 대해 고객이 직접 반응할 수 있으며, 기업과 고객의 직접 커뮤니케이션이 가능하다. 따라서 고객으로부터의 정보 흐름이 중요시되며 고객에 대한 서비스 차별화의 기초가 된다.

③ 범위경제의 경제효과

기존에는 가능한 고객에게 많은 제품을 판매하는 대량생산, 대량판매에 의한 규모의 경제(economy of scale)를 지향해왔다. 그러나 고객관계관리는 한 고객에게 다양한 제품을 판매하거나 거래기간을 장시간 유지하는 범위의 경제(economy of scope) 내에서 기업경영을 도모한다.

④ 고객점유율의 전환

고객관리 성과측정의 지표는 시장점유율(share of market)에서 고객점유율(share of customer)로 바뀌었다. 고객관계관리에서는 고객 개개인을 하나의 독립된 시장으로 보고, 개별 고객당 관련 부문 지출액에서 자사상품 매출의 비중, 즉 고객점유율 또는 지갑점유율(share of wallet)을 높이려고 한다. 또 고객관리 차원에서 시장 전체를 대상으로 할 필요가 없기 때문에 관리비용을 줄일 수 밖에 없다.

⑤ 기업 차별화 및 고객확산

기업의 차별화나 관리의 초점은 제품뿐만 아니라 고객으로 확산된다. 기업의 이익은 제품에서 나온다기보다는 고객에서 나오기 때문이다. 예를 들어 어떤 제품이 고장 난 경우 제품관리자는 그 손상된 부품을 교체해주는 것에만 신경을 쓸 것이다. 그러나 고객관리자는 부품을 교체해 주는 것은 물론 그 고객의 만족도나 재구매가능성을 유지하고자 노력할 것이다.

알아두기

> ### "세계적인 호텔브랜드 TOP"
> ## 칼슨마케팅 그룹(Carlson marketing group)
>
> 📍 **칼슨마케팅 그룹 소개**
>
> 칼슨 마케팅 그룹은 마케팅 담당자를 포함한 모든 구성원과 고객에게 조직에 대한 긍정적인 선호도를 형성하는 마케팅 및 여행·서비스 산업계의 호텔, 리조트, 레스토랑과 크루즈 사업 등을 운영하는 글로벌 리더이다. Regent International Hotels, Radisson Hotels & Resorts, Park Plaza Hotels & Resorts, Radisson Seven Seas Cruises, T.G.I. Friday's, Carlson Wagonlit Travel, Cruise Holidays, Carlson Leisure Travel Services 등
>
> 📍 **경영마케팅 전략 : "고객유지율과 경영성과 모두를 향상시키는 전략"**
>
>
>
> 📍 **칼슨마케팅 그룹의 역사**
>
> 1938년 커티스 L. 칼슨(Curtis L. Carlson, 1914~1999)은 미국 미네소타주 미니애폴리스에 본사를 두고 잡화점, 식료품점, 주유소 등의 상점들을 경쟁자와 차별화하여 초기 55달러를 대출받아 골드 본드 스탬프 회사를 설립하면서 50년대와 60년대에 비약적인 성장을 이루게 된다.
>
> 60년대에는 서비스 사업에 진출하였으며, 70년대에는 T.G.I. Friday's와 Ask Mr.Foster(여행사) 등을 비롯한 사업을 다각화하는 차원에서 1973년에 회사명을 칼슨으로 교체하여 '100대 최우수 기업'으로 선정되기도 하였다.
>
> 📍 **칼슨 마케팅 그룹 호텔 사업**
>
> Carlson Hotel Worldwide는 5개의 브랜드를 가지고 68개국, 9백여 곳에서 세계에서 가장 큰 호텔을 운영하고 있는 회사로, 매출 규모는 약 2백60억 달러이다. 지역 본부는 싱가폴에 소재하고, 아시아, 태평양 지역에서 42개의 호텔을 운영하며 약 5천 명을 고용하고 있다.
>
> 📍 **레스토랑·여행 및 레저 사업**
>
> 칼슨마케팅 그룹은 캐주얼 다이닝 레스토랑의 선두주자로 현재 55개국에서 7백 60개의 레스토랑을 프랜차이즈, 라이센스, 직영의 형태로 운영한다. 브랜드로는 미국 최초의 T.G.I. Friday's와 Pick Up Stix가 있고, Carlson Wagonlit Travel은 정부기관과 중소기업, 대기업 등과의 제휴를 통해 비즈니스 여행 매니지먼트 사업을 전개해 나간다. 또한 기업과 고객뿐 아니라 수백만 명에 달하는 개인 관광객들에게 여행관련 레저와 프랜차이즈 여행 사업을 전개하고 있으며, 미국 전역에서 다양한 회사와 브랜드를 통해 부대 서비스를 제공하고 있다.

2. 고객관계서비스 관리법

고객관리는 고객과의 지속적인 관계를 얻기 위해 습관적으로 자사의 상품이나 서비스를 구매하도록 하는 마케팅 행위이다. 개별적으로 고객에 대한 1:1 마케팅과 서비스로 고객의 개별적 특성에 따른 관리, 데이터베이스를 이용하여 고객의 정보를 관리하는 정보기술에 의한 관리 차원에서 이루어지고 있다. 서비스 종사자는 충성고객을 만들 수 있는 실천 요령과 진정한 충성고객의 의미를 알고, 현장에 접목시킬 수 있는 고객관리 전략을 수립하는 자신만의 고객관리방법을 만들도록 한다.

(1) 고객서비스 기술

고객은 자신들의 불만이나 요구사항이 상품과 서비스에 잘 반영되었다고 여기면 만족한다. 실제로 고객은 재방문했을 때 그들의 요구사항이 개선되었을 경우, 기업 및 종업원에게 감사의 표현을 한다. 종사원은 친절한 서비스로 고객을 창출하는 기술적인 면과 고객을 위한 자신만의 현장서비스 기술을 익혀두는 것도 서비스에 있어서 효율적인 방법이다.

❶ 자세를 낮추어라.

서비스 요원은 외형적인 눈높이 서비스와 내면적인 품격 있는 서비스를 고려하여 고객과의 눈높이를 맞춘다. 이는 새로운 소비자의 개발, 브랜드 확장, 차별화 요인의 발견을 통해 위기를 극복할 수 있는 능력을 기른다.

❷ 긍정적으로 거절하라.

기업의 입장에서는 고객의 부탁을 단번에 거절하지 말고 가급적 고객의 부탁을 끝까지 경청하여 서비스를 제공한다. 거절을 할 때는 거절의 이유를 정확하고 솔직하게 말을 전달하고, 도움을 주지 못하는 아쉬움을 충분히 표현한다.

143

③ 최고의 이미지를 창출하라.

기업은 항상 고객에게 신선함을 주기 위한 아이템을 찾도록 한다. 이는 살아있는 기업이 되기 위한 조건으로 전략적 사고의 필요성을 역설한다. 또한 세밀하고 일관된 브랜드 전략을 수립·관리하여 세계 시장이 수용할 수 있는 브랜드이미지를 구축할 수 있다.

④ 최상의 컨디션을 유지하라.

종사자는 건강한 신체 상태를 유지하고 스스로의 감정을 조절할 수 있는 능력을 관리하며 향상시키도록 한다. 기업의 실적평가와 함께 브랜드 가치평가를 실시하고, 노화된 이미지를 개선하거나 새로운 이미지와 함께 부가적으로 조화를 이룬다.

(2) 고객관리를 위한 방법

고객의 마음을 사로잡는 방법은 가격, 사은품, 프로모션 등의 여러 가지가 있지만 그중에서도 친절이 가장 중요하다. 친절에는 여러 유형이 있는데 말로만 하는 것, 행동으로만 하는 경우, 마음으로 하는 친절이 있다. 종사원은 고객이 진정으로 원하는 것이 무엇인지 관심을 가져야 한다.

① 많이 구매하고 자주 찾는 고객

이용하는 고객 중에서 초기 방문보다 시간이 갈수록 매장을 찾는 빈도수가 높고 구매액이 높은 고객을 말한다. 고객관리는 많이 찾는 고객일수록 관심을 갖는다.

② 차기에 대량구매가 예상되는 고객

현재로서는 큰 구매를 하고 있지 않지만 시간이 지날수록 향후에 여러 형태의 관심 높은 구매를 할 가능성이 높은 고객들을 관리하고 확보할 필요가 있다.

③ 경쟁사 타깃 고객층이 아닌 고객

경쟁사에서 관심이 없거나 경쟁사들의 주요 타깃 층이 아닌 고객들은 특별히 관심을 가져야 한다. 바로 경쟁사의 고객들이 틈새시장을 형성하고 있기 때문에 새로운 마케팅 전략으로 접근하여 관리하도록 한다.

④ 성장가능성이 높은 고객

유치해야 할 또 다른 고객유형은 바로 시장이 급성장하는 분야의 고객이다. 고객에 대한 정확한 정보를 입수하는 것이 우선이고 성장가능성을 최대한 높일 수 있다.

⑤ 새로운 아이디어 제공고객

기업의 매출신장은 기업에게 새로운 아이템을 제공한다거나 미래를 준비할 수 있도록 지원을 해주는 고객들도 주의 깊게 관찰하여 관심고객으로 관리한다.

⑥ 충성 성향이 높은 고객

충성고객의 특징은 가장 차별화된 특정상품이나 브랜드 및 서비스에 대해 충성을 다한다는 점이다. 그러므로 무엇보다도 기존 충성고객의 특징을 잘 관찰하여 분석결과를 토대로 주기적으로 살펴본다.

표 6-1 _ 기업과 고객과의 관계

제품판매 마케팅 수립	유익한 점
고객의 입장에서 충성고객이 되면 좋은 점	• 시간 절약. 오해 가능성 축소. 리스크 감소, 우선권 부여, 믿을 수 있는 조언 제공 등
충성고객 만들기 실행전략	• 이익의 창출 정도에 따라 고객을 구분하여 관리 • 고객을 관리하고 고객과의 연결고리를 항상 놓지 않음
고객에게 관심을 집중하기 위한 방법	• 경청과 배려하는 성향의 사람을 고용 • 전문적인 서비스 스킬을 갖출 수 있도록 훈련 • 서비스 정신을 양성하는 문화적으로 확고한 기준설정
충성고객과의 거래가 증가할수록 수익이 높은 이유	• 기본적인 이윤, 높은 가격 지불, 운영비 감소, 기업매출 증대, 다른 고객 소개 기회

02 고객서비스의 관리

 1. 고객접점의 개념

고객접점 서비스란 고객과 종사자와의 15초 동안 짧은 순간에 서비스가 이루어지므로서 자사의 상품과 만족한 서비스를 선택한 것이 가장 좋은 선택이었다는 사실을 고객에게 입증시켜야 하는 순간이다.

고객접점 서비스는 스웨덴의 마케팅 전문가인 리차드 노만(Richard Norman)이 진실의 순간(MOT: Moment Of True) 또는 결정적 순간이라는 이론을 경영에 도입시켜 처음으로 사용하였다. 결정적 순간이란 고객이 기업조직의 한 측면과 접촉하는 사이, 서비스의 품질에 대하여 무언가 인상을 얻는 것이다. 접점서비스는 결정적 순간들이 쌓여서 서비스 전체의 품질이 결정된다고 볼 수 있다. 진실의 순간은 고객과의 응대에서 피하려 해도 피할 수 없거나 실패가 허용되지 않는 매우 중요한 순간이다.

고객접점 개념을 도입하여 성공한 사람은 스칸디나비아 항공사(SAS)의 얀 칼슨(Jan Calzon)이다. 1970년대 말 석유파동으로 인해 세계 항공업계가 큰 위기를 겪으며 3,000만 달러의 적자가 누적되었다. 어려운 상황에서 얀 칼슨은 39세의 나이로 스칸디나비아 항공사 사장으로 취임하여 1년 만에 적자를 흑자로 바꾸었다.

현장에 있는 직원과 고객이 처음 만나는 15초 동안의 고객접점 태도가 긍정적이었기 때문에 고객에게 결정된 기업이미지는 고객이 직원들과 접하는 짧은 순간이 회사의 이미지에 지대한 영향을 주었다. 서비스 기업의 본질은 물적 자산의 집합이 아니라 일선 직원들이 개별 고객에게 제공하는 서비스의 품질이며, 나아가 사업의 성공을 좌우하는 역할을 한다고 하였다.

　고객접점의 중요성은 고객응대 시 고객의 결정적 순간에 단 한 명에게 불만족의 서비스를 받는다면 재구매로 이어지기가 어렵다. 예를 들어 외부고객과 머무는 동안 만족하였으나 물건구매를 위해 장시간 줄을 서서 기다려야 한다든지, 계산상 오류가 발생한다면 고객은 구매에 대한 전체 서비스가 기업이미지로 각인될 수 있다.

　따라서 서비스기업 관리자는 고객접점에서 가시적인 서비스를 담당하는 요원은 물론 경비, 주차, 운전자, 청소, 조경관리, 시설요원 등 비가시적인 서비스 요원들에게도 고객접점에 있다는 것을 강조하여 용모나 유니폼, 서비스 정신 등 관리가 요구된다. 특히 고객접점에서 종업원의 용모와 복장은 친절한 서비스를 제공하기 전에 첫인상을 좌우하는 첫 번째 요소라고 할 수 있다.

　고객접점에 있는 서비스 기업은 종사자를 효과적으로 관리하기 위해서 직원들이 고객응대에 더욱 노력할 수 있도록 동기부여가 필요하다. 고객만족 직원으로 추천된 직원에게는 그에 상응하는 인센티브를 부여하는 것도 하나의 방법이라고 할 수 있다.

 ## 2. 고객접점의 유형

　고객접점은 서비스 관점, 서비스 사고를 이해하는 개념으로 직접적이고 간접적인 마케팅을 하는 것을 말한다. 고객응대서비스의 방식은 서비스 관점에서부터 마케팅을 재창조할 수 있도록 고객의 가치와 서비스 제공자의 가치를 창출하는 것이다. 기존의 전통적인 마케팅을 넘어서 기업은 서비스 마케팅을 수립하고, 고객을 중점적으로 대하는 직원들을 창출해야 한다.

(1) 직접서비스 접점의 유형

　고객과 접촉하는 과정에서 발생되는 직접적인 서비스 접점은 대면접점, 전화접점, 원격접점 서비스 등 세 가지 유형으로 나눌 수 있다.

① 전화접점 서비스

전화접점은 대면접점을 하기 전에 상품에 대한 문의, 예약, 상담, 주문 등의 수단으로 빈번하게 발생되는 전화를 통한 서비스 접점이다.

② 대면접점 서비스

대면접점은 서비스 요원과 고객이 접촉하는 과정에서 발생되는 직접서비스를 말한다. 서비스 요원은 대면접촉에서 결정적 순간을 좌우하는 인적 서비스의 제공자로서 기업의 종사자 자신이 서비스 상품이고, 서비스 품질을 결정짓는 요소이자 평가의 대상이 되기도 한다.

③ 원격접점 서비스

원격접점이란 서비스 기업과 인적인 접촉 없이 이루어지는 서비스 접점이다. 예를 들면 인터넷 사이트로 인한 은행의 폰뱅킹이나 현금자동인출기를 통해서 거래를 한다든지 또는 통신판매를 통해 배달서비스를 받는 경우이다.

(2) 간접서비스 접점의 유형

서비스는 인적·물적·시스템적 서비스로 구성되어 있으므로 이 중에서 어느 한 요소만으로 고객에게 서비스를 제공할 수는 없다. 즉, 서비스 기업의 고객접점은 서비스 요원과 고객과의 직접적인 접촉에 의해서만 이루어지는 것은 아니며 물적 서비스, 시스템적 서비스와 같은 간접적인 고객접점에 대해서도 형성되어지는 것이다.

① 물적 서비스

고객의 물적 서비스 요소는 회사의 건물외관, 시설, 분위기, 공간배치, 소품, 가구, 비품, 물자 및 서비스와 함께 제공되는 일부 유형의 제품을 말하며, 고객이 서비스 구매과정에서 수없이 접하게 되는 접점이다. 특히 서비스 기업에 있어서 물적 서비스는 유형성을 높여주는 가장 강력한 수단이며, 실제 구매 포인트로서 상당한 역할을 한다.

아무리 인적 서비스가 훌륭해도 물적 서비스가 불만족스러우면 서비스 품질 전체가 불만으로 평가된다. 예를 들면 고객이 호텔의 레스토랑에서 아무리 맛있는 식사를 했더라도 실내의 청소상태 및 기물 등의 물적 서비스가 불결하다면 전체 만족도는 떨어지고 서비스 품질과 수준을 의심받게 된다.

② 시스템적 서비스

서비스의 시스템은 고객이 서비스를 구매선택하고 이용하는 면에서 간접적으로 영향을 주는 것을 말한다. 말하자면 지식 및 정보, 아이디어에 의한 흐름, 절차, 체계, 제도 등으로 고객에게 편익을 제공하는 노력을 의미한다.

① 조직 자체의 커뮤니케이션의 체계를 유지하는 서비스
② 판촉 및 홍보를 통한 고객 간의 정보 커뮤니케이션의 경로구축 서비스
③ 고객의 다양한 욕구에 대응하는 서비스 및 상품화 개발 서비스
④ 업무의 매뉴얼화로 시간단축 및 서비스의 표준화를 실현하는 서비스
⑤ 기타 고객을 위한 쾌적하고 안전한 환경조성

 ## 3. 고객서비스의 표준화

(1) 서비스 표준화의 특성

고객 서비스는 서비스 산업에 관련되는 표준을 정한다. 기반구조와 프로세스 등을 구현하여 서비스를 제공하고 이용하게 한다. 이것은 서비스 산업의 질적인 수준과 고객만족도를 높이는 일련의 역동적 과정이라고 할 수 있다.

서비스는 무형성·비일관성 등의 특성으로 인하여 표준화가 어려운 특성을 가지고 있으므로 서비스의 표준화는 고객들에게 서비스 상품이 일관성 있게 제공되는 것을 우선시한다. 표준화는 일정한 성과 수준에 맞추어 서비스 제공자들이 각자의 위치에서

고객의 기대에 부응하는 수준 이상의 서비스를 전달한다.

① 서비스 제공은 프로세스를 통해 구현되는데, 소비자들은 제공과정에 참여하면
서도 품질표준에 대해 정확하게 인지하기가 어렵다.

② 서비스는 유형의 상품과는 달리 보이지 않고 경험에 의존하기 때문에 고객들에
게는 품질을 증명하기 힘들다.

③ 서비스 생산과정에는 고객이 참여하기 때문에 제공자와 협력할 고객의 의지에
따라 서비스 품질의 차이가 발생한다.

④ 서비스는 서비스를 생산하는 인력의 지식과 기술에 의해 영향을 받으므로
고객에게 제공된다.

⑤ 기업의 조직요소가 서비스 혁신에 영향을 주게된다.

⑥ 서비스 제공과정의 특성에 따라 중소기업이 주도적인 역할을 담당하고 있다.

(2) 서비스 표준화의 유형

기업이나 조직의 업무는 많은 표준화 작업을 실행할 때 우선 규정이나 문서의 표준
화를 말한다. 급여 지급규정, 연차나 휴가규정, 퇴직금 지급규정 등 많은 인사 관련
규정들은 이미 중견기업들을 중심으로 잘 정비되어 있지만, 일부 규정보다 더욱 중요
한 것은 업무 자체의 표준화이다.

서비스 표준이란 목적에 일치하는 서비스를 수행하기 위해 구비하여야 할 요건을
규정하는 것으로서 3가지 유형으로 구분된다.

❶ 제조업 표준 개념에서 파생

서비스 기술관련 표준, 서비스 제공관련 표준, 서비스 계약관련 표준, 조직의 전문
성관련 표준, ISO 9000 표준, 서비스 인적 능력관련 표준으로 구분한다.

② 서비스 표준화 상황과 단계기준

상황이나 단계를 기준으로 수행능력의 표준화, 서비스 제공과정의 표준화, 서비스 산출물의 표준화, 외부요인과 환경의 표준화, 상황적 요인의 표준화로 구분한다.

③ 서비스 참여주체 및 관계기준

서비스 표준에 관한 연구결과로서 서비스 공급자와 서비스 이용자가 서비스 프로세스와 결과를 주요 고려요인으로 구분한다.

표 6-2_ 고객접점 서비스에 관한 프로세스

절차	서비스 내용
환영하기	• 고객이 들어오면 신속하게 고객을 맞이한다. • 밝고 활기찬 목소리로 반갑게 인사한다. • 고객과의 아이콘택트(eye-contact)를 중요시 여긴다.
용건파악	• 고객이 어떠한 도움을 필요로 하는지 먼저 물어본다. • 고객의 질문이나 요구가 있을 때는 '예'하고 신속히 반응한다. • 고객이 하는 말에 적극적으로 경청한다. • 고객의 요구사항에 '네, 알겠습니다.' 등과 같은 반응을 보인다. • 고객의 말이 끝나면 요점을 파악한 후 확인 재진술을 한다.
업무처리	• 고객에게 명확하고 적절한 정보를 제공한다. • 고객이 이해하기 쉽도록 간결하게 설명한다. • 고객과 상담 시 무의식중에 나타나는 행동들에 주의한다. • 업무지연 시 고객에게 사과를 하고 양해를 구한다. • 업무처리 후 고객에게 기다림에 대한 감사를 표한다.
환송하기	• 고객에게 처리결과에 대해서 만족하는지 확인한다. • 서비스 과정에서 다른 문의사항은 없는지 물어본다. • 고객에게 본인의 이름을 정확하게 밝힌다. • 사무적인 인사말이 아닌 기분 좋은 인사말로 마무리한다.

알아두기

진실의 순간(MOT : Moment of True)의 의미

스페인의 투우 용어인 'Momento de la Verdad'를 영어로 표현한 것으로 투우사(matador)가 1m의 칼로 소의 급소를 찌르는 순간을 의미한다. 즉, 생과 사를 결정짓는 매우 중요한 찰나로서 투우사가 급소를 한 번에 제대로 찌르지 못하면 소는 고통을 받게 되고 투우사의 명성도 떨어진다. 이는 투우사가 소와 1:1로 대결하는 최후의 순간을 '진실의 순간'이라고 하며, 이는 서비스마케팅에 시사하는 바가 크다.

SAS항공사의 결정적 순간

스칸디나비아 항공사(SAS : Scandinavian Airline)의 얀 칼슨 사장은 1981년도 취임 1년 만에 800만 달러의 적자를 7,100만 달러의 흑자 경영으로 전환시켰다. 물론 비즈니스 고객을 주 타깃으로 한 마케팅적 노력이 있었지만 그보다 고객접점에 있는 사원들의 우수한 서비스가 중요하다는 것을 제시한 "고객을 순간에 만족시켜라 : 결정적 순간"이었다.

한 해 천만 명의 승객이 각 5명의 SAS 항공사 종업원과 접촉한 사실을 강조하였으며, 1회 15초라는 짧은 시간에 1년간 5천만 횟수의 고객의 마음에 SAS항공사의 인상을 새겨 넣은 것이다. 따라서 1명당 1회 접촉시간이 평균 15초였다는 것이다. SAS 항공사의 성공을 좌우하는 것은 한순간이었다. 종업원들은 이 결정적 순간이 항공사 전체 이미지를 결정한다는 사실을 인지해야 한다고 하였다.

그는 고객접점에서 이를 뒷받침하기 위하여 현장직원의 교육을 강화하였으며, 유니폼을 깔끔하고 세련되게 디자인하여 착장시키고, 고객의 최고의 접점에서 현장의 권한을 강화하고 종업원의 판단을 존중해 주었다. 결국 그는 고객접점에 있는 종업원이야말로 항공사의 영웅이라고 불렀고, 고객에게 가능한 "NO"라는 응답을 하지 않도록 교육을 시켜서 조직구조를 쇄신하였으며, 전사적인 서비스체계를 구축한 사례이다.

고객을 사로잡기 위해 '순간'을 사로잡았던 스칸디나비아 항공사

chapter 06.
고객응대 서비스과정 체크리스트

구분		점검사항	체크	
			YES	NO
환영단계	1	인사말을 건네며 밝게 웃으며 인사하는가?		
	2	시선은 고객과 맞추는가?		
	3	직원의 복장은 청결하고 단정한가?		
	4	자리 안내를 신속하게 하는가?		
	5	대기시간은 친절하고 정확하게 안내하는가?		
응대단계	6	비스듬히 앉지 않고 정중한 자세로 응대하는가?		
	7	고객의 용건을 끊지 않고 충분히 경청하는가?		
	8	고객의 니즈를 파악하며 간결하고 이해하기 쉽게 설명하는가?		
	9	담당자가 책임감을 가지고 응대하는가?		
	10	지시어나 부정어를 사용하지 않는가?		
	11	불필요한 행동 없이 업무를 집중적으로 신속히 처리하는가?		
	12	고객이 이해하기 어려운 용어를 사용하지 않는가?		
	13	중요한 내용을 질문으로 확인하거나 복창하는가?		
	14	응대 전반에 고객의 문의에 집중하면서 응대하는가?		
	15	고객과의 시선은 지속적으로 맞추며 대화를 하는가?		
	16	고객안내를 할 때는 손바닥으로 방향을 가리키는가?		
	17	고객에게 물건을 공손하게 전달하는가?		
환송단계	18	문제해결에 대한 만족도 확인을 하는가?		
	19	추가 문의사항이 있는지 확인하는가?		
	20	끝인사를 밝은 표정으로 정중하게 하는가?		

153

Part
02

고객응대
서비스 실전

CUSTOMER

Chapter
07
고객 커뮤니케이션의 이해

학습목표

서비스 전달과정에서 커뮤니케이션의
중요성을 이해하고, 고객관계에서 상호
소통 및 신뢰를 구축하기 위해 효과적인
대화법과 스피치 실무로서 원만한 커뮤
니케이션을 형성할 수 있다.

01 커뮤니케이션의 경영

 ## 1. 커뮤니케이션의 개념

우리는 대부분 사람과 끊임없이 관계를 유지하면서 살아간다. 기업의 의사전달은 개인의 행위주체가 정보를 교환해서 서로에게 공유하는 과정이며, 사람들 사이에서 일어나는 상호작용이 가장 근본적인 것 중의 하나라고 할 수 있다.

커뮤니케이션(communication)의 어원은 라틴어 'communis'로 공동 또는 공통성을 의미한다. 본래는 둘 또는 그 이상의 사람들 사이에 서로 어떠한 공통성을 만들어 내는 과정이란 뜻이다. 그 의미로는 일반적으로 의사전달이지만, 의사전달뿐만이 아니라 상호 소통까지도 포함하는 것을 의사소통이라고 한다.

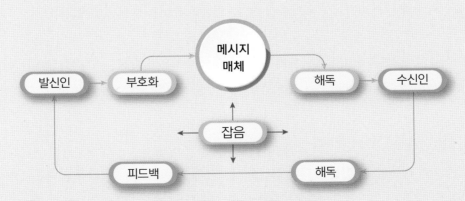

그림 7-1 _ **커뮤니케이션의 과정**

즉, 모든 행동과 사건은 사람들이 이를 지각하는 순간부터 정보를 전달하는 작용이 며, 사람들이 지각된 행동이나 사건은 전에 가지고 있던 정보에 변화를 가져옴으로써 그들의 행동에도 변화를 가져오게 된다는 것이다.

커뮤니케이션은 모든 현상에 내포되어 있는 의사전달을 강조하며, 의사전달의 결과 로 일어나는 개인의 심리적인 변화에 초점을 두고 있다. 또한 개인이나 집단이 타인에 게 어떠한 의미의 반응을 일으키는지의 과정이다.

 ## 2. 커뮤니케이션의 유형

진정한 커뮤니케이션은 대인관계의 발전을 전제로 하여 관계를 잘 맺는 능력을 길 러주는 요인이다. 그래서 커뮤니케이션 능력을 기르는 것은 바람직한 사회인으로서 인성을 함양하는 것과 같다. 자기 분야에서 최고인 전문가들이나 성공한 기업인들은 대부분 커뮤니케이션 스킬에 탁월한 재능을 가지고 있다. 그들이 보여주는 숙련된 말 솜씨는 자연스럽고 편안하게 들리는 특징이 있다.

커뮤니케이션 능력은 인생의 성패를 결정한다고 할 만큼 소통능력을 키우는 일종 의 기술이며, 현대사회를 살아가는 사람들이 갖추어야 할 필요조건인 것이다. 이러한 개인의 능력은 체계적인 교육으로 끊임없는 연습과 훈련을 통해서 얻게 된다.

커뮤니케이션은 언어적 커뮤니케이션과 비언어적 커뮤니케이션, 스피킹 커뮤니케이 션, 리스닝 커뮤니케이션의 네 가지 방식으로 나눌 수 있다.

(1) 언어적 커뮤니케이션

언어적 커뮤니케이션은 말이나 글자를 사용하여 의사소통과 상호작용을 하는 것이 다. 음성언어는 의미와 소리가 필수 요소이며, 문자언어는 의미와 문자가 필수 요소이 다. 언어적 커뮤니케이션의 방법을 살펴보면 다음과 같다.

🎨 그림 7-2 _ 커뮤니케이션의 이해

❶ 명령형 화법이 아닌 청유형 화법으로 말하라

대화를 할 때는 명령 및 지시형 화법보다는 상대방이 내 부탁을 듣고 스스로 결정할 수 있도록 상대방의 의견을 구하는 청유형 화법을 사용한다. 거절해야 하는 상황에서는 명령형으로 단호하게 말하면 고객의 기분이 불편할 수 있다. 이 경우에는 의뢰형, 청유형 화법으로 고객에게 양해를 구하며 완곡히 표현해야 한다.

❷ 부정형은 피하고 긍정형 화법으로 말하라

커뮤니케이션의 기본은 부정적인 표현을 긍정적인 표현으로 바꾸어 말하는 것이다. 긍정적인 표현은 듣는 사람이 편안하게 들을 수 있게 전달하는 방법이다. 그러므로 고객에게 거부감을 전달하는 부정적인 말은 가급적 삼가고 긍정적인 표현을 하게 되면 고객은 자신을 배려하는 서비스 매너에 감동을 받게 된다.

❸ 적절한 쿠션용어를 사용하여 완전한 문장으로 말하라

쿠션언어(cushion language)란 어느 장소이든 상대방에게 지시, 거절, 부탁을 한다거나 혹은 부정적인 말을 전달해야 할 경우에 상냥하고 부드러운 쿠션을 깔아주는 윤활유 역할을 하는 대화의 기술이다. 대화를 할 때에는 쿠션언어를 사용함으로써 대화의 맥을 이어주고, 타인에 대한 배려와 주의를 기울이고 있다는 것을 표현한다. 이러한 쿠션언어의 사용은 상대방의 마음을 움직이는 힘을 발휘한다.

④ 1, 2, 3법칙을 사용하라

대화의 기술은 1분 말하고, 고객의 말은 2분 이상 들어주고, 3분 동안은 고객의 말에 맞장구를 치는 것이다. 가장 보편적으로 알려진 법칙으로서 이 법칙에 따라 고객을 응대하면 고객은 자기를 이해해준다고 생각하게 되고 신뢰를 갖게 된다. 서비스 직원의 경청 1, 2, 3기법은 서비스 직원은 한 번 말하고, 고객의 말을 2번 경청하고, 대화 중에 3번 맞장구를 치는 것이 효과적인 커뮤니케이션을 이끌어 낸다는 것이다.

⑤ 다른 고객을 인용하여 이야기하듯 말하라

고객과 대화할 때는 다른 고객의 이야기나 신용할 만한 사람의 이야기를 인용하는 것도 좋다. 예를 들어 'OOO 고객님도 만족하셨습니다.' 등의 표현을 통해 정보를 전달하듯 말하되, 고객에게 가르치는 듯한 말투가 아닌 이야기하듯 말하는 것이 좋다.

⑥ 유머감각을 활용하라

사람은 대부분 재미있고 유쾌한 분위기에서 쉽게 적응한다. 의사소통 역시 어렵고 딱딱한 것보다 재미있고 쉬운 대화를 원한다. 서비스 요원은 고객과 함께 가볍게 웃을 수 있는 대화 스킬을 터득하고 고객의 반응이 무덤덤해도 재치 있게 화제를 전환할 수 있는 센스도 필요하다.

⑦ KISS 전략을 사용하라

신속한 의사결정이 필요한 서비스현장에서는 간략하고도 핵심을 짚어내는 커뮤니케이션 방식이 효과적이다. 키스(KISS: Keep It Short and Sample)법칙은 '짧고 간결하게 해주세요.'라는 뜻으로 강한 어조로 간결하게 말하는 기법이다. 고객응대를 위한 방법은 평소 '주장-배경-설득'의 순서에 따라 2~3문장 정도로 자신의 의견을 핵심적으로 전달하는 연습을 하는 것이 설득력이 있다.

(2) 비언어적 커뮤니케이션

비언어적 커뮤니케이션이란 대화 시에 표정이나 제스처, 목소리 등으로 자신이 가지고 있는 의식적 또는 잠재의식적 감정이나 희망, 태도 등을 표현하는 것이다.

미국의 심리학자인 알버트 메라비언(Albert Mehrabian)이 제시한 메라비언의 법칙(Rule of Mehrabian)에 따르면, '행동의 소리가 말의 소리보다 크다'는 의미를 지니고 있다. 커뮤니케이션에 영향을 미치는 요소 중 시각적 언어가 차지하는 비율이 55%, 청각적 언어가 38%, 전달하고자 하는 핵심내용은 7%를 차지하였다. 그러므로 상대에게 전달력은 언어적인 메시지보다 비언어적 커뮤니케이션이 더 중요시된다.

① 신체언어

신체언어(kinesics)는 얼굴표정, 눈의 접촉, 고개 끄덕이기, 몸의 움직임, 자세 등이 포함된다. 고객과의 시선접촉, 눈의 움직임도 고객응대를 할 때 가장 중요한 요소이다. 상대를 적절하게 응시하고 시선을 접촉하는 행위는 신뢰감을 주며 호의를 나타내지만, 시선을 회피하는 행위는 불신과 비호의를 나타낼 수 있다.

② 공간적 행위

공간적 행위(proxemics)는 송신자와 수신자 간의 행동언어라는 공간에 관한 것으로 커뮤니케이션을 위한 육체적 공간 거리를 말한다.

③ 의사언어

의사언어(paralanguage)는 자신의 생각과 느낌을 신체언어와 목소리의 미묘한 차이로 부각시키는 비언어적 커뮤니케이션이다. 이것에는 말투, 음조의 변화, 음의 높낮이, 음량의 크기, 말의 속도, 발음 등이 있다.

④ 신체적 외양

신체적 외양(Physical appearance)은 단정하고 깔끔한 외형이 상대방으로 하여금 신뢰감을 주는 데 효과적이다. 단정한 모습과 유니폼은 고객에게 깊은 신뢰감과 긍정적인 이미지를 만들어준다.

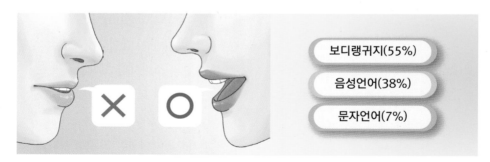

그림 7-3 _ **커뮤니케이션의 언어구성**

(3) 스피킹 커뮤니케이션

종사자는 고객의 입장에서 서비스를 제공하기 위해서 고객과의 커뮤니케이션이 중요하다. 특히 명령조로 이야기하기보다는 상대방이 스스로 결정해서 따라올 수 있도록 의뢰형으로 표현해야 하며 상대방을 배려하는 언어로 존중을 표현해야 한다.

① 처음 한마디의 중요발언

대화의 첫 마디는 대화 흐름에 큰 영향을 미친다. 대화의 주제는 고객의 특성과 시간 및 장소를 고려하도록 하고, 날씨, 스포츠, 여행 등의 일반적인 관심사를 선택하여 공감대를 형성한다.

② 정확하고 밝은 목소리 표현

고객과 대화를 할 때는 또렷한 목소리와 적당한 속도로 말하는 습관을 기른다. 중요한 단어에는 강세를 주는 것이 좋다. 밝고 자연스러운 음성은 고객을 편안하게 만들지만, 기계적인 음성 및 성의 없는 목소리는 반발심을 가질 수 있다.

③ 바른 자세의 공손한 표현

고객과의 대화는 기본적인 태도나 매너에 있어서 상대방을 존중하는 의미에서 정중한 자세로 미소를 지으며 말하고, 적절한 호칭을 사용하도록 한다.

(4) 리스닝 커뮤니케이션

대화의 방식은 상대방과 대화 시 말하기보다는 상대방의 말에 경청하는 것이 더 의미가 있다. 듣기는 귀만 열고 듣는 것이고, 경청은 마음을 열고 정신을 집중하여 이해하면서 듣는 것이다. 잘 듣는 것은 상대방이 말하고자 하는 바를 편안하게 말할 수 있도록 격려하면서 그의 의도를 충분히 파악하는 것이다. 잘 듣기 위해서는 말하기만큼 많은 훈련을 통해서 소통기술을 함양시킨다.

❶ 고객의 말을 주의 깊게 경청

경청은 고객의 말을 주의 깊게 듣기 위해서 고객의 입장이 되어서 들어야 한다. 그러나 고객의 이야기를 듣고 평가 또는 분석하는 것이 아니라, 고객의 말에 의미가 무엇인지 이해하며 들어야 한다.

❷ 고객과 대화할 때 맞장구치면서 경청

대화를 할 때는 고객의 말을 이해하고 있음을 적극적으로 표현하면서 들어야 한다. 고객과의 적절한 감탄사와 맞장구는 경청하고 있다는 느낌을 줄 수 있다. 자연스럽게 대화에 호응해주는 대화의 기술은 충분한 연습을 통해 익힐 수 있다.

❸ 고객의 답에 확인질문을 하라

고객과의 대화시에 고객의 이야기를 자신이 이해하는 대로 정리하여 고객에게 다시 물어보며 재차 확인을 한다. 이러한 방법은 고객응대할 때 상호 간에 오해로 인한 불평과 불만을 줄일 수 있다.

02 고객서비스 커뮤니케이션

 1. 서비스의 기본자세

(1) 고객서비스 원칙

고객서비스 응대는 기업의 브랜드이미지와 이윤창출에 영향을 미치므로 절대적으로 고객에 대한 서비스를 소홀히 해서는 안 된다. 서비스 정신과 서비스 태도가 월등하여도 고객은 서비스 품질을 일방적으로 평가하기 때문에 신중하게 생각하고 업무에 임해야 기업성과를 가져올 수가 있다.

❶ 마음가짐

서비스 종사자의 마음가짐은 고객과의 대화에서 가장 중요한 부분이다. 마음가짐은 마음의 자세이며, 예(禮)는 마음의 표현에서 시작된다. 올바른 마음을 가지고 있으면 예를 바로 지킬 수 있다. 예의를 지키고 고객을 존중하는 마음을 가질 때 표정과 말과 행동이 일치될 수 있다.

❷ 몸가짐

서비스 응대 시에 종사원은 상황에 맞는 정중한 몸가짐을 갖추도록 한다. 겉으로 나타나는 표정은 자신의 마음속 감정이나 정서 따위의 심리상태가 얼굴에 드러나서 그대로 노출될 수 있다. 개인의 몸가짐은 습관에서 비롯되는 불필요한 행동들로 인해 상대에게 부정적인 메시지를 줄 수 있으므로 주의해야 한다.

그 예로는 얼굴을 만지면서 말을 하고, 당황하는 태도나 과도한 움직임, 상대방이 이야기할 때 다른 곳을 바라보고 있는 등의 행동들이 상대방에게 불쾌감을 줄 수 있다. 또한 몸가짐이 산만하여 머리를 만지작거리거나 비비는 자세, 자신도 느끼지 못하는 습관에서 나타나는 행동을 반복한다면 고객과 대화에서 집중력을 떨어뜨리게 된다.

(2) 고객서비스의 기본절차

서비스 직원과 고객만족의 관계에 있어서 언어적 커뮤니케이션과 비언어적 커뮤니케이션은 대화 시 지각된 품질에 대해서 고객에게 심리적 편안함과 친근감을 전달한다. 서비스 전달과정에서 커뮤니케이션은 고객이 지각하는 서비스 품질에 영향을 미치게 되고, 상품 및 서비스 교환과 밀접한 관계를 지니고 있다.

1 고객 환영하기

고객응대 첫 단계에는 고객을 처음 보았을 때 고객을 응시하고 머리를 숙여 인사하며 환영의 인사말을 건넨다. 어느 장소에서든지 고객이 환영받고 존중받고 있다는 느낌을 받을 수 있도록 행동이나 말투에 있어 밝고 정중해야 한다.

- "안녕하십니까? ○○○입니다."
- "어서 오십시오. 고객님, 반갑습니다."
- "좋은 아침입니다. 즐거운 시간되십시오."

2 고객 도와주기

고객과의 대화는 상대를 존중하는 마음으로 경어를 적절히 사용하는 것이 좋다. 상대를 자신보다 높이는 존댓말은 정중한 표현을 전달하지만 지나치게 사용하면 딱딱함과 형식적인 느낌을 줄 수 있다. 존댓말과 경어는 7 : 3 비율로 사용하는 것이 정중성과 친근함을 적절히 전달할 수 있다. 품위 있는 표현은 사람의 인격이나 교양을 나타내는 것이다.

- "고객님, 무엇을 도와드릴까요? 찾으시는 물건은 무엇입니까?"
- "고객님, 필요하신 물건이 있으시면 언제든 말씀해주시기 바랍니다."
- "네, ○○말씀이십니까? 바로 도와드리겠습니다."
- "○○하십니까?, ○○은 어떠십니까. ~고객님!"

③ 고객 확인하기

서비스 종사자에게 고객이 원하는 요구에 서비스를 제공받은 후에 그에 따른 서비스나 제품에 대하여 얼마나 만족스러운 경험이었는지에 대해 묻고 확인하는 단계이다.

- "더 필요한 사항은 없으십니까? 고객님!"
- "고객님, 더 궁금한 사항은 있으십니까?"
- "추후 필요한 사항이 더 있으시면 언제든지 연락 주십시오.
  고객님, 저는 ○○○입니다."

④ 고객 환송하기

기업 차원에서 고객을 배웅하는 것은 업무처리가 끝나고 고객을 보내면서 다음 기회에 다시 뵐 것을 약속하는 단계이다. 서비스 종사자에게 서비스를 제공받고 차후에 다시 서비스를 받고 싶다는 마음이 들도록 해야 한다. 고객과의 끝인사말은 친절한 표현이 좋으며, 마지막까지 정중함을 잊지 않는다.

- "고맙습니다. 안녕히 가십시오."
- "감사합니다. 좋은 하루 되십시오."
- "고객님, 감사합니다. 다음에 또 뵙겠습니다."

표 7-1_ 상황에 따른 기본화법

번호	상황	기본화법
1	• 업무 소요시간 안내 시	• 이 업무는 ○분정도 걸립니다. 기다려 주시겠습니까?
2	• 고객이 기다렸을 때	• 기다려 주셔서 감사드립니다.
3	• 응대 중 전화가 왔을 때	• 죄송합니다만, 지금 다른 고객님과 상담 중입니다. 연락처를 남겨 주시면 제가 상담 후, 바로 전화 드리겠습니다. 전화번호 부탁드립니다.
4	• 고객의 서류가 필요할 때	• 고객님! 죄송합니다만, 업무를 처리하기 위해서는 ○○가 필요합니다.
5	• 고객이 자리를 바꿀 때	• 고객님! 번거로우시겠지만, 이쪽으로 오시겠습니까? 제가 도와드리겠습니다.
6	• 자리를 바꿀 때	• 고객님, 신분증 복사하고 오겠습니다. 잠시만 기다려 주십시오.
7	• 서비스가 완료되었을 때	• 고객님, 불편하신 점은 없으셨습니까?
8	• 고객에게 방향 안내를 할 때	• 고객님, ○○○는 이쪽입니다. 제가 안내해 드리겠습니다.
9	• 상대방의 노고를 표할 때	• 고객님, 정말 고생이 많으셨습니다. 협조에 감사드립니다.
10	• 질문을 하거나 부탁할 때	• 실례지만, 성함이 어떻게 되십니까?
11	• 고객의 질문에 모를 때	• 죄송합니다만, 잘 모르겠습니다. 바로 알아봐드리겠습니다.
12	• 고객이 재촉할 때	• 대단히 죄송합니다. 잠시만 기다려주십시오. 빨리 처리하도록 노력하겠습니다.
13	• 고객에게 거절할 때	• 정말 죄송합니다만, 그렇게 하기는 어렵습니다. 이러한 방법은 어떻습니까? (대안 제시)
14	• 고객에게 되물을 때	• 고객님, 한 번 더 말씀해 주시겠습니까?
15	• 고객 앞을 지나갈 때	• 실례지만, 먼저 지나가겠습니다.

2. 커뮤니케이션 응대법

서비스 종사자는 말을 할 때 고객의 감정을 존중하고 배려하면서도 자신의 의사를 정확하게 전달할 수 있는 능력이 요구된다. 고객과 대화를 할 때에 자신의 의사를 어떻게 표현해야 하는지는 기업의 성과에 도움이 된다.

대인관계가 원활한 사람은 자신의 말을 하기보다는 주로 남의 말을 듣는 편에 속한다. 때로는 꼭 필요한 말만 간단명료하게 말하는 습관을 기른다.

(1) 고객만족 표현화법

대화를 잘 하기 위해서는 꾸준한 노력이 필요하다. 자신이 대화의 주도권을 잡아야 한다는 강박관념에 쉬지 않고 말하는 사람은 설득력이 없고 호감이 가지 않는다. 상대의 반응에 맞추어 대화 시간을 조절하고 긍정적인 화법을 구사하여 원활하게 소통한다.

1 의뢰형의 표현화법

고객에게 명령형의 표현은 거부감을 불러일으킬 수 있다. 말을 전하는 사람은 명령형이 아닌 상대에게 의견을 구하는 의뢰형이 매우 바람직하며, 고객에게 말을 할 때에는 명령형의 말은 가급적 사용하지 않는 것이 원칙이다.

- 이쪽으로 오세요. (**명령형**)
- 이쪽으로 오시겠습니까? (**의뢰형**)

2 의지적인 표현화법

고객은 우리 업장에서 판매하지 않거나 준비되어 있지 않은 비품이나 물품을 요구할 때가 있다. 이런 상황에서는 '없습니다.'라는 표현보다 고객의 요구를 최대한 듣고 받아들이려고 하는 의지나 의욕을 표현하는 것이 고객의 편의를 도모할 수 있다.

- "고객님, ○○는 판매하지 않습니다." (**직설적 표현**)
- "고객님, ○○는 준비되어 있지 않습니다." (**완곡한 표현**)

- "고객님, 대신 여러 종류의 다른 ○○상품이 준비되어 있는데 다른 상품은
어떠십니까?" (의지적 표현)

응대예시	쿠션언어	표현언어
· 안됩니다. · 뭐라구요? · 바쁜데요? · 잘모르겠는데요.	· 죄송합니다만 · 실례합니다만 · 번거로우시겠지만 · 양해해주신다면 · 괜찮으시다면 · 불편하시겠지만	· 죄송합니다만, 　다시 한번 말씀해 　주시겠습니까? · 괜찮으시다면, 　기다려주시겠습니까? 　제가 알아보겠습니다.

그림 7-4 _ **쿠션언어 표현법**

③ 보상화법

보상화법은 고객의 서비스 저항요인을 다른 서비스 강점으로 보완하여 해소하는
화법을 말한다. 예를 들어 제품의 가격이 비쌀 경우, '비싸다'라는 부정적인 요인에 더
좋은 강점을 만들어내는 상황에서 '품질이 돋보인다.'라는 보상화법을 덧붙여 연관적,
대칭적 관계를 강조할 수 있도록 표현한다.

- "이 상품은 비싼 만큼 품질이 돋보입니다."
- "이 색은 무난한 만큼 어디에든 잘 어울립니다."
- "조금 늦더라도 제대로 고치겠습니다."

④ 후광화법

후광화법은 유명인사나 매출자료 등의 공식적인 자료를 제시하여 사람들이 그 회
사상품을 믿고 이용하고 있다는 근거를 제시한다. 이를 통해 상대방을 안심시키고 신
뢰를 높여 고객의 반대저항을 감소시키는 심리적인 화법을 말한다.

⑤ 부메랑화법

부메랑화법은 고객이 제품이나 서비스에 관심이 없는 경우에 판매촉진을 위해서 고품격의 명품 기업임을 강조하며 고객이 거절하거나 지적한 특성을 오히려 서비스 장점 또는 특징이라고 주장하여 저항완화화법으로 유도하는 화법이다.

(2) 고객서비스 기본화법

고객서비스 접점은 기본화법을 적절하게 사용하여 고객의 마음을 움직일 수 있는 기회가 되므로 포인트화법 및 칭찬화법의 기본적인 용어를 능숙하게 익힌다.

① 고객응대 포인트화법

고객을 응대할 때는 종사원이 고객과의 의사전달을 정확하게 하여 고객의 불만족을 최소화할 수 있도록 기본적인 말의 표현을 습득하고, 긍정적인 말을 사용하여 업무에 업무의 완성도를 높이기 위해서 노력한다.

① 밝게 - 바른 자세와 밝은 표정으로 한다.
② 쉽게 - 전문용어, 외국어, 약어를 사용하지 않는다.
③ 우아하게 - 목소리의 고저와 속도를 맞추어서 말한다.
④ 아름답게 - 비어, 속어, 유행어를 사용해서는 안 된다.

② 고객응대 칭찬화법

대부분 사람은 칭찬받는 것을 좋아한다. 칭찬을 받고 싶어 한다는 것은 우리 사회에서 칭찬받기가 쉽지 않다는 것을 의미한다. 또한 사람들은 자신을 칭찬한 사람을 칭찬하고 싶어 한다. 그러므로 남을 칭찬하는 것은 곧 나를 칭찬하는 것이나 마찬가지다.

사람은 누구나 장점을 한 가지씩 가지고 있기 때문에 상대방에게 상황에 맞게 칭찬하는 방법을 살펴보자.

① 상대에 대해 구체적으로 칭찬하라.
② 간결하고 상황에 맞는 칭찬을 하라.
③ 대중에게 공개적으로 칭찬하라.

❸ 고객응대 서비스 용어

서비스 요원은 고객응대 과정에서 고객에게 소홀하지 않도록 대화를 할 때는 정확한 발음을 연습하고, 서비스 용어를 익힌다. 고객서비스 절차에 따른 서비스 멘트를 적절하게 사용함으로써 최상의 서비스를 제공한다.

① "안녕하십니까?"
② "어서 오십시오."
③ "무엇을 도와 드릴까요?"
④ "제가 안내해 드리겠습니다, 이쪽입니다."
⑤ "예, 잘 알겠습니다."
⑥ "죄송합니다. 잠시만 기다려 주시겠습니까?"
⑦ "대단히 죄송합니다."
⑧ "오래 기다리게 해서 죄송합니다."
⑨ "즐거운 시간 되십시오."
⑩ "감사합니다. 안녕히 가십시오."

171

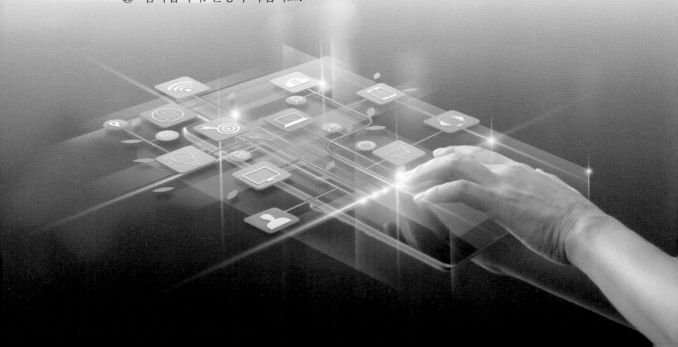

chapter 07.
고객과의 커뮤니케이션

경청의 방법	좋은 경청	나쁜 경청
흥미유발	• 상대의 말을 자신의 상황에 맞게 적용시키며 관심을 가짐	• 상대의 이야기가 지루해서 화제를 돌림
대화내용의 판단	• 상대방의 작은 실수에 연연하지 않고 전체적인 흐름을 중요시함	• 상대의 습관이나 권위, 외모 등으로 내용을 평가함
감정표현	• 상대방을 최대한 이해하며 필요한 경우 조심스럽게 질문함	• 논쟁을 하려 함
전체 흐름 파악	• 이야기의 핵심을 파악하려 함	• 핵심을 파악하지 못하고 다른 것에 관심을 기울임
융통성	• 다양한 측면에서 상황을 판단함	• 한 가지에만 집착하는 경향이 있음
대화집중력	• 상대에게 집중함	• 산만하게 움직임
마인드컨트롤	• 분량이 많거나 이해하기 힘든 내용이라도 관심을 보이려고 노력함	• 분량이 많거나 이해하기 힘든 부분을 회피하려 함
열린 마음	• 감정적 현상에 쉽게 동요되지 않음	• 감정에 쉽게 동요됨
의미전달	• 상대방이 전달하고자 하는 내용과 주제를 파악하고자 함	• 대화 도중 딴 생각을 하며 많이 움직임

🥢 생각해 보기

• 고객과의 원만한 소통을 위하여 좋은 경청과 나쁜 경청의 사례를 들어보자.

MEMO

고객 서비스 실무
Customer Service Practice

Chapter 08
고객응대 간접서비스

학습목표

고객과의 간접서비스를 위한 비즈니스에 있어서 지켜야할 기본 전화매너를 숙지하고, 상대방의 음성을 경청하고 고객의 호감서비스 능력을 향상시킬 수 있다.

01 전화응대 커뮤니케이션

 ## 1. 전화응대 기본자세

전화는 정보화 시대의 필수적이고 중요한 의사교환 수단이다. 고객과의 원활한 커뮤니케이션을 위해서 전화응대 능력을 향상시키는 것은 곧 업무능력 향상과 연결된다고 본다. 이는 기업의 이미지 결정적인 요소로서 서비스 종사자 스스로가 회사이자 대표자의 얼굴이며, 고객과의 얼굴 없는 만남으로 고객접점의 가장 우선시 되는 부분이다. 고객과의 전화응대 시 고객이 한 번도 회사를 방문하지 않았어도 직원의 응대가 성의 있고 친절하면 회사의 이미지와 신뢰도가 긍정적으로 상승한다.

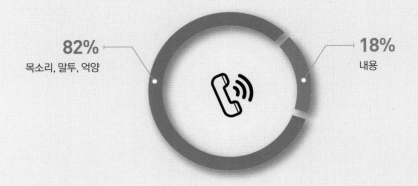

82%
목소리, 말투, 억양

18%
내용

그림 8-1 _ **전화응대의 특성**

　　전화응대는 상대를 보지 않고 단지 음성에만 의존하는 것이기 때문에 잘못 전달되는 경우에는 오해가 생길 수 있으므로 주의해야 한다. 서비스 종사자는 전화를 올바르게 사용하고 항상 친절하고 예절 바르게 응대해야 하는 매너를 소홀히 해서는 안된다. 고객은 서비스 종사자가 친절하고 상냥하게 응대해 주기를 바라고, 빠른 시간에 일이 해결되기를 원한다. 전화상으로 고객서비스를 성공적으로 제공하는 가장 기본적인 전략은 전화의 모든 특성을 이해하고 효과적으로 활용하는 것이다.

(1) 전화의 특성

　　전화는 우리 생활의 일부분으로 전화 그 자체가 업무의 연장이며 중요한 수단이다. 그러나 사람들 대부분이, 전화예절의 중요성은 별로 의식하지 못하는 경향이 있다. 전화사용은 통신매체를 이용하여 짧은 시간 내에 상대에게 의사전달을 하므로 예고 없이 찾아오는 방문객이며, 기업의 이미지이다.

표 8-1_ 상황에 따른 전화응대법

번호	바르지 못한 표현	바람직한 표현
1	• 여보세요? 여보세요?	• 죄송합니다만, 전화 상태가 좋지 않습니다. 　다시 한 번 전화 부탁드립니다.
2	• 누구세요?	• 실례합니다만, 누구십니까?
3	• 지금 통화 중인데요.	• 지금 다른 분과 통화 중입니다만, 전화번호를 말씀 　해 주시면 제가 바로 연락드리도록 하겠습니다.
4	• 그걸 모르셨나요?	• 그 부분에 대해 연락을 못 받으셨군요. 　제가 다시 자세히 말씀드리겠습니다.
5	• 그 시간까지 안 됩니다.	• 최대한 맞춰보도록 노력해보겠습니다.
6	• 지금 자리에 없는데요.	• 지금 자리를 비우셨습니다. 　메모를 남겨주시면 전해드리겠습니다.
7	• 알아보고 전화 주세요.	• 죄송합니다만, 다시 한번 확인해 주시고 전화 주시 　겠습니까?
8	• 뭐라고요?	• 죄송합니다만, 다시 한번 말씀해 주시겠습니까?

전화는 상대방의 얼굴이 보이지 않는 상태에서 기업의 이미지가 전달되기 때문에 반드시 미소와 함께 앞사람과 대화를 하는 것처럼 밝은 목소리로 예의와 격식을 갖추고서 고객의 전화를 정중하고 공손하게 응대한다.

1 표정과 목소리

전화응대 시 상대방에 대한 목소리, 음성부분은 가장 많은 비중을 차지한다. 전화는 누구나 목소리만 들어도 상대의 표정을 예측할 수 있다. 전화의 기본은 밝은 표정에서 시작된다. 상대와 말하는 동안 종사자는 미소를 짓고 밝은 목소리로 응대하면 고객에게 밝은 이미지를 심어줄 수 있다.

2 정중한 말씨

① 상대방의 목소리가 어리게 들리더라도 꼭 존댓말을 사용한다.
② 불필요한 언어 습관을 줄이고 정성을 다해 자연스럽게 응대한다.
③ 상대방이 말하는 도중에 말을 가로채지 않는다.
④ 말을 끝까지 듣고 호응하며, 끊을 때는 인사말을 한다.

(2) 전화를 거는 요령

상대에게 전화를 걸 때에는 상대방이 어떤 상황인지 파악이 어려우므로 고객의 입장을 신중하게 배려하여 체크할 사항을 인지하고 전화에티켓을 지킨다.

1 통화 전 체크하기

① 고객의 시간(time)·장소(place)·상황(occasion)을 고려한다.
② 전화를 걸 때에는 너무 이른 시간, 식사시간, 심야시간은 피한다.
③ 사전에 통화할 용건과 순서를 미리 메모한다.
④ 통화 시에 필요할 만한 자료는 미리 빠짐없이 준비해 둔다.
⑤ 상대방의 전화번호, 소속, 성명, 직함 등을 다시 점검한다.

⑥ 차분하게 음성을 가다듬고, 자세를 바르게 한다.

⑦ 전화가 잘못 걸렸을 때는 "죄송합니다."라고 사과한 뒤에 "혹시 몇 번이 아닙니까?"라고 전화번호를 확인한다.

2 첫인사하기

① "안녕하십니까? 저는 ○○회사 ○○부의 ○○○입니다."

② 먼저 상대를 확인 후 지명인을 부탁한다.

③ 상대방이 지금 전화를 받을 수 있는 상황인지 반드시 확인한다.

④ 통화가 길어질 것이 예상되는 경우에는 "통화가 길어질 것 같은데 ~ 시간은 괜찮으십니까?"라고 물어본다.

3 용건 전달하기

① 상대방 입장에서 관심 있는 부분의 용건을 간단명료하게 말한다.

② 용건에 대해 재차 확인한다. 숫자, 시간, 장소, 이름, 연락처 등 주요 결정사항은 상대에게 반드시 재확인한다.

③ 메모를 남길 경우, "괜찮으시다면 메모를 전해 주시겠습니까?"라고 말한 뒤 감사의 말 표현을 한다.

4 끝인사하기

① 기본적으로 전화를 거는 사람은 통화에 대한 감사인사를 하는 게 원칙이다.

② 끊을 때는 원칙적으로 건 쪽에서 먼저 끊는다. 다만, 상대방이 윗사람일 경우는 전화를 상대방이 끊은 후에 조용히 끊는다.

(3) 전화를 받는 요령

전화를 받을 때의 요령은 상대를 배려하는 입장에서 신속한 응답을 통해 상대에게 폐를 끼치지 않도록 하여 원활한 업무처리가 실행될 수 있게 응대한다.

1 첫인사하기

① 전화를 늦게 받았을 경우 "늦게 받아 죄송합니다."라고 말한다.

② 수화기를 왼손으로 받고, 오른손에 메모할 준비를 해둔다.

③ 인사말과 소속 부서, 성명을 명확히 밝힌다.

④ 상대가 재차 묻는 일이 없도록 천천히 정확히 말한다.

2 용건 확인하기

① 들을 때는 응답을 하면서 끝까지 차분하게 경청한다.

② 찾는 사람이 없을 때는 용건을 메모한다.

③ 용건은 간결하게 응대하고 경청자세를 갖춘다.

3 응대하기

① 요점을 명확하게 메모, 정리하여 내용을 재확인한다.

② 무성의하게 응답하지 말고 용건해결을 위한 방안을 상대방이
이해하기 쉽게 답변한다.

③ 잘 모르는 내용인 경우에는 양해를 구한 뒤 담당자를 바꾸어주거나
확인 후 다시 연락드릴 것을 약속한다.

4 만족도 확인하기

① 최종 내용을 정리하여 확인하고 추가 문의가 있는지 확인한다.

② "더 궁금하신 사항은 없으십니까?", " 더 필요하신 사항은 없으십니까?"

5 끝인사하기

① "전화 주셔서 감사합니다."

② 본인에게 걸려온 전화가 아니더라도 감사의 표현과 인사말을 잊지 않는다.

③ 상대가 끊기 전에 끊어버리면 상대에게 무례한 느낌을 줄 수 있고,

상대방이 마지막 중요하게 전할 말을 못 듣는 경우가 있으므로 상대방이 끊으면 수화기를 내려놓는다.

🎨 그림 8-2 _ **전화응대 프로세스**

 2. 전화응대 기본화법

전화는 직접 고객을 응대하는 경우보다 비대면으로 고객을 응대하기 때문에 간접적인 소통이므로 더 세심한 주의가 필요하다. 전화응대 시 고객을 대면응대하는 것과 동일하게 친절하고, 정성을 다하여 응대해야한다.

(1) 전화를 건 고객을 기다리게 할 때

① "고객님, 조금만 기다려 주시겠습니까?"라고 양해를 구한다.
② 기다리게 할 수밖에 없는 사정을 상냥하게 이야기한다.
③ 어느 정도 시간이 소요되는지 미리 알려준다.
④ 상대방이 기다려준 것에 대한 감사인사를 한다.

표 8-2_ **전화서비스의 응대화법**

상황	응대화법
첫 인사	• 감사합니다. ○○○부서 ○○○입니다.
전화를 늦게 받을 경우	• 늦게 받아 죄송합니다. ○○○부서 ○○○입니다.
전화연결 시	• 네, ○○○-○○○○번으로 연결해 드리겠습니다. 혹시 전화가 끊어지면 ○○○-○○○○번으로 전화하시면 바로 통화가 가능합니다. 감사합니다.
담당자에게 연결	• ○○○님이시죠? ○○○님에게 걸려온 전화입니다. 연결해 드리겠습니다.
전화상태가 좋지 않은 경우	• 지금 전화 연결 상태가 좋지 않습니다. 죄송합니다만, 다시 한번 전화를 걸어주시겠어요?
연결된 전화를 받을 경우	• 네. 전화받았습니다. ○○○팀 ○○○입니다.
통화 중 메모를 남길 경우	• 네. 죄송합니다만 ○○○가 통화 중입니다. 메모를 남겨주시면 바로 전달하겠습니다.
전화 부재 시 메모를 남길 경우	• 지금 ○○○가 잠시 자리를 비웠습니다. 메모를 남겨주시면 제가 바로 전달해드리겠습니다.
잘 모르는 내용일 경우	• 죄송합니다만, 잠시만 기다려 주시겠습니까? 확인하고 바로 답변 드리겠습니다. 기다려 주셔서 감사합니다. 문의하신 내용은 …
확인 후 연락하는 경우	• 내용을 확인하는 데 다소 시간이 걸릴 것 같습니다. 연락처와 성함을 남겨주시면 내용을 확인한 후 ○○분 이내로 연락드리겠습니다.
잘못 걸려온 전화인 경우	• 여기는 ○○○-○○○○입니다. 전화를 잘못 거셨습니다. 감사합니다.
종료인사	• 다른 궁금한 점은 없으십니까? 고맙습니다.

(2) 전화를 연결할 때

우리는 직장생활을 하면서 많은 전화를 받는다. 여러 가지 가지 상황의 전화를 받다보면 간혹 당황스러운 상황이 발생했을 때에 어떻게 응대해야 하는지 살펴보자. 전화응대 예절은 결코 어려운 일이 아니다. 상냥한 말 한마디를 덧붙이며 고객에게 좋은 느낌을 진심으로 전달할 수 있도록 한다.

❶ 찾는 사람이 있을 때

① 전화받을 사람을 확인하고 전화를 연결할 때는 홀드 버튼을 사용한다.
② 송화구를 손으로 막은 다음 전화받을 사람에게 연결해 준다.
③ 전화받을 사람이 즉시 받을 수 없는 경우에는 그 상황을 알려준다.

❷ 찾는 사람이 부재 중일 때

① 부재 중인 사유와 언제 돌아올지 예정시간을 알려준다.
② 자신의 이름을 알려주며 상대에게 용건을 정중히 묻는다.
③ 조퇴라든가 병원에 있다거나 하는 개인적인 정보전달은 피한다.
④ 메시지를 받을 때 반드시 이름, 날짜, 시간, 회사명, 전화번호, 용건,
　 받은 사람 이름 등을 기입해 놓는다.
⑤ 전화를 끊고 메시지를 수신자에게 전달한다.

(3) 책임감 있는 전화응대

전화는 통화중인 상태에서 도중에 끊겼을 경우에 전화를 건 상대가 다시 거는 것이 원칙이나, 상대방의 전화번호를 알고 있다면 먼저 상대방에게 전화를 건다. 또 다른 사람에게 전화를 돌려주는 경우에는 전화연결이 끊어질 것을 대비해 가능하다면 직통 전화번호를 알려 주고 전화를 연결해 준다.

걸려온 전화는 다른 사람을 대신하여 받았을 때 전할 말을 메모하고 본인에게 전

달하거나 메모 후 전달할 용건에 대해 처리를 했는지 다시 한번 확인한다. 전화를 받았을 경우에는 상대방의 말이 끝날 때까지 잘 듣는 것이 원칙이다.

전화로 고객과의 간접 만남은 언제나 침착하게 응대하며, 상대방이 실수를 하더라도 공손하게 응대하여 좋은 이미지를 남긴다.

표 8-3_ **전화내용 메모체크지**

전화왔었습니다			
			에게
년 월 일		시에(오전, 오후)	
			로부터
전하는 말씀은			
( ) 들어오시는 대로 전화요망.			
☎ _____			
( ) 다시 전화하겠다고 함.			
( ) 그냥 알았다고만 함.			
용건 :			
받은 사람 :			

Telephone Message		
To		
From		
Date		Time
Tel No.		
Telephoned ☐		
Returned your call ☐		
Please call ☐		
Will call again ☐		
Urgent call ☐		
Message		
By		

1 통화중 고객이 방문했을 때

① 고객에게 먼저 가볍게 목례와 눈인사를 하고 자리를 권유하는 제스처를 한다.
② 전화상담이 길어질 경우에는 방문고객에게 양해를 구한다.

2 통화가 불가능할 때

① 상대방의 목소리가 너무 작은 경우
- 상대방에게 그 사정을 전하고 양해를 구한다.

② 통화가 불가능할 경우

- 정중하게 이유를 설명하고 사과한다.
- "죄송합니다만 지금 회의 중입니다. 회의 끝나고 연락드리겠습니다."

③ 전화가 잘못 걸려왔을 경우

- 정중히 잘못 걸렸음을 밝히고 친절히 응대한다.

(4) 전화응대 3원칙

서비스 종사자의 전화응대는 3가지 원칙이 있다. 보편적이며 기본적인 전화멘트 서비스만으로는 고객만족을 위한 친절한 전화서비스라 할 수 없다. 기본적인 표준 안내멘트 이외에 전화응대의 원칙도 인지해야 한다.

1 친절

① 인사말은 그 기업의 이미지를 만들어 줄 수 있으므로 밝고 따뜻한 말을 전달한다.
② 호칭이나 직함에 주의하고 단어 선택에 신경을 쓴다.
③ 정성을 다하고 상대의 기분과 심리를 긍정적으로 만들어야 한다.

2 신속

① 전화벨이 3회 울리기 전에 받는다.
② 늦게 받는 경우에는 양해의 말을 전한다.
③ 간결하게 통화하며 보고나 결과 통보의 경우, 예정시간을 미리 알린다.
④ 예정시간보다 늦어질 경우 전화를 하여 시간조정에 대한 안내를 한다.

3 정확

① 통화중에 메모하는 습관을 기른다.
② 중요한 사항은 재차 반복, 확인한다.

③ 항상 바른 말로 정확하게 표현한다.

④ 인사말과 소속, 이름을 말할 때는 천천히 명확하게 한다.

⑤ 일시, 장소, 번호, 수량 등을 정확하게 이야기하며,
　　상대가 잘 알아들었는지 확인한다.

표 8-4_ **전화의 3대 원칙**

구분	전화원칙
친절	• 직접 고객을 맞이하는 마음으로 전화응대하기 • 상냥한 어투로 상대를 존중하며 열린 마음으로 응대하기 • 잘못 걸려온 전화라도 상냥하게 응대하기
신속	• 전화벨이 울리면 세 번 이내에 신속히 받는다. • 간결하게 통화하며 기다리게 할 경우에는 예정시간을 미리 알린다. • 전화를 걸기 전에 용건을 5W 1H로 미리 정리한다.
정확	• 정확한 어조와 음성으로 통화자의 신원을 알린다. • 용무를 정확히 전달하고 정확히 전달받는다. • 업무에 대한 정확한 전문지식을 갖추고 응대한다.

185

(5) 전화사용 시 주의사항

근무 시 전화응대는 효율적인 업무처리와 연관되어 있으므로 중요성을 인식하고 주의를 기울여야 한다. 고객을 친절하고 소중히 여기며, 근무수칙을 지킬 수 있게 최선의 노력이 뒤따라야 기업이미지와 매출향상에 기여할 수 있다.

직장에서 전화사용은 내부고객 간에 상호존중의 조직문화로서 상대방을 배려하는 직장예절의 시작이다. 전화사용 시 주의사항을 익혀보자.

① 근무 중 사적인 전화는 자제한다.

② 사적인 전화는 언어의 사용이나 태도가 흐트러지기 쉬우므로
　　특히 주의하고 직장분위기를 흐리지 않도록 한다.

③ 되도록이면 용건만 간단히 전달한다.

02 전화고객 응대서비스

 1. 전화응대 서비스절차

(1) 전화사용 요령

환대서비스업의 호텔, 병원, 공항과 같은 공공 장소는 국제전화 및 기타 전화에서 청구되는 장거리 및 지역의 전화요금이 다를 수 있기 때문에 유료전화를 사용하기 전에 발생할 수 있는 문제를 인식해야 한다. 전화로 간접적인 고객과의 소통은 주고받는 내용보다는 기본적인 전화사용의 방법이나 상호 에티켓을 지키는 것이 상대방에게 신뢰를 쌓는 기회가 될 수 있다.

❶ 송수화기 사용법

수화기는 오른손잡이를 기준으로 해서 보통 왼손으로 받으며, 오른손으로는 메모할 준비를 하는 것이 기본자세이다. 통화중에는 주변의 소음이 상대에게 들리지 않도록 주의한다.

❷ 전화응대 3.3.3 기법

전화벨이 3번 울리면 받으며, 통화는 핵심 내용으로 정리하여 3분 안에 마칠 수 있도록 하고, 통화 종료 시에는 고객이 전화를 끊은 후 3초 후에 수화기를 내려놓는다.

2. 상황별 전화응대법

고객과의 전화응대의 핵심은 전화서비스 정신의 공감서비스이다. 상황에 따라서 전화서비스는 신속하고 정확하게 공손한 태도로 감성을 사로잡는 응대를 하는 것이다. 고객의 전화목적을 확인하며 중요하거나 잊어버리기 쉬운 내용은 메모하고, 통화 종료 전에 재확인 후 고객의 말을 끝까지 경청한 후 답변을 하도록 부른다.

고객이 만족하는 전화서비스를 하기 위해서는 올바른 전화서비스의 업무절차를 숙지하고 통화 시에 주의사항은 다음과 같다.

① 어려운 용어나 절차 등은 고객의 입장에서 알아듣기 쉽게 설명한다.
② 고객이 반복해서 질문하는 경우, 최대한 쉽고 상세하게 설명한다.
③ 자신의 업무범위만 내세워 소극적으로 대처하지 않고,
　 고객의 질문과 요구에 적극적인 해결 노력을 보인다.
④ 현장에서 즉시 처리되지 않는 민원은 처리에 소요되는 시간이나
　 절차 등을 자세히 알려준다.
⑤ 통화 종료 시에도 공손하게 마무리한다.

표 8-5_ **전화서비스의 업무절차**

구분	전화받기	전화걸기
업무 절차	• 메모 준비 • 미소 • 신속하게(벨이 3번 올리면 받기) • 인사말, 소속, 이름 밝히기 • 메모하여 내용듣기 • 용건 재확인 • 답변 및 약속 • 끝맺음 인사 • 전화끊기	• 메모 준비 • 미소 • 내용정리 → 육하원칙 • 인사말, 소속, 이름 밝히기 • 통화 가능 여부 확인 • 용건 말하기 • 용건 재확인 • 끝맺음 인사 • 전화끊기

187

3. 휴대폰응대 매너

휴대폰(cell phone)은 개인이 단말기를 가지고 다니면서 어디에서나 통화할 수 있는 디지털 무선 이동전화기이다. 통신의 수단이 된 휴대용 전화기는 서로가 소통하기 위해서 누구든지 어디서든지 사용될 수 있는 선이 없는 '모바일 폰(mobile phone)' 이라고도 부른다.

대한민국은 휴대전화의 보급률이 세계 최고 수준에 이르며 다양하고 수많은 휴대 전화까지 첨단 기술을 통해 진화하고 있다. 스마트폰 사용 에티켓을 습득하여 세련된 문화인으로서의 자세를 함양하도록 한다.

(1) 전원 확인모드

① 지하철이나 버스, 비행기 안

만약 택시 안에서 전화를 걸거나 받아야 하는 경우 운전기사에게 양해를 구하거나 다른 승객에게 피해를 주지 않도록 작은 소리로 통화를 한다.

② 병원 및 도서관, 공연장소

휴대전화의 전파는 비행기에서의 통신기기, 병원에서의 의료기기에 악영향을 줄 수 있으므로 진동모드로 전환하거나 전원을 잠시 끄도록 한다.

③ 운전 중 전화확인

운전할 때 불가피하게 걸려오는 전화를 받아야 할 경우에는 사고 방지를 위하여 차를 안전한 곳에 잠시 정차한 후 받는다.

(2) 휴대전화 에티켓

상대방에게 전화를 걸었을 경우에는 반드시 상대방이 통화가 가능한지에 대한 여부를 묻고 통화를 이어간다. 예를 들어 "지금 통화가 가능하십니까?"라고 묻는 예절이 습관화되어야 한다.

① 거래처를 방문 중이거나 미팅을 할 때는 전원을 끄거나 진동모드로 해둔다.
② 필요 이상으로 큰 목소리로 대화를 이어가지 않는다.
③ 복잡한 거래내용 및 금전상 기밀사항 등의 통화는 피하도록 한다.
④ 통화 시에는 소리를 낮추어 주변사람들에게 소음공해가 되지 않게 주의한다.
⑤ 휴대전화에 내장된 카메라 기능을 함부로 사용하지 않도록 주의한다.
　사진촬영을 하는 것은 상대방의 동의를 구한 뒤 해야 한다.
⑥ 사고의 위험이 크기 때문에 횡단보도 및 복잡한 거리에서
　길을 걸으면서 가급적 통화하지 않는다.

chapter 08.
전화응대 체크리스트

구분		점검사항	체크	
			YES	NO
기본태도	1	대화 시 경의·성의·호의를 가지고 말하는가?		
	2	항상 부드러운 미소를 띠고 상냥하게 말하는가?		
	3	응대 시에는 상대방에게 칭찬을 아끼지 않고 말하는가?		
	4	상대방의 말을 경청하고 맞장구치면서 말하는가?		
	5	고객의 입장에서 충분히 상대를 존중하며 말하는가?		
	6	고객과 어떠한 상황에서도 침착하게 말하는가?		
	7	상대의 나이를 불문하고 존댓말을 사용하는가?		
	8	장소와 상황에 맞게 적합한 언어를 선택하여 말하는가?		
전화태도	9	고객을 맞이하는 마음으로 전화응대에 임하는가?		
	10	고객에게 정확한 발음으로 전달하는가?		
	11	고객에게 전달하는 전화내용은 간단하고 명료하게 하는가?		
	12	고객에게 전화응대 태도는 친절하고 정중하게 표현하는가?		
	13	고객에게 전화응대 자세는 바르게 하는가?		
전화응대	14	전화벨이 3번 울리기 전에 받는가?		
	15	전화벨이 3번 이상 울린 후 받으면 사과 멘트를 하는가?		
	16	처음 전화를 받으면 인사말과 소속, 이름을 말하는가?		
	17	전화응대 시 밝은 목소리로 응대하는가?		
	18	전화응대 시 용건에 대하여 정확한 정보를 주는가?		
	19	전화응대 시 말의 속도는 적합한가?		
	20	전화응대 시 끝인사는 반드시 하는가?		
	21	고객이 끊으면 수화기를 내려놓는가?		
	22	전화응대 종료 시 수화기를 조심히 내려놓는가?		

MEMO

고객 서비스 실무
Customer Service Practice

Chapter

09
고객응대 직접서비스

학습목표

고객응대를 위한 서비스의 중요성을
이해하고 고객의 성향과 유형에 따른 응
대포인트를 숙지하여 고객접전 시 상황
에 맞는 고객만족 서비스를 향상시킬 수
있다.

01 고객서비스 기본응대

 1. 고객접견 프로세스

고객응대의 기본자세는 올바른 마음가짐과 몸가짐에서 출발한다. 정중하고 바른 자세는 단정한 외적 이미지 형성이 기본적인 조건이며, 언어의 보조적 역할을 한다. 자세는 오랜 시간 몸에 베인 습관이므로 짧은 시간 안에 자세를 변화시키기에 어려움이 있다. 그러나 장기간에 꾸준하게 노력을 기울인다면 바른 자세로 자연스럽게 습관화할 수 있다. 장소와 상황에 따라 적절한 자세를 취하는 것은 상대에 대한 예의를 표현하는 것이며, 이는 자신뿐만 아니라 기업을 평가하는 기준이다. 회사의 비즈니스 및 친목을 위한 목적으로 방문하는 내방객을 맞이해야 하는 종사원의 태도는 기업의 이미지와 만족도 평가에 기준이 되기도 한다.

직원은 업무수행상 회사의 긍정적인 대외이미지 구축을 위해 방문하는 내방객을 맞

🎨 그림 9-1 _ **기본응대 서비스절차**

193

이해야 한다. 이 경우에는 회사를 대표하여 친절하고 예의 바른 자세로 고객을 응대함으로써 고객이 회사에 대한 신뢰와 호감을 가지도록 최대의 편의를 제공한다.

고객서비스에서 기본적으로 고객을 맞이할 때 환영에서 환송까지의 응대 절차는 환영하기, 접대하기, 환송하기로 구분되어진다.

(1) 환영하기

고객을 맞이할 때는 미소 띤 얼굴로 밝고 친절하게 환영하고, 정중하게 눈을 맞추며 상황에 맞는 인사말을 건넨다. 처음 방문한 고객은 익숙하지 않은 장소에 불안감을 느낄 수 있기 때문에 고객이 신속하게 적응할 수 있도록 적극적인 자세를 취한다. 방문객의 방문목적을 확인한 후 담당자에게 안내하거나 담당자를 호출한다. 만약 고객을 기다리게 해야 하는 경우는 양해를 구하고 좌석으로 안내한다.

고객접견 시에는 내방객의 방문기록부를 준비하여 내방객이 방문하였을 때 내방객의 인적사항을 기록해 두면 후에 유용하게 사용할 수 있다. 내방객 방문기록부에는 이름, 회사명, 방문일시, 목적을 기록하여 보관한다. 이는 후일 업무에 여러 가지 참고가 될 수 있다.

고객은 한 번의 방문에도 기업의 이미지를 오랫동안 기억하기 때문에 편안하게 머물 수 있도록 안내절차를 숙지하고 응대한다.

① 고객이 약속을 하고 오는 경우 미리 접수처 직원에게 전달한다.
② 회의실이나 응접실 등의 미팅 장소를 미리 확보한다.
③ 고객과의 미팅에 필요한 준비물과 기자재를 사전에 준비한다.
④ 갑작스럽게 찾아온 고객의 경우는 지명한 사람이 만나고 싶지 않다고 하면
   회의 중이거나 외출 중이라는 등의 이유로 돌려보낸다.
⑤ 담당자가 부재 중일 경우에는 상황을 설명한 후 기다릴 것인지 추후에
   재방문할 것인지 의향을 물어보고 연락처를 받아둔다.

(2) 접대하기

내방객에게 차를 접대하는 것은 비즈니스에서 기본예절이며, 일반적인 상식이다. 접견 시 제공하는 차(茶)는 고객의 긴장된 마음을 풀어주고 상대방의 마음을 편안하게 해주는 효과가 있다. 차를 접대할 때는 고객에게 드릴 차를 임의로 접대하는 것보다 고객이 어떤 차를 드실건지 의사를 물어봐야 한다.

서비스 요원은 고객에게 미리 준비된 차가 무엇인지 말해주고 상대방의 기호에 맞게 차를 주문받고 준비한다. 차를 서비스할 때는 먼저 두 번 노크를 가볍게 한 후, 조용하게 접견실로 들어간다. 문을 열고 들어갈 때에는 '실례하겠습니다.'라고 목례를 한다. 이때 상사와 고객이 대화를 나누는 중이라면 인사말을 생략하는 것이 오히려 실례가 되지 않는다.

고객에게 접대하기 위한 차를 준비하여 서비스할 때의 주의사항은 다음과 같다.

① 접대할 때는 잔이 깨져 있지는 않은지 미리 확인한다.
　　차는 원하는 종류대로 준비가 되어있는지의 여부를 살핀다.
② 차를 드릴 때는 외부고객에게 먼저 드리고, 직장상사부터 드린다.
　　그 외에는 고객의 직급 순이나 연장자, 좌석의 가장 안쪽부터 드린다.
③ 차를 대접할 때는 고객의 오른쪽에서 드리고, 차를 고객의 중앙에 내려놓는다.
④ 찻잔 사용 시 잔의 손잡이는 고객의 오른쪽을 향하게 하며, 차의 온도가 너무
　　뜨거울 때나 차가울 때는 미리 안내해 드린다.
⑤ 차를 서비스한 다음에는 쟁반을 왼손에 들고 목례를 한 다음 고객에게
　　등을 보이지 않도록 하며 조용히 나오도록 한다.

(3) 환송하기

방문한 고객과 환송할 때에는 엘리베이터나 현관까지 배웅해 드리고, 적당한 인사말을 건네고 정중하게 인사한다. 회사가 교통이 불편한 곳에 위치한 경우에는 고객이 돌아갈 때 차로 배웅하는 것이 좋다. 직원으로서 해야 할 기본자세는 고객이 돌아서

는 순간에도 매너 있는 태도를 보임으로써 고객에게 기업에 대한 좋은 이미지를 각인시켜 주는 것이다.

① '방문해 주셔서 감사합니다.'는 등의 인사를 한다.
② 택시를 호출하는 경우 '택시를 불러 드릴까요?'라고 먼저 권한다.
③ 회사차로 배웅하는 경우 사전에 미리 좌석을 깨끗하게 정리해 둔다.
④ 자동차 뒷좌석의 문을 열어서 타게 하고 승차 확인 후 조용히 닫는다.
⑤ 주차권 제공이 가능할 경우 차량 여부 확인 후 주차권을 드린다.

 ## 2. 고객서비스 인사자세

우리는 생활 속에서 매일같이 사람을 만나면 '안녕하십니까?', '반갑습니다.' 등의 익숙한 인사말과 함께 다양한 방법으로 인사를 나눈다. 인사는 상대방에게 자신을 알릴 수 있는 좋은 방법이다. 또한 인사를 통해서 상대방에 대한 존중을 표현하여 인간관계를 가깝게 해주는 기회가 된다.

(1) 인사의 의미

인사란 한자로 '인(人)과 사(事)'의 합성어로서 '사람이 마땅히 해야 할 일'을 뜻한다. 인사는 상대방에게 안부를 묻거나 공경을 표현하는 것이며, 상대방에 대한 반가움을 표시하는 마음가짐의 외적 표현이다. 인간관계의 첫걸음으로서 인사태도는 그 사람의 교양과 소양이 외적으로 나타나는 것이다. 결국 인사는 상대방의 태도 하나만으로도 그 사람의 인성을 판단하는 평가가 될 수 있다.

업무현장에서 서비스 종사자가 상대방으로부터 자신의 내면적 가치를 존중받고 싶다면 상대방을 존중하는 마음을 먼저 행동으로 실천해야 한다. 인사는 상대방에게 마음의 문을 열고 다가가는 것만으로 상대에 대한 존경심과 친절을 나타내는 상징인 것이다.

인사를 할 때에는 남녀노소를 불문하고, 다음과 같이 상대에게 예를 갖춘다.

① 서비스의 기본이자 척도이며, 고객과 만나는 첫 단계이다.

② 고객에 대한 존경심과 자신의 교양 등 인격의 표현이다.

③ 인사는 상대를 의식하여 습관화가 되어야 한다.

④ 고객에 대한 감사의 마음으로 밝고 상냥한 미소를 짓는다.

⑤ 시간과 상황, 장소에 맞게 적절하고 바르게 인사한다.

표 9-1_ **올바른 인사태도**

잘못된 인사	올바른 인사
• 고개만 끄덕이는 인사	• 밝은 표정의 인사
• 무표정한 인사	• 명랑한 목소리로 말을 하는 인사
• 눈맞춤이 없는 인사	• 올바른 자세와 동작으로 하는 인사
• 성의 없는 말투로 하는 인사	• 상대방의 시선을 바라보며 하는 인사
• 망설이며 하는 인사	• 내가 먼저 솔선수범하는 인사
• 뛰어가면서 하는 인사	• 진심으로 우러나서 하는 인사

(2) 인사의 종류

인사의 종류는 목례, 보통례, 정중례 세 가지의 인사가 있다. 인사를 할 때에 인사의 각도는 마음을 전달하는 정도가 다르기 때문에 상황에 따라 인사의 종류를 적절하게 선택하여 실시한다. 인사를 할 때 상체를 숙이는 인사는 각도가 중요한 것이 아니며, 상황에 의해서 마음의 깊이를 전달하는 것이다.

인사의 종류 및 상황에 따른 인사에는 크게 고객에 대한 환영인사, 좁은 공간에서의 인사, VIP 영접 시 인사 등으로 분류된다.

인사자세는 인사의 상황에 따라서 올바른 인사의 종류와 방법을 습득하여 올바르게 실행한다.

목례(15도)

좁은 공간에서 실시할 경우
- 전화통화 중 고객이 오셨을 때
- 자주 마주치거나, 가까운 관계일 때
- 엘리베이터나 계단에서 마주쳤을 때
- 화장실과 같은 공간이 협소할 때

보통례(30도)

일반적인 고객영접 시에 실시할 경우
- 고객을 맞이하거나 배웅할 때
- 감사의 마음을 표현할 때
- 사과의 마음을 전할 때

정중례(45도)

영접, 배웅, 정중한 사과를 할 경우
- VIP를 영접할 때
- 깊이 감사드릴 때
- 깊이 사죄드릴 때

그림 9-2 _ **상황에 따른 인사**

(3) 인사의 기본자세

인사는 자신을 상대에게 알리는 첫 단계로 상대방에 대한 호의, 존경심 및 친근함을 표현해 주는 마음가짐이다. 상황에 따른 적합한 인사는 원만한 인간관계를 형성하는 데에 토대를 마련해준다. 또한 인사는 상대방에게 줄 수 있는 첫 번째 감동이다.

① 얼굴표정 : 밝고 환한 표정과 부드러운 미소를 짓는다.

② 얼굴시선 : 인사 전후에는 상대방의 눈이나 미간을 자연스럽게 바라보고,
상체를 반듯하게 세우고 허리를 숙일 때는 시선도 따라 내려간다.

③ 머리/허리 : 머리에서 허리까지 곧게 세워 일직선이 되도록 하고,
가슴은 활짝 펴고 허리를 곧게 세워 앞을 바라본다.

④ 손 처 리 : 여성은 오른손을 왼손 위로 포개어 공수자세를 취하고,
남성은 주먹을 가볍게 쥐어 바지 재봉선에 내려놓는다.

⑤ 무 릎 / 발 : 뒤꿈치와 무릎을 붙이고, 발끝은 15~30도 정도 벌린다.
양 다리의 무릎을 중심으로 힘을 주어 곧게 편다.

199

1 인사는 내가 먼저 한다.

2 상대방의 눈을 바라보고 한다.

3 큰소리로 밝고 명랑하게 한다.

4 + 화법을 사용한다.

5 지속적으로 한다.

그림 9-3 _ **인사의 5가지 포인트**

02 상황에 따른 고객응대

 ## 1. 대기자세 및 안내자세

(1) 대기자세

대기란 고객을 맞이할 준비가 완료된 상태로 언제든지 고객을 환영하는 기본자세를 말한다. 일반적으로 고객을 영접하기 위한 자세와 고객이 기업을 방문하여 종사원을 찾을 때를 대비하는 자세이다.

종사원이 대기할 때의 공수는 어른을 모시거나 의식행사를 할 때 두 손을 바르게 마주 잡고 공손한 자세를 취해서 고객에게 예의를 표시하는 것이다.

종사원은 어떠한 상황이라도 고객에게 신속하게 도움을 줄 수 있는 자세를 취한다. 그리고 책임감을 갖고 근무를 시작해서 끝날 때까지 내방객을 환영하는 대기상태로 고객을 기다려야 한다.

직원은 회사에 근무시간 10분 전에 출근하여 복장 및 용모를 점검하고, 근무개시 5분 전에는 업무를 하기 위해 정위치에서 대기한다. 항상 바른 자세로 고객을 맞이하기 위한 준비를 하고, 고객을 영접할 대기자세를 갖춘다.

서비스 요원의 대기자세는 다음과 같은 요령을 취하도록 하자.

🎨 그림 9-4 _ 대기자세

① 시선처리

서비스 요원은 고객이 업무현장에 들어오면 얼굴은 고객을 바라보는 방향으로 미소를 띤 밝은 표정으로 시선을 고객에게 향한다. 얼굴은 고객을 바라보고 있을 때 정면을 향하고, 고객을 보고 있을 때는 얼굴과 시선, 가슴의 방향이 동일해야 한다.

② 턱선처리

고객을 응시할 때에 얼굴의 턱선은 편한 자세로 상대의 얼굴을 바라보면서 턱의 끝부분은 자연스럽게 안쪽으로 당긴다. 고객을 바라볼 때 시선은 턱의 위치에 따라 거만한 자세가 연출될 수 있으니 턱선처리에 주의한다.

③ 손처리

대기자세에서 손의 기본자세는 고객에게 예를 표현하는 것이다. 공수를 할 때는 손가락이 벌어지지 않게 가지런히 모은 후 남성은 왼손이 위로 오게 하여 마주잡고 자연스럽게 아랫배 위에, 여성은 오른손이 위로 올라오도록 자연스럽게 배 위에 올린다.

④ 대기 시 피해야 할 행동

종사원은 고객을 대기 하는 중에 위급한 상황이 생길 수가 있다. 이러한 갑작스러운 상황에서 슬기롭게 대처하려면 항상 긴장을 늦추지 않는다. 대기 시에는 가급적 피로한 표정이나 짜증스러운 표정은 피하는 게 좋다. 잠시 짬이 나는 시간에도 동료와 잡담을 삼가고, 한쪽에 몸을 기대는 부정적인 태도를 보여서는 안 된다.

🎨 그림 9-5 _ 인사 및 대기 시 공수자세

(2) 안내자세

고객을 안내할 때는 고객의 요구와 상황에 따라 방향지시 자세가 달라지므로 그에 대한 적합한 안내자세의 행동을 취해야 한다. 특히 바른 걸음걸이는 마음에서부터 시작되므로 즐겁고 경쾌한 마음을 갖고 걸으면서 안내한다.

① 가슴과 등을 곧게 펴고 턱은 당기며, 시선은 정면을 향하고,
   미소를 유지하며, 적당한 보폭으로 자연스럽게 걷는다.
② 급박한 상황이 아니라면 뛰어서는 안 되며, 신발의 뒷굽을 끌지 않고,
   속보를 하면서 가볍게 조용히 걸어야 한다.
③ 급한 용무로 부득이한 경우 외에는 상대를 앞지르는 일이 없도록 한다.
④ 복도에서 상사나 고객을 앞지르지 않는 것이 원칙이다.
   부득이한 때는 "실례합니다."라고 양해를 구하며 지나간다.
⑤ 여럿이 걸을 때는 종으로 걸으며, 통로를 막는 일이 없도록 한다.

⑥ 고객과 지나칠 때는 걸음을 잠시 멈추고 고객의 행동반경을 피해서
　가볍게 머리 숙여 인사하고, 고객이 먼저 지나가도록 한다.

⑦ 고객을 안내할 때는 조심성 있게 한 걸음 앞을 선도하고,
　고객을 수행할 때는 고객의 좌측 1보 뒤나 또는 후방을 걷는다.

⑧ 고객을 유심히 쳐다보거나 곁눈질, 치켜뜨기, 흘려보기, 손가락으로
　가리키는 행위는 하지 않는다.

⑨ 보행 중 다리가 벌어지지 않도록 하고, 발을 끌면서 걷거나 뒷짐을 지고,
　혹은 주머니에 손을 넣거나, 팔짱을 끼고 걷지 않는다.

 ## 2. 상황에 따른 안내자세

고객과의 만남은 개인적인 만남이 아닌 회사를 대표하는 자격으로 만나게 되므로 더욱 세심한 주의가 필요하다. 고객을 응대할 때 서비스 요원의 태도는 서비스 품질에 대한 고객의 지각에 영향을 미칠 수 있는 잠재력을 가지고 있다. 그러므로 종사자는 고객을 응대할 때 상황에 따라 고객에게 어떻게 응대를 하고 어떠한 방법으로 대화를 하는지에 대하여 숙지하여야 한다.

고객을 모시고 이동할 때는 고객이 중앙으로 걸을 수 있도록 비스듬히 반걸음 앞서서 걸어가는 것이 좋다. 이때 고객의 바로 앞에 서지 않고 한두 걸음 왼쪽에서 비스듬히 걸어가면서 안내하고, 고객과의 보조를 맞춘다.

(1) 방향을 지시할 때

종사원은 고객이 특정한 장소를 물을 때 가능하다면 고객을 목적지까지 직접 모셔다 드리는 것이 원칙이다. 그러나 부득이 자리를 비울 수 없는 경우라면 방향을 정확

하게 지시하거나 자세하게 안내해야 한다. 서비스 요원은 정중한 자세와 정확한 행동을 보여줌으로써 고객과의 소통이 원활할 수 있도록 한다.

① 대기자세 상태에서 고객에게 시선을 맞추고 바른 자세로 선다.

② 방향을 안내할 경우는 한 손은 아랫배에 올리고,
  한손은 손가락을 가지런히 모아 방향을 향하여 가리킨다.

③ 안내할 때는 상대방에게 손등이 아니라 손바닥이 보이도록 한다.

④ 손의 위치는 가슴부근을 기준으로 팔을 뻗어서 가리킨다.

⑤ 방향이 오른쪽일 경우에는 오른손, 왼쪽일 경우는 왼손을 사용한다.

⑥ 거리에 따라 팔꿈치는 90도 각도가 기본이며,
  가리키는 위치가 멀어질수록 각도를 멀리한다.

그림 9-6 _ **방향지시자세**

(2) 고객과 함께 걸을 때

고객안내 시 윗사람과 나란히 걸을 때는 윗사람의 왼쪽에 서는 것이 예의이다. 다만, 이동 시 우측이 위험한 경우에는 상황에 따라서 방향이 바뀔 수도 있다. 그리고 남성이 여성과 나란히 걷는 경우에는 일반적으로 여성이 우측에 서게 되지만, 남성이 윗사람일 경우는 여성은 남성의 좌측으로 서는 것이 기본이다.

① 고객과 이동할 때는 고객의 시야를 가리지 않도록 왼쪽에서
　 1~2보 앞서서 안내할 방향을 따라 걷는다.
② 특정한 장소로 안내할 때는 "이쪽으로 오시겠습니까?"라고 하고,
　 가끔 뒤돌아보면서 고객과의 보조를 맞춘다.
③ 코너를 돌 때는 방문객과의 거리를 확인하고, 목적지로 이동하면서
　 가야 할 방향을 손으로 가리키도록 한다.

(3) 계단을 오르내릴 때

① 고객과 함께 계단을 오르내릴 때는 고객의 오른쪽, 또는 왼쪽으로 2보 정도
　 옆에 서서 비스듬히 걷고, 가급적이면 2~3계단 앞서 안내하는 것이 좋다.
② 여성의 경우, 계단을 오를 때는 남성이 앞서 가고 여성은 뒤에서 따라가며,
　 계단을 내려갈 때는 여성이 앞서 내려가고 남성이 뒤를 따라 내려온다.

계단을 올라갈 때　　　계단을 내려갈 때　　　건물 코너를 돌때

🎨 그림 9-7 _ 계단에서의 고객안내

(4) 사무실에 들어가고 나올 때

서비스 종사자가 고객을 모시고 사무실로 안내할 때에는 문을 열고 닫거나 밀고 당기는 방향에 따라 안내 위치를 혼돈하기가 쉬우니 정확한 안내방법을 숙지하여 편안한 안내가 이루어지도록 한다.

① 손잡이를 당겨서 여는 문을 사용할 경우 안내자가 문을 먼저 당겨 열고, 바깥쪽에 서서 고객을 사무실 안쪽으로 안내하도록 한다.
② 반대로 밀고 들어가는 문을 통과할 때에는 안내자가 먼저 통과한 후, 안쪽에서 문을 잡고 고객이 들어가도록 한다.

🎨 그림 9-8 _ **사무실 안내자세 – 여닫이, 미닫이 문**

(5) 엘리베이터를 이용할 때

현대인들의 엘리베이터 이용은 일상화되어 있다. 건물 안에 한정된 공간에서 고객을 모시는 서비스 요원은 방문하는 외부고객이나 다른 사람을 배려하는 매너를 보여준다면 회사에 대한 이미지가 더욱 돋보일 것이다.

① 엘리베이터에 탑승 시에는 안에 있는 사람이 모두 내린 후에 탑승하고 고객을 안내하는 사람은 엘리베이터를 타고 내릴 때 버튼을 눌러 문이 빨리 닫히지 않도록 배려한다.

그림 9-9 _ **엘리베이터 안내위치**

② 고객이 탑승 후 엘리베이터 닫힘 버튼을 누르기 전 혹시 추가 탑승자가 있는지 다시 한번 확인한다.

③ 탑승순서는 고객이 먼저 탑승하고, 내릴 때는 안내자가 먼저 내리도록 한다. 식사를 하고 탔다면 엘리베이터 안에서의 대화는 가급적 자제한다.

④ 엘리베이터 안에서 안내자의 위치는 버튼쪽이며, 상석은 안내자의 대각선 방향으로 고객을 친절하게 안내한다.

03 고객층에 따른 서비스응대

 ## 1. 유형별 고객응대법

서비스 요원은 고객과의 수많은 만남의 기회가 있다. 고객과의 만남은 자신에게 긍정적이고 발전적인 방향으로 연계하기 위해 고객들의 다양한 개성과 독특한 성향을 가진 행동유형을 파악하고, 이에 따라 고객을 응대한다면 한결 편안하고 여유 있는 관계를 이끌어 낼 수 있다.

또한 고객응대는 고객이 원하는 욕구와 기대 수준에 따라 서비스에서 다루어야 하는 여러 가지 다양한 상황을 직면하게 된다. 고객과의 서비스는 적극적이고 긍정적으로 관리하려면 고객들의 각기 다른 개성과 독특한 성향의 행동유형을 분석하여 적절히 응대한다.

고객을 응대할 때는 고객의 요구에 앞서 먼저 고객의 감정상태가 어떠한지를 이해하고 고객이 무엇을 원하는지 파악하는 것이 순서이다. 고객은 만족스러운 대접을 받고 싶어 하는 공통된 심리가 있고 이것을 표현하는 방법은 다양하다. 이러한 고객의 욕구를 충족시키기 위해서는 상대방을 고려한 응대방법을 적용시킨다. 종사원은 고객들이 다양한 성향을 가지고 있다는 것을 숙지하고 응대한다면 고객뿐만 아니라 서비스 종사자 스스로의 업무만족도 제고에 기여할 수 있다.

효과적으로 고객을 응대하기 위하여 유형에 따른 응대법을 알아보도록 하자.

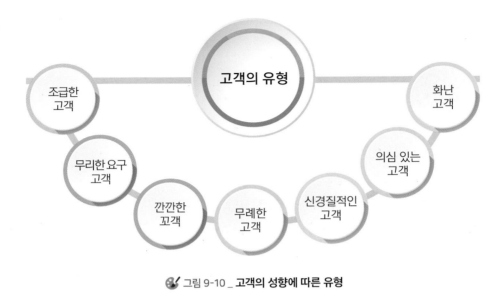

그림 9-10 _ **고객의 성향에 따른 유형**

1 조급한 고객

성격이 급한 고객은 일처리가 빠르게 진행되기를 원하고 조금만 늦어도 급하게 재촉하는 유형이다. 이 고객은 무엇보다 신속성이 먼저 우선시되어야 하므로 만약 시간이 걸리는 경우에는 예정시각을 안내해 주는 것이 좋다. 일이 신속하게 처리되기를 중요시 여겨 반복적으로 독촉하기 때문에 결론을 먼저 알고 싶어 하는 경향이 있어서 미리 알려주는 방법이 효과적이다. 그래서 일의 처리 속도나 서비스의 여부를 분명히 점검하고 실행해야 한다.

2 무리한 요구고객

일반적으로 고객은 주관적인 태도로 서비스를 받기 원하므로 상황에 따라서는 예기치 못한 무리한 요구를 하는 경우가 있다. 이럴 때에는 먼저 고객의 의견을 경청한 후에 회사의 입장에서 해결할 수 있는 부분을 설명하고 고객이 선택할 수 있는 대안을 제시한다. 무작정 고객의 무리한 요구를 들어주게 되면 동일한 방법을 이용해서 빈번하게 습관적으로 행동하는 고객이 있으므로 신중하게 대처한다.

표 9-2_ **무리한 요구고객 응대법**

번호	내용	체크
1	• 고객의 입장에서 처음부터 끝까지 경청해라.	
2	• 목소리를 높이거나 말대꾸를 하지 말라.	
3	• 회사의 입장에서 제공할 수 있는 부분을 이야기하라.	
4	• 고객에게 문제를 해결해 드릴 수 있다는 신뢰감을 형성하라.	
5	• 가능하다면 고객의 요구에 따라 탄력 있게 융통성을 발휘하라.	
6	• 불가능한 것보다는 현실 가능한 대안을 제시하라.	
7	• 고객의 요구에 초점을 맞추고 확고하고 공정한 태도를 유지하라.	
8	• 불만고객은 최대한 신속하게 해결하는 자세를 보여라.	

3 깐깐한 고객

상대에게 예의 있게 대하면서도 문제가 되는 부분은 상세히 짚고 넘어가는 꼼꼼한 특성을 가지고 있다. 서비스 종사원은 고객에게 논리적·객관적으로 응대해야 하며, 고객에게 말을 많이 하지않고, 간결하게 응대하는 것이 바람직하다. 또한 종사원 개인적인 의견을 피력하기보다는 정보위주로 소통하고, 고객이 문제점을 제기할 경우에는 "의견을 주셔서 감사합니다."라며 정중하게 응대하는 태도를 보인다.

4 무례한 고객

무례한 고객의 특성은 높은 톤의 음성과 무례한 태도를 일관하는 성향을 보인다. 이러한 성향의 고객과는 가급적 논쟁을 피하고, 다른 사람 앞에서 고객을 무안하게 하는 행위는 하지 않도록 주의한다. 고객을 더욱 화나게 만들 수 있는 원인이 되는 언행을 피하고 전문가답게 단호하고 침착하게 행동한다.

5 신경질적인 고객

신경질적인 고객은 사람의 성향에 따라 감정이 민감하여 사소한 일에도 예민하게 받아들이는 경우가 있다. 이러한 고객을 응대할 때는 말씨나 태도에 주의해서 부정적인 말이나 빈정대는 말투로 인해 고객을 자극하지 않도록 한다. 고객과 가능한 불필요한 대화를 줄이고 신속히 고객의 요구에 회사 규정이나 프로세스에 근거한 정보위주의 대응이 효과적이다.

6 의심 있는 고객

여러 고객의 유형 중에서 의심이 많은 고객은 가장 응대하기 어려운 고객이다. 상품 및 서비스를 구매 시 상품의 여러 사양을 물어보고 재차 확인하고 본인이 선택할 상품에 대해 비교를 하는 편이다. 눈으로 볼 수 있는 정확한 증거자료로 자신이 충분히 납득이 될 수 있을 때까지 질문을 하므로 정확하지 않은 설명은 자제한다. 기업 측면에서는 타당한 근거를 제시하여 고객이 확신을 가질 수 있도록 하고, 때로는 책임자가 응대하는 것도 효율적이다. 고객이 결정을 내리는 데 시간이 많이 소요되더라도 인내심으로 가급적 답변을 번복하지 말고 가능한 자신감을 갖고 확실한 태도와 언어로 응대한다.

7 화가 난 고객

서비스 종사자는 화가 난 고객을 응대할 경우 대화를 계속 이어나갈 수 없는 상황이 생기기도 한다. 무조건 화부터 내는 고객은 먼저 화가 난 감정에 대하여 공감하고 고객의 불만사항에 대하여 귀를 기울여 경청해야 한다.

해결책을 제시할 때는 불가능한 것보다 긍정적인 태도로 가능한 해결책을 선택할 수 있는 방향으로 생각하고, 고객의 감정을 받아들이고 인지하여 안심시키도록 한다. 감정을 받아들이는 것은 이해한다는 것이 아닌 고객의 감정을 있는 그대로 수용한다는 의미이다.

만약 종사자가 고객의 폭언으로 모욕을 당하거나 충격을 받는 등 욕설을 통해 정신적 피해를 받는다면 동료나 상사에게 도움을 요청하여 해결하는 것이 효과적이다.

2. 계층별 서비스응대

기본 실무자는 내외부 고객과의 심리적으로 상대하기 어려운 상황을 극복할 수 있도록 계층별 고객의 요청에 따라 신속하고 정확하게 응대한다. 또 실전에 활용하여 신뢰도를 높이고 고객의 본질을 명확하게 인지할 수 있다. 불특정 다수를 대상으로 하는 서비스응대는 각 계층별로 맞춤형 서비스를 제공하면 기업 입장에서 큰 성과를 거둘수가 있다.

① 노년층

어떠한 경우라도 연령이 높은 연장자 고객에게는 공손함을 잃지 말아야 한다. 고객의 질문에 관심을 갖고 시간을 배려하며 응답한다. 노년층 고객은 말을 잘 알아듣지 못하는 경우를 고려해서 정확한 발음과 큰 목소리로 잘 알아듣게 대화한다. 특히 경어사용에 있어서 호칭에 유의하며, 친근감 있는 서비스를 지원한다.

② 여성층

일반적으로 여성은 남성보다는 주변 환경에 대하여 민감하기 때문에 서비스 종사원은 사소한 말이나 행동에 주의를 기울여 응대해야 한다. 특히, 유아나 어린이를 동반한 여성고객은 타인의 도움이 필요한 경우가 발생하므로 원활한 서비스를 위하여 미리 파악해서 적극적으로 응대한다.

③ VIP

국빈은 사회적으로 중요한 지위나 신분을 가진 사람이다. 일반적으로 국가 및 회사 차원에서 기업의 이익을 도모하고 유지하기 위해 특별히 대우해야 할 고객을 말한다. 접대 시 주의할 점은 응대에 과다하게 치중하여 다른 고객에게 차별감이나 불쾌감을 주지 않도록 하고, VIP에 대한 특별한 예우와 다른 고객에 대한 원만한 서비스라는 두 가지 측면을 모두 고려하여 충족시켜야 한다.

④ 장애고객

장애고객에 대한 지나친 관심과 친절은 고객의 마음을 불편하게 할 수 있으므로 신중을 기해야 한다. 서비스 종사원은 상황에 따라 어떤 도움을 주어야 할지를 가늠하고, 도움이 필요한 상황과 필요치 않은 상황을 잘 구분하여 불필요한 도움으로 고객을 더 불편하게 만드는 경우는 없어야 한다.

고객이 도움을 원하는지 여부를 알기 위해서는 얼굴표정과 행동을 살피고 어떤 것을 필요로 하는지 판단하도록 한다. 장애고객에게 먼저 어떻게 도와드려야 하는지 물어 보는 것도 바람직하다.

⑤ 어린이

어린이 고객은 기다리는 것을 힘들게 생각하므로 요구에 빠르게 응답한다. 대화를 할 때는 반말을 사용하지 않고 성인을 대하는 말씨와 태도로 응대하는 게 바람직하다. 어린이의 눈높이에 맞추어 서비스하고, 아이들은 끊임없이 놀이를 즐기고 싶어 하므로 다치지 않도록 주의를 준다. 상황에 따라서는 보호자에게 협조를 요청하여 다른 고객들에게 방해가 되지 않도록 한다.

⑥ 유명인사

일반적으로 유명인사들은 특별한 관심을 기대하거나 요구하지 않는 경향을 보이며, 가능한 자신의 신분을 드러내지 않는 것을 선호한다. 이들은 일반고객과 동일하게 응대하고, 가급적 개인적인 질문을 한다거나 상대에게 사진촬영을 요구하는 등의 불편하게 하는 행동은 자제한다.

chapter 09.
고객접견 서비스태도 체크리스트

분류	번호	점검사항	체크	
			YES	NO
차 접대 자세	1	차를 준비할 때 손은 청결한가?		
	2	찻잔은 깨끗하고 파손된 분분은 없는가?		
	3	티스푼은 찻잔의 오른쪽 받침 뒤에 놓았는가?		
	4	기호에 따라 차의 양은 적당한가?		
	5	차의 농도와 온도는 적당한가?		
	6	고객의 기호에 맞게 음료 준비가 되었는가?		
	7	접대 시에는 성의 있는 서비스를 하였는가?		
엘리 베이터 안내자세	8	버튼을 눌러 문이 닫히지 않도록 배려하는가?		
	9	고객을 엘리베이터 내 상석으로 탑승을 유도하는가?		
	10	도착 해당 층을 말하고, 도착안내를 하는가?		
	11	희망하는 층의 해당 버튼을 눌렀는가?		
	12	문을 닫기 전 탑승할 사람이 있는지 확인하는가?		
	13	고객이 모두 내리는 것을 확인한 후 내리는가?		
인사 자세	14	상대방의 눈을 바라보며 인사는 공손히 하는가?		
	15	인사를 할 때 적당한 인사말을 하는가?		
	16	인사응대 시 기본자세를 갖추고 하는가?		
	17	주머니에 손을 넣고 인사하지 않은가?		
	18	때와 장소에 맞게 적절한 인사를 할 줄 아는가?		
대기 자세	19	시선은 고객을 향하고 있는가?		
	20	고객응대 시에 턱 끝부분을 안쪽으로 당기고 있는가?		
	21	손은 자연스럽게 공손히 모아 공수하고 있는가?		
	22	얼굴표정은 밝은 미소를 짓고 있는가?		
안내 자세	23	손은 가지런히 모아 안내할 방향을 가리키고 있는가?		
	24	안내 지시하는 방향과 시선의 방향이 동일한가?		
	25	안내하는 장소가 있는 방향을 지시한 후 안내하는가?		

MEMO

고객 서비스 실무
Customer Service Practice

Chapter
10
고객응대 컴플레인

학습목표

고객만족경영을 위하여 고객의 불평·불만인 컴플레인을 이해하고, 컴플레인이 발생할 경우 원만하게 처리할 수 있도록 원인분석과 절차에 따라 고객 불평·불만 처리능력을 구축할 수 있다.

01 컴플레인의 개요

서비스 산업에서 기업은 회사경영의 주요 과제를 고객만족을 넘어 고객감동에 초점을 두고 있다. 고객의 필요(needs)와 욕구(wants)가 다양화되고 소비환경이 빠르게 변하는 환경은 서비스 과정에서 수많은 요인들에 의해 고객의 기대에 부응을 할 수 없는 상황을 만들기도 한다. 이는 서비스 종사자가 인간으로 완벽할 수 없으며, 고객은 주관적 사고를 하기 때문이기도 하다.

기업은 고객에게 서비스를 제공하는 과정에서 고객의 불만이 발생하게 되었을 경우, 고객불만이 만족스럽게 해결될 수 있도록 해야 한다. 기업은 경영시스템이나 상품, 서비스에 대해 불만을 제기하는 고객을 잘 응대한다면 고객의 만족도를 높이고, 기업의 긍정적인 이미지를 심어줄 수 있는 기회를 갖게 된다. 고객의 불만사항이 신속하게 해결이 될 경우에는 고객은 기업을 신뢰하게 되지만, 그렇지 않을 경우 불만고객은 부정적인 구전효과를 유발시켜 기업의 이미지에 타격을 주기도 한다.

이것은 과학기술의 발달로 더욱이 높아지고 있는 고객들의 기대 수준에 부응하기 위해서 불만사항에 대하여 신속하게 원인을 파악하고 서비스회복 전략을 세움으로써 고객의 불만을 고객만족으로 전환시킬 수 있다.

 1. 컴플레인의 개념

컴플레인(complain)이란 고객이 상품을 구매하는 과정에서 또는 구매한 상품에 관하여 품질, 서비스, 물량 등을 이유로 불만을 제기하는 것을 말한다. 고객이 제기한 불만, 불평, 오해나 편견 등을 풀어주는 일을 컴플레인 처리라고 한다. 일반적으로 서비스에 불만을 가진 소비자의 63% 정도는 불만사항에 대하여 의사표현을 하지 않고 참는 경향이 있다. 고객들은 직접 불만을 제기하기를 기다리거나 불만사항을 이야기하지 않는다고 서비스에 문제가 없다고 착각해서는 안 된다. 서비스 실무자들은 보다 적극적으로 고객의 입장에 서서 불만을 야기시킬 수 있는 요인이 무엇인지 사전에 파악하는 것이 우선시되어야 한다.

불만사항 처리에 만족한 고객은 재방문 및 재구매를 할 수 있는 확률이 높고 다른 사람에게 만족감을 어필하여 신규고객을 창출하는 데 기여한다. 회사는 고객의 불만을 해결하는 과정에서 회사의 문제점과 취약점을 파악하고 개선할 수 있는 기회를 얻을 수 있으며, 기업의 불만고객은 변화와 발전을 도모할 수 있는 소중하고 고마운 존재이다. 실제로 신규고객의 유치보다는 기존고객 혹은 단골고객을 유지하는 것이 기업의 이윤을 창출하는 데 도움을 줄 수 있다.

2. 컴플레인의 발생원인

컴플레인이 자주 발생하는 주요 원인은 서비스 종사자가 고객을 응대하는 과정에서 발생되는 태도에 대한 문제가 큰 비중을 차지한다. 고객은 회사문제로 불만을 제기하였다가 고객을 응대하는 과정에서 직원의 불친절한 태도에 불만이 생겨서 더욱 화를 내는 경우가 발생한다. 즉, 기업의 잘못된 불만처리 과정이 고객과 기업, 고객과 서비스담당 직원 간의 부정적인 연쇄반응으로 악순환의 연속이 되는 계기를 만든다.

고객의 불만원인은 매우 다양하지만 크게 회사에 대한 문제, 직원에 대한 문제, 고객 자신에 대한 문제로 분류할 수 있다.

표 10-1 _ 고객의 불만원인

문제발생분류	고객 불만원인 내용
회사의 문제	• 기대 수준 이하의 서비스 • 제품 결함 • 이용 불편 • 프로세스 및 규정(시스템 부재)
직원의 문제	• 불친절한 태도 • 업무지식 부족 • 업무처리 미숙 및 지연 • 응대 미숙 • 고객 감정에 대한 배려 부족 • 의사소통스킬 부족 • 융통성 부족
고객의 문제	• 지나친 고객의 기대 • 고객의 오해 • 서비스나 제품에 대한 정보 부족 • 고객의 부주의

서비스업에서 자주 발생하는 고객의 컴플레인 사례는 다음과 같다.

① 전화 통화가 신속하게 이루어지지 않을 경우
② 예약을 했는데 예약이 제대로 되어 있지 않을 경우
③ 서비스 종사자가 입구에서부터 불친절하게 할 경우
④ 설비 및 시설의 미비로 신체나 의복이 손상된 경우
⑤ 주문한 것과 다르거나 시간이 너무 지체될 경우
⑥ 종사원의 접객 태도에서 말씨가 불쾌할 경우
⑦ 상품이 파손되거나 주문한 것과 다른 경우
⑧ 주차시설이 불편하거나 주차요원이 불친절한 경우
⑨ 서비스 요원의 용모복장 불결 및 분위기가 산만한 경우
⑩ 종사자의 부주의로 인해 고객의 신체나 의복이 손상된 경우
⑪ 결제시스템이 복잡하고 결제금액이 잘못 청구된 경우

위와 같은 고객불만이 발생하였을 경우 신속하게 처리하는 것은 기업의 신용도를 높여주고 고객과의 관계를 효과적으로 유지시켜 주는 역할을 한다. 따라서 서비스 종사자는 컴플레인의 발생원인을 정확하게 분석하여 처리하는 데 있어서 최선을 다해야 하겠다.

고객은 자신의 불평이 기업으로부터 수용되고 제대로 응답된다고 믿을 때에 그 회사의 상품이나 서비스를 계속 이용할 확률이 높다. 서비스 회복에 최선을 다하는 기업은 불평을 해결하는 과정에서 생길 수 있는 문제까지도 신중하게 검토한다.

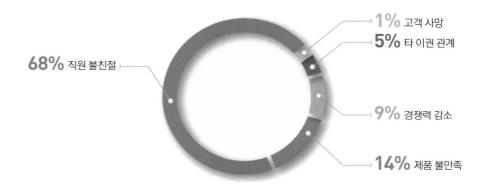

그림 10-1 _ 고객이 거래를 중단하는 이유

3. 컴플레인과 클레임의 차이점

우리는 서비스를 받다보면 간혹 고객으로부터 컴플레인과 클레임이 발생하는 경우가 생긴다. 두 가지의 불만스러운 부분의 차이점이 있다. 컴플레인은 고객의 주관적인 평가로 불만족한 서비스에 대한 불평을 전달하는 것이다. 클레임(claim)은 고객의 객관적인 문제점에 대한 지적을 의미한다.

(1) 컴플레인

컴플레인(complain)은 사전적 의미로 '불평하다'는 의미이다. 서비스에 대한 고객의 주관적인 고통, 불쾌감, 불편함, 난처함 등의 표현이다.

① 불평, 불만
② 감정 속에 감춰진 사실이나 주장, 요구 발견
③ 커뮤니케이션 스킬
④ 고객의 필요와 요구에 따른 기대에 미치지 못한 서비스로 인한 불만
⑤ 고객의 주관적인 평가로 불만족스러운 상품이나 서비스에 대해서
　 불평을 전달하는 것
　　 예 직원의 불친절을 지적하는 경우

(2) 클레임

클레임(claim)은 제품에 대한 객관적인 하자, 또는 결함이 있는 사항을 A/S 요구 또는 환불, 교환 등을 요구하는 경우나 계약된 상품이 계약을 제대로 이행하지 않았다는 이유로 지불거절, 지불연기, 손해배상 등을 요구하는 것이다.

고객 클레임은 어느 고객이든지 제기할 수 있는 객관적인 문제점에 대한 고객의 지적사항이다.

① 주장, 요구
② 법적 규정 등에 근거
③ 합리적 사실에 입각
④ 어느 고객이든 제기할 수 있는 객관적인 문제점
　　 예 고객에게 제공한 음식에 이물질이 들어간 경우

02 컴플레인 고객경영

 1. 컴플레인 고객만족

    서비스는 고객으로부터 지적이나 불평이 발생했을 경우, 항상 긍정적인 자세로 고객의 입장에서 원인을 파악하여 불평에 대한 해결방안을 강구해야 한다.

    2006년 미국 펜실베니아대학교 와튼스쿨의 불만고객 연구보고서에 의하면 63%의 대부분의 불만족한 고객은 불만족한 사실과 이유 등을 서비스한 기업에 직접 항의하지 않는다. 기업에 직접 항의하는 고객은 6% 정도 밖에 되지 않는다. 친한 친구나 가족, 동료에게 험담이나 입소문을 내는 경우는 31% 정도이며, 이를 친구나 가족, 동료들이 다시 다른 지인에게 전달하여, 불만족한 내용은 기하급수적으로 커지게 된다.

    반면에 서비스를 제공하는 과정에서 고객의 불만이 발생하게 되었을 경우 고객불만이

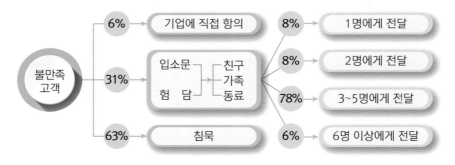

🎨 그림 10-2 _ **불만고객의 확산과정**

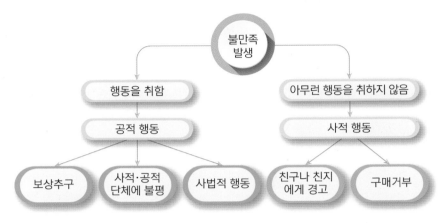

만족스럽게 해결이 되면, 고객의 만족도를 높이고, 기업의 긍정적인 이미지를 심어줄 수 있는 기회를 갖게 된다. 그렇지 않을 경우 불만고객은 부정적인 구전효과를 유발시켜 기업의 이미지에 타격을 주기도 한다.

(1) 컴플레인의 요인

① 고객의 필요와 요구의 사전 기대와 사후 기대의 차이로 인한 불만
② 구매 후 태도변화로 인한 불만
③ 상품 자체의 하자·결함으로 인한 불만
④ 약속, 거래조건의 불이행으로 인한 불만

(2) 불만을 표출하는 고객

① 무료 서비스 모니터 요원
② 새로운 아이디어를 제공
③ 고객의 기대 수준을 알게 해줌
④ 충성고객이 되겠다는 신호
⑤ 불평을 기업의 문제점을 고칠 수 있는 기회

2. 고객 컴플레인 효과

서비스 요원은 컴플레인을 하는 고객의 중요성을 이해하고, 고객의 불만사항을 신속하게 해결하게 될 경우에 고객은 기업을 신뢰하게 된다. 그렇지 않을 경우 불만고객은 부정적인 구전효과를 유발시켜 기업의 이미지에 타격을 줄 수 있다.

서비스는 이점을 고려하여 고객의 불만을 무시하거나 소홀히 여기지 않고 적극적으로 문제해결을 한다면 불만고객을 충성고객으로 만들 수 있는 전환점이 될 수 있다. 또한 충성고객의 입소문은 신규고객을 창출하는 역할까지 수행하므로 신속하게 불만원인을 파악하고 서비스회복 전략을 계획함으로써 고객의 불만을 고객만족으로 전환시켜야 한다.

기업은 고객의 불만을 해결하는 과정에서 회사의 문제점과 취약점을 파악하고 개선할 수 있는 기회를 얻을 수 있으며, 기업의 입장에서 불만고객은 변화와 발전을 도모할 수 있는 소중하고 고마운 존재이다.

224

표 10-2_ **고객을 화나게 하는 태도**

태도	고객을 화나게 하는 원인
무관심	• 고객불만은 내 책임이 아니며, 나와는 상관이 없다는 태도
무시	• 고객의 불만을 못들은 척하거나 사소하게 취급하는 태도
냉담	• 고객에게 차갑거나 퉁명스럽게 대하며 귀찮은 존재로 취급하는 태도
거만	• 고객을 어리숙하게 보거나, 잘난체하면서 고객을 버릇없이 취급하는 태도
경직화	• 마음을 담지 않고 기계적이고 반복적으로 고객을 대하는 태도
규정제일	• 기업의 규정만을 앞세우며 원칙대로 하는 태도
회피	• 자기의 업무영역이 아니라며 타 부서로 떠넘기는 태도

마케팅 및 경영활동에
유용한 정보 활용

상담센터, 모니터링제도 실시
• 고객불평·불만의 유형을 다양하게 분석
• 경영진, 마케팅관련 부서, 서비스
  응대부서 등에서 유용하게 활용

고객유지율 증가로
장기적·지속적인 이윤창출

재구매할 확률
불만족한 고객 >전혀 불만을
          제기하지 않는 고객

고객이 만족하거나
전문기관·언론기관 등의
평가에서 좋은 점수나 결과를
얻게 되면 기업에 대한 신뢰성과
이미지가 개선

신뢰성의 전파에 따른
구전효과

법적 처리비용, 집단
컴플레인이나 신체적인
폭력 등으로 인한 시설·기물
등의 손실을 막을 수 있음

법적 처리비용 등
사후 비용의 감소

🎨 그림 10-4 _ 효과적인 고객불만 처리의 효과

고객은 자신의 불평이 기업으로부터 수용되고 제대로 응답된다고 믿을 때에 그 회사의 상품이나 서비스를 계속 이용할 확률이 높다. 서비스 회복에 최선을 다하는 기업은 불평을 해결하는 과정에서 생길 수 있는 문제까지도 신중하게 검토한다.

📑 표 10-3_ 컴플레인 세부원인 분석

구분	기업 입장	고객 입장
업무사항	• 직원의 업무지식 부족 • 불충분한 설명으로 의사소통 부족 • 업무처리 지연으로 인한 무책임 • 고객감정에 관한 배려 부족	• 업무에 대한 지식 부족 인지 • 개인의 착오 또는 과실 • 컨디션에 따른 감정이입 • 기업을 상대로 고의 및 악의
서비스차원	• 바쁘다 또는 귀찮다는 입장 • 회사의 규정을 어길 수 없는 부분 • 특별한 대우를 할 수 없는 상황 • 절차상 사무처리에 문제가 없다는 주장 • 자신이 전문가라는 우월감 과시	• 업무처리 지연에 대한 초조감 • 고객이 왕이라는 우월감 • 경쟁사와의 비교심리 • 불량에 대한 항의, 자존심 손상 • 기업에 대한 열등의식 생성

03 컴플레인 처리법

기업은 고객만족과 고객감동이라는 경영을 추구한다 하더라도 상품이나 서비스에 대한 고객의 요구를 완벽하게 만족시킬 수는 없다. 서비스는 이질성이 높으며 고객 개개인의 니즈가 상이하므로 서비스나 상품에 만족하지 못하는 결과가 발생하기 마련이다. 그러나 고객은 컴플레인 발생 시 불만사항에 대처하는 기업의 태도 및 사후관리 부분에 흡족해 할 경우 전체적인 기업의 신뢰도와 만족도를 높이 평가한다.

서비스 경영은 고객접점의 현장에서 직원이 권한을 가지고 고객의 불만을 해결하여 서비스를 회복할 수 있는 방안을 적극적으로 모색해야 한다. 효과적인 서비스 회복을 위해 서비스 요원은 고객의 불만을 잘 파악하고 해결책을 제시할 수 있도록 체계적이고 실질적인 훈련이 이루어져야 한다.

 ## 1. 컴플레인 처리단계

고객의 컴플레인을 즉시 처리하는 것은 또 다른 업무의 효율성을 제고시켜 줄 수 있는 전략이다. 고객불만을 해소하기 위한 주요 해결점은 기업의 입장이 아닌 고객의 입장에서 상황에 대한 인식과 이해부터 시작된다.

고객이 컴플레인을 제기했을 때는 고객에 대한 일반적인 편견을 버리고 원인을 파악한다. 그리고 적극적인 태도로 경청하면서 컴플레인의 원인을 규명한 후, 신속하게 해결한다. 다양한 사람을 접하는 종사자는 자기중심적인 고정관념을 버리고 원활한 불평처리를 위해 고객불만 처리단계를 숙지해야 한다.

　기업은 전반적으로 고객의 불평처리를 동일한 단계별로 실행하지는 않는다. 업종의 특성과 회사의 특수성을 감안한 불평처리가 단계별로 진행되고 있다.

1 사과	2 경청	3 원인	4 방안	5 타협	6 처리	7 확인
우선사과	의도파악	원인분석	방안모색	해결방안	불만처리	결과확인
진심으로 사과하는 자세	적극적인 경청	고객불만 원인분석	실질적인 해결방안 모색	문제에 대한 최종결론	기업불만 없이 조건해결	처리확인 후 시스템화

🎨 그림 10-5 _ 컴플레인의 처리단계

1 4단계 처리방법 : 의도파악하기

- 1단계 : 사유를 경청
- 2단계 : 원인을 규명
- 3단계 : 해결책 강구
- 4단계 : 결과를 알려주고 효과를 검토함

2 5단계 처리방법 : 원인분석하기

- 1단계 : 주의 깊은 경청과 공감 표현
- 2단계 : 컴플레인의 내용을 정확하게 질문 및 표현
- 3단계 : 고객에게 컴플레인을 이해하였음을 표현
- 4단계 : 해결방안 모색 및 고객에게 동의
- 5단계 : 컴플레인에 대하여 감사표현으로 진행

📺 표 10-4_ **단계별 고객응대 실전**

단계	상황	단계별 언어표현
1	공감의 표현	• 네, 그러시군요. • 네, 고객님의 마음 충분히 이해가 됩니다. • 맞습니다. 많이 불편하셨겠네요. • 그렇군요. 왜 화가 나셨는지 알겠습니다.
2	진심의 사과	• 고객님, 불편을 끼쳐드려 죄송합니다. • 고객님께서 불쾌하셨다니 사과드립니다. • 고객님, 정말 죄송합니다. • 고객님, 제가 실수를 했습니다.
3	해결책 제시	• 죄송합니다. 제가 해드리겠습니다. • 해결방법을 책임자와 상의해 보겠습니다. • 무엇이 문제인지 살펴보겠습니다. • 좋은 방법이 있는지 알아보겠습니다. • 이렇게 해드려도 괜찮으시겠습니까?
4	감사의 표현	• 좋은 말씀해 주셔서 감사합니다. • 앞으로 이런 일이 없도록 주의하겠습니다. • 또 불편한 점이 있으시면 언제든지 말씀해 주십시오.

③ 7단계 처리방법 : 문제해결하기

- 1단계 : 사과 – 진심으로 사과
- 2단계 : 경청 – 어떠한 점이 불만인지 적극적으로 경청
- 3단계 : 원인분석 – 문제점이 무엇인지 명확히 파악
- 4단계 : 방안모색 – 불만사항에 대한 실질적인 해결방안 찾기
- 5단계 : 타협 – 문제에 대한 해결방안 제시
- 6단계 : 불만처리 – 고객의 불만해결
- 7단계 : 결과 확인 – 불만해결 후 결과확인 및 시스템화

④ 9단계 처리방법 : 불만처리하기

- 1단계 : 사과 – 진심으로 사과
- 2단계 : 경청 – 어떠한 점이 불만인지 적극적으로 경청
- 3단계 : 공감 – 고객 불편사항을 공감하기
- 4단계 : 원인분석 – 문제점이 무엇인지 명확히 파악
- 5단계 : 해결점 제시 – 불만사항에 대한 해결점 찾기
- 6단계 : 고객의견 청취 – 해결점에 대한 고객의 생각과 의견 청취
- 7단계 : 대안제시 – 불만해결이 안 되었다면 다시 대안 제시하기
- 8단계 : 거듭사과 – 다시 한번 사과하기
- 9단계 : 감사표시 – 기업의 문제점을 해결하는 것에 대한 감사표현하기

 2. 효과적인 컴플레인 처리요령

불만고객과의 관계를 회복하는 방법은 기업의 서비스 요원의 기본 자질과도 관련이 있다. 효과적인 불만처리는 종사자 개인의 능력 여하에 따라 서비스가 다르므로 잘 해결할 수 있도록 심사숙고하게 응대한다.

많은 고객들은 책임자와 문제를 해결하기를 원한다. 이때 고객이 불만사항을 두 번 반복하여 설명하는 번거로움이 없도록 고객응대 시점에서 종사원은 사전에 상사에게 고객의 불만 내용을 객관적으로 전달하여 문제해결을 돕는다.

(1) 컴플레인 MTP 기법

고객불만에 대한 해결은 긴 시간이 걸릴 것 같은 판단이 서거나 다른 고객의 시선을 집중시킬 경우에는 정중한 응대로 고객을 다른 장소로 안내한다. 고객상담실에서 책임자가 사과를 하고 차를 접대하며 화를 가라앉힐 시간을 주는 것도 좋다.

이렇게 해결의 실마리를 찾는데 도움이 되는 MTP 기법은 사람(Man), 시간(Time), 장소(Place)가 뒤따르게 된다.

① 사람을 바꾼다.

불만고객은 문제를 직접적으로 해결해 줄 수 있는 사람과 대화하기를 원한다. 고객은 직책이 높은 사람과 이야기할 때 자신을 인정해 준다고 생각하는 경우가 많기 때문이다. 최초 고객을 응대한 서비스 요원은 신속히 본인이 해결할 수 있는 문제인지 아닌지를 파악한 후 문제를 직접적으로 해결할 수 있는 책임자를 선정한다. 불만고객은 불만사항을 여러 번 말하는 번거로움을 원하지 않는다. 그러므로 책임자의 신속한 대응이 효과적일 수 있다.

② 시간을 바꾼다.

고객의 불만사항은 시간이 지나면 어느 정도 가라앉는 경우가 많다. 상황에 따라 가능하면 즉각 답변을 피하고 고객이 진정할 때까지 냉각 시간을 둔 후 고객의 이야기를 조용히 경청한다. 메모를 통해서 고객의 의견을 잘 경청하고 있다는 표시를 하며 가급적 시간을 두고 지켜본다. 그리고 고객의 불만사항을 해결하기 위해서는 어느 정도 시간이 소요되는지 고객에게 충분히 설명하고, 불만고객과의 관계는 즉각 답변을 피하고 고객이 진정될 때까지 기다린 후 고객의 이야기를 경청한 다음 차분하게 결정사항을 전달한다. 해결방안을 찾는 시간이 오래 걸릴 경우에는 고객에게 안내한다.

③ 장소를 바꾼다.

서비스 현장에서 고객불만이 발생한 경우, 불만고객의 큰 소리는 다른 고객에게 불편을 야기하고 또 다른 불만을 발생시킬 수도 있다. 즉, 다른 고객이 보이지 않는 곳에서 불만사항을 해결하는 것이 기업과 고객의 입장에서 좋은 일이다. 그러므로 상황에 따라서는 신속히 상담실로 안내하도록 한다. 상담실에서 고객에게 따뜻한 차를 대접하고 앉아서 대화하는 것은 고객의 감정을 진정시킬 수 있는 방법이기도 하다.

표 10-5_ **컴플레인 해결 책임자**

상황	책임전환	대화장소
사람교체	• 담당직원 • 사원 • 신입사원	• 지배인, 상급자 • 상사 • 경력사원
장소교체	• 서서 대화 • 영업장 • 여러 명의 고객	• 앉아서 대화 • 사무실, 응접실 • 일대일 응대로 분위기 전환

(2) 불만고객 응대자세

효과적인 불만고객 응대과정에서 종사원의 태도는 상당히 중요한 부분을 차지한다. 종사자는 고객의 이야기를 끝까지 들어주고, 만약 고객의 오해로부터 불만이 발생하더라도 직접적으로 고객이 잘못 알고 있다고 이야기하는 것보다는 고객이 당황하지 않도록 우회해서 자세하게 설명하고, 고객의 자존심이 상하지 않도록 변명할 여지를 주어야 한다.

다음과 같은 요령에 의거하여 불만고객을 응대하는 요령과 테크닉을 익힌다.

① 고객이 무지하거나 어리석다고 봐서는 안 된다.
② 고객이 변덕스럽다고 생각하지 않는다.
③ 내가 종업원이라서 결정 권한이 없다고 생각하지 않는다.
④ 기업의 상품 서비스에 대한 비평을 하지 않는다.
⑤ 사실을 확인하지 않고 조급히 결정하지 않는다.
⑥ '회사 규정상', '절대 어쩔 수 없다.', '고객님만 그런 게 아니다.' 등의
   말을 해서는 안 된다.
⑦ 불만고객에 대한 선입관은 금물이다.
⑧ 까다로운 고객이라 해서 규정 이상의 보상을 해서는 안 된다.

이상과 같이 서비스 종사자의 적극적인 태도는 직원과 고객과의 신뢰감을 높이고 존중을 표현하기 때문에 고객의 불평을 해결하는 데 많은 도움이 된다.

표 10-6_ **고객과의 대화법**

상황	부정형 표현	긍정형 표현
없는 것을 요청할 때	• 안 됩니다.	• 알아보겠습니다.
서비스가 지연될 때	• 아직은 모르겠습니다.	• 지금 확인이 지연되고 있습니다.
고객이 정보를 숙지하지 못했을 때	• ~ 라고 말씀드렸는데요.	• 제가 다시 한번 안내드리겠습니다.
고객이 상황을 오해했을 때	• 그게 아니고요.	• 네, 그렇게 생각하실 수도 있겠습니다. 그런데 ~ 에 대해 알고 계십니까?
서비스가 불가능할 때	• 못해드립니다. • 처리가 불가합니다.	• 죄송합니다만, 양해 부탁드리겠습니다.

(3) 불만처리 시 주의사항

① 고객이 좋지 않은 경험으로 떠나지 않도록 한다.

② 고객에게 변명하지 않는다.

③ 문제에 대해 타인을 책망하지 않는다.

④ 고객을 방어적, 본능적으로 대하지 않는다.

⑤ 고객과의 논쟁은 하지 않는다.

⑥ 고객이 처한 상황을 무시하지 않는다.

⑦ 고객의 불평사항을 혼자서 해결하려 하지 않는다.

⑧ 고객이 절대적으로 부담감을 갖지 않게 한다.

⑨ 직원 간에 논의된 사항을 고객이 듣지 않도록 한다.

(4) 컴플레인 일지작성법

서비스 담당자는 컴플레인이 발생하면 모든 사항을 6하 원칙에 의해 컴플레인 일지를 작성하여 담당부서의 책임자에게 제출한다. 이러한 절차는 차후에 똑같은 컴플레인이 발생하지 않도록 하기 위한 조치이며 차기에 발생될 비슷한 불만사항 예방 및 개선을 위해 사용할 수 있다.

① 예측 가능한 불만원인을 사전에 예방할 수 있다.

② 사내 직원이나 직원 교육 시 자료로 활용된다.

③ 고객에 대한 기호를 파악하는 기초 자료가 되기도 한다.

④ 기업의 발전을 뒷받침하는 귀중한 데이터 역할을 할 수 있다.

233

📑 표 10-7_ **고객 컴플레인 일지양식**

| CUSTOMER NAME | Call In TAKEN BY | INCIDENT SUMMARY | FOLLOW UP | FOLLOW UP ACTION BY | | |
COMPANY				Completed by	Follow up by	Closed or Not Closed

알아두기

호텔리어 J의 호텔에서 생긴 일 – "객실에서 TV가 사라졌어요!"

📍 호텔에서 추방당한 고객

호텔리어에게 '진상'과 '손님'은 모순적인 표현이다. 서비스가 생명인 호텔리어에게 컴플레인은 가장 민감한 주제이다. 반면에 '진상고객'은 호텔리어의 애환을 가장 분명하게 드러내는 단어이기도 하다.

세계적인 체인호텔인 X호텔에서 일어난 일이다. VIP고객 A씨가 투숙할 때마다 호텔에는 비상이 걸렸다. 그가 투숙하면 늘 컴플레인이 생겼기 때문이다. 베개에서 이상한 냄새가 난다든지, 블라인드가 부드럽게 내려오지 않는다, 변기 레버가 좀 딸깍거리는 것 같다 등등 불평이 없는 적이 없었다. 컴플레인을 하면 뭔가 서비스가 따라오니 컴플레인 중독증이나 강박증이 아닌가 싶었다..

A씨가 하루는 컴플레인을 쏟아내어 스탠다드 객실을 2번이나 바꿨다(전망이 좋은 객실로 업그레이드를 했고, 룸서비스도 제공했다). 한두 시간 있다가 "온도가 맞지 않는다."고 불평을 하여 다른 객실로 옮겼다. 이후 컴플레인이 없겠지 한 순간, "방의 기운이 안 좋아 잠이 오지 않는다."는 이유를 대며 스위트룸 업그레이드를 요구했다.

결국 호텔은 "정 불편하시면 댁으로 돌아가시는 편이 낫겠다."며 정중히 환불과 퇴실을 제안했다. 그러자 A씨가 로비에서 "총지배인 나와라"며 소란을 피웠다. 그날 이후 A씨는 X호텔에서 종적을 감췄다. A씨에게는 전 세계의 X호텔 체인을 이용할 수 없도록 조치가 취해졌다.

📍 호텔객실 샴푸는 OK, 수건은 NO

호텔객실에는 가져가도 되는 것과 가져가면 안 되는 것이 있다. 가져가면 안 되는 것을 갖고 갔다가 나중에 봉변을 당할 수 있으니 잘 알아두어야 한다. 만약 잘못 가져갔다가 불상사를 당하는 대표 품목이 헤어드라이어와 목욕 가운이다. 중국인 단체고객이 몰려 왔을 때는 객실의 스마트 TV가 사라진 일도 있었고, 화장실 변기 뚜껑을 떼어가는 황당한 사건도 있었다. 도난 사실은 고객이 체크아웃을 한 뒤에 발견되면 체크인을 할 때 열어둔 신용카드로 해당 금액이 청구되니 명심한다.

객실에서 가져가도 되는 아이템을 정리하면 욕실에 있는 일회용품은 모두 가져갈 수 있다. 세면대 주위에 비치된 작은 용량의 바디로션·비누·칫솔·치약·면도기·빗·면봉·샤워캡 등 일회용 객실 슬리퍼도 가져갈 수 있다. 해외 출장이 잦은 경우 비행기 안에서 슬리퍼로 활용하면 유용하다. 그 외에 연필·볼펜 등 필기도구도 가져갈 수 있다. 객실의 모든 전자기기와 가구, 미니바, 패브릭 제품(침구류·커튼·수건) 등은 분실 또는 파손되면 변상해야 한다. 특히 고급 호텔일수록 다양한 사이즈의 수건이 구비되어 있는데, 품목별 변상 금액은 호텔마다 내부 규정으로 정해두고 있다.

출처: 중앙일보 손민호 기자. 호텔리어 J

chapter 10.
컴플레인 응대 시 태도 체크리스트

번호	점검사항	체크	
		YES	NO
1	고객에게 책임을 전가하고 있지는 않은가?		
2	고객을 의심하고 있지는 않는가?		
3	언성을 높이거나 무례하게 대응하고 있는가?		
4	고객에게 적극적으로 응답하고 있는가?		
5	고객과의 대화 시 추궁이나 비판을 하고 있지 않은가?		
6	고객응대 시 변명을 하고 있지 않은가?		
7	직원의 잘못을 다른 사람의 잘못으로 돌리고 있는가?		
8	고객의 말꼬리를 자르진 않는가?		
9	불만의 원인에 관계없이 사과를 하였는가?		
10	고객의 의견을 반영하여 해결방안을 모색하였는가?		

🖋 생각해 보기

• 자신이 경험한 서비스에 관련된 컴플레인 사례를 찾아서 발표해 보자.

Chapter

11

고객응대
비즈니스 매너

학습목표

비즈니스를 할 때 상호 간의 지켜야 할 상황별 매너를 숙지하여 고객을 응대함으로써 기업과 개인의 이미지를 향상시킬 수 있는 역량을 발휘할 수 있다.

01 기본 매너

비즈니스 활동의 대부분은 사람과 사람의 만남으로부터 시작된다. 만남이 원활하게 이루어지고 발전적인 관계로 이어지기 위해서는 상호 간의 매너를 지켜야 한다. 비즈니스 매너란 비즈니스를 할 때 '관례에 의해 확립된 행동, 예절 및 격식을 차리는 태도'를 의미하는 것이다.

매너는 생활양식의 한 부분이며, 국민의식의 수준은 교양과 매너로 표현된다. 특히 비즈니스의 경우에는 매너를 잘 지키고 있는지, 그렇지 않은지에 따라 평가가 달라져 회사의 대외적인 이미지에 많은 영향을 미친다.

그림 11-1 _ 비즈니스 기본 매너

서비스 실무자들은 세계적으로 통합화되고 경쟁이 심해지는 비즈니스 환경에서 기본 매너를 익혀 각 나라 사이에 생길 수 있는 문화 충돌을 감소시키고 최소한의 실수를 줄이며 어떠한 경우라도 예의에 어긋남이 없도록 비즈니스 환경에 익숙해져야 한다.

비즈니스 매너에서 꼭 알아두어야 할 예절로서 방문, 소개, 악수, 명함 매너의 기본 예절을 알아보자.

 ## 1. 방문 매너

방문객과의 만남은 상대방과의 관계를 더 가깝게 형성시킬 수 있는 기회가 된다. 방문은 상대방과의 경계나 관계성을 좋게 하고, 기업 간의 관계를 좁히는 데 큰 역할을 한다. 사람을 만나 대화를 나눈다는 것은 그만큼 대인관계가 더 가깝게 형성될 수 있으므로 예의 바른 방문태도는 비즈니스맨의 인격과 인품을 향상시킨다.

방문하기 전에 유념해야 할 사항은 방문하는 목적이다. 즉, 방문은 협의, 승진, 합격, 병문안, 조문 등 방문의 내용과 목적이 분명해야 하며, 이에 따라 복장, 액세서리, 언어 등을 적절히 선택하여 실례를 범하지 않도록 한다. 비즈니스맨은 방문목적에 따라 방문을 어느 시간에 해야 하는지, 얼마나 머물러야 바람직한지를 생각해 보고 실천한다.

(1) 예약에티켓

비즈니스 성과를 이루기 위해서는 상대방의 여건을 고려하여 약속을 미리 정해야 하며, 예약 없이 일방적으로 방문하여 상대방을 당황하게 실례하는 일이 없도록 한다.

① 상대방의 상황과 시간을 고려하여 약속을 정한다.
② 일반적으로 오전 중에는 업무처리나 회의가 있는 경우가 많으므로
   오후시간으로 약속을 잡는 것이 좋다.
③ 불가피하게 약속시간을 변경해야 할 경우 하루 전에는 양해를 구하고 알린다.
④ 상대방의 이름과 연락처, 회사에 대한 위치와 정보 등을 미리 파악한다.

(2) 방문에티켓

비즈니스를 하기 위한 방문은 약속장소를 들어가기 전에 사업의 성과보다는 사람이 중심이 되는 파트너임을 인식한다. 방문 시에 지켜야 할 기본적인 사항을 숙지하여 실천하도록 한다.

① 방문시간보다 10분 전에 도착하여 화장실에서 용모를 점검한다.
② 회사 방문 시 본인의 신분과 상대방의 이름을 알리고, 방문목적을 밝힌다.
③ 코트(coat)나 머플러(muffler), 장갑은 미리 벗고 단정한 차림인지 확인한 후, 가방은 바닥이나 의자 옆에 놓거나 핸드백은 무릎 위에 놓고 기다린다.
④ 차나 음료를 가지고 오면 감사의 표시를 하고 상대가 권하면 마신다.
⑤ 미팅 중에는 가급적 휴대전화를 보거나, 시계를 보지 않는다.
⑥ 사무실에서는 사적인 대화나 사생활과 관련된 질문은 자제한다.
⑦ 사무실은 상대방의 업무공간이므로 업무에 지장을 주지 않도록 오래 머무르지 않는다.
⑧ 방문목적의 달성 여부와 상관없이 표정을 바꾸지 않고 정중히 인사한다.
⑨ 미팅 후에는 시간을 내어 준 것에 대한 감사의 인사를 건넨다.

(3) 착석에티켓

방문 시 담당자를 기다릴 때는 올 때까지 서서 대기하는 동안 인사를 할 수 있도록 마음의 준비를 한다. 응접실에서는 다음과 같은 사항을 유념해 둔다.

① 실내에 들어서면 권하는 자리에 앉도록 한다.
② 먼저 온 손님이 있으면 자리를 권할 때까지 서서 대기한다.
③ 자리배석은 안쪽이 상석이고, 출입구 방향 쪽으로 차석이다.
④ 안내를 받아 앉을 때는 의자소리가 나지 않게 조용히 착석한다.
⑤ 상석은 윗사람이 앉는 자리이므로 권하지 않는 한 먼저 앉지 않는다.
⑥ 응접실에 안내를 받으면 출입구에서 가까운 말석에 앉아 기다린다.

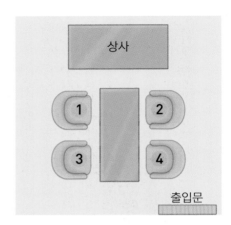

 그림 11-2 _ **자리배석 위치도**

2. 소개 매너

사회생활에서 소개는 서로 처음 만났을 때 인간관계를 형성하기 위한 가교 역할을 한다. 소개를 하거나 받게 되었을 때 당황하지 않도록 기본 매너를 알아두면 비즈니스를 할 때 유용하게 할 수 있다.

(1) 소개의 원칙

일반적으로 타인을 소개할 경우 다음의 원칙을 알아두면, 언제든지 어디서 어떤 상황에서 누구를 소개하더라도 에티켓에 어긋나는 일이 없을 것이다.

① 남성과 여성의 경우, 남성을 여성에게 먼저 소개한다.
② 연령차가 있는 경우, 손아랫사람을 손윗사람에게 소개한다.
③ 지위가 다를 경우, 지위가 낮은 사람을 높은 사람에게 소개한다.
④ 한 사람을 다수에게 할 경우, 먼저 한 사람을 소개한 후

여러 사람을 한 사람씩 소개한다.
⑤ 상대방의 요구에 의해 소개를 해야 할 경우, 소개를 요구했던 사람을
상대방에게 먼저 소개한다.
⑥ 외국인이 참석한 경우는 대화가 가능한 사람이 소개한다.

소개의 순서는 경우에 따라 몇 개의 기준이 충돌하는 경우가 있다. 그런 상황을 접하게 되면 규칙이 있는데 직위는 연령에 우선하고, 지명도가 높은 고객은 내부사람보다 외부고객이 중요하며, 남성의 직위가 여성보다 높을 경우에도 여성을 먼저 소개해야 한다.

이 외에도 인간관계상 관례적이지 않으나 상대가 성직자나 고관일 경우를 제외하고는 예외적으로 성별, 연령을 구별하지 않고 가볍게 여성을 소개하는 것이 우선이다.

📑 표 11-1_ 소개하는 순서

먼저 소개할 사람	다음에 소개할 사람
• 남성	• 여성
• 손아랫사람	• 손윗사람
• 미혼자	• 기혼자
• 연소자	• 연장자
• 내부직원	• 외부고객

(2) 소개하는 방법

인간은 수많은 만남을 통해 사회생활을 영위하고 인간관계를 형성해 간다. 이렇듯 소중한 의미를 가진 만남에서 소개는 서로를 이어주는 역할을 한다. 소개에 있어서 상대방의 기분을 염두에 두고 소개 매너를 지키는 것은 장기적인 만남이나 비즈니스로 연결될 수도 있다. 소개받는 것 하나만으로 상대방을 공경하고 예우한다면 사회생활을 하면서 성공의 지름길이 될 수가 있으므로 좋은 기회를 만들어갈 수 있다.

① 소개할 때 소개하는 사람과 받는 사람은 모두 일어선다.

② 상대방이 남을 의식해서 불안하지 않도록 자연스럽게 소개한다.

③ 서로를 소개할 때는 자신의 소속과 지위, 이름을 정확하게 전달한다.

④ 지위가 높은 사람이 다른 곳에 있을 경우 그곳으로 이동해서 소개한다.

⑤ 상대방에게 소개할 때는 간단한 인사말을 교환하면서 소개한다.

⑥ 초면에 대화는 날씨나 문화 등 편안하게 나눌 수 있는 주제를 선택하고,
   정치나 종교 등의 화제는 피한다.

 ## 3. 악수 매너

비즈니스를 할 때 동서양을 막론하고 악수는 가장 보편적인 관계형성의 첫 도구이다. 악수는 상대방을 신뢰하는 표시로서 자연스러운 스킨십을 통해 상대에게 친밀감과 일체감을 줄 수 있다. 또한 악수는 사회생활을 하면서 비즈니스 사회의 격식과 사람 간의 친근감을 주는 인사법으로서 사교활동을 하는 데 매우 중요한 행위이다. 서양에서는 악수를 사양하는 것을 실례로 여기므로 외국인과 만났을 때는 자연스럽게 악수에 응하는 것이 좋다.

(1) 악수의 유래

역사적으로 악수의 기원에 관한 기록을 보면 고대 바빌론에서는 신성한 힘이 인간의 손에 전해지는 것을 상징하는 의미로 통치자가 성상의 손을 잡았다는 이야기가 있다. 나라가 어지러웠던 중세 격전의 시대에 유럽에서는 길에서 낯선 기사를 만나면 적이라고 의심해서 몸에 지니고 있는 칼에 손을 대는 것이 관례적이었다고 한다.

상대방과 서로 싸울 의사가 없음을 알리기 위해 칼을 거두고 무기를 쓰는 오른손을 내밀어 적의가 없다는 뜻을 표현하였다. 서양인은 자신의 몸에 숨겨 놓은 무기가 없다는 것을 전달하기 위해서 상대방의 손을 잡고 팔을 흔드는 풍습이 발달하여 현대에 와서 비즈니스를 하는 사람들에게 악수는 대표적인 인사로 통용되고 있다.

(2) 악수의 순서

만남의 장소에 함께하고 있는 사람들끼리 악수를 먼저 청하는 데에는 나름대로의 서열이 있다. 한국사회는 연장자 순으로 하지만, 여러 명이 모여 있을 때에는 악수하는 것도 누가 먼저해야 하는지 의도치 않게 일어날 때가 많다.

악수를 할 때는 비즈니스의 성격이나 상황에 따라 서열과 관례가 있으므로 일반적인 악수의 기준은 다음과 같다.

① 여성이 남성에게 먼저 청한다.
② 윗사람이 아랫사람에게 청한다.
③ 선배가 후배에게 청한다.
④ 기혼자가 미혼자에게 청한다.
⑤ 상급자가 하급자에게 청한다.

그러나 소개 매너의 원칙과 마찬가지로 국가원수, 왕족, 성직자 등은 이러한 기준에서 예외가 될 수 있다.

표 11-2_ **악수를 청하는 순서**

누가 먼저	누구에게
• 여성	• 남성
• 손윗사람	• 손아랫사람
• 기혼자	• 미혼자
• 연장자	• 연소자
• 외부고객	• 내부직원
• 국가원수, 왕족, 성직자	• 일반인

(3) 악수하는 방법

악수는 비즈니스의 일반화된 예절로서 상대의 마음을 읽기 위한 초석이므로 가볍게 하고 상대방을 존중하는 마음으로 편안한 미소를 지으며 한다.

🎨 그림 11-3 _ **악수 방법**

악수를 할 때 주의해야 할 사항들은 다음과 같다.

① 상대방에 대한 정중하고 경건한 마음으로 한다.

② 자연스러운 표정과 바른 자세를 취한다.

③ 반드시 일어서서 상대방의 눈을 보면서 손을 가볍게 쥔다.

④ 남성은 여성과 악수할 때에는 반드시 장갑을 벗고서 한다.

　여성은 사교모임에서 악수를 할 때는 장갑을 낀 채로해도 무방하다.

⑤ 손을 너무 오랫동안 잡고 있지 않는다.

⑥ 손을 팔꿈치 높이만큼 올려서 잠시 상대방의 손을 꼭 잡았다 놓는다.

⑦ 너무 손에 힘을 주어 잡거나 지나치게 흔들어서도 안 된다.

⑧ 악수를 할 때 허리를 굽히거나 두 손으로 손을 감쌀 필요는 없다.

⑨ 형식적으로 손끝만 잡는다거나 손끝만을 내미는 행동은 실례이다.

⑩ 웃어른에게 먼저 인사를 하고 난 후, 어른의 뜻에 따라 악수를 한다.

⑪ 외국인과 악수할 때는 허리를 세워 대등하게 악수를 나누는 것이 좋다.

4. 명함 매너

명함의 역사적 기원을 살펴보면 고대 중국에서는 지인의 집을 방문했을 때 상대방이 집에 없는 경우 대나무로 깎은 판에 자신의 이름을 적어 남기는 관습이 있었다. 또한 프랑스에서는 루이 14세 때 사교계 부인들이 트럼프 카드에 자신의 이름을 직접 써서 왕에게 올린 것이 시초라고 한다.

서양에서는 사교용과 업무용 명함을 구분해서 사용하나, 오늘날 동양에서는 명함을 구별 없이 사용하여 상대방에게 자신을 알리는 수단으로 활용하는 경우가 많다. 서양에서 명함을 주고받는 일은 서로 교제를 더 친밀히 하기 위한 예의로 인식하여 비즈니스의 경우 외에는 초면에 명함을 내밀지 않는다.

비즈니스를 할 때 명함은 자신이 소속되어 있는 기업이나 회사의 이미지를 대신할 수도 있기 때문에 최근의 명함은 다양한 디자인을 통해 개인과 기업을 마케팅 하는 수단으로 사용되고 있다.

245

(1) 명함 제작법

① 명함에는 성명과 회사의 주소, 회사 내에서의 직위를 적는다.
② 업무용 명함은 회사의 이름과 직위, 성명과 주소 등을 기입한다.
③ 사교명함은 교제를 위한 것으로 성명과 주소, 전화번호 등을 기입한다.

🎨 그림 11-4 _ **비즈니스 명함제작 방법**

(2) 명함 수수법

명함은 자신의 얼굴을 대신하는 것으로서 소중하게 다루어 교환한다. 명함을 주고 받는 것은 자신의 이미지를 전달하는 매개체가 되므로 인사를 하고난 후 정중하고 겸허한 자세로 서로 교환하는 수수법이다.

명함을 줄 때와 받을 때의 매너를 익혀두는 것이 사회생활에 있어서 기본 상식이다.

① 명함을 줄 때

① 명함은 손아랫사람이 손윗사람에게 먼저 건넨다.

② 자신의 명함을 줄 때는 반드시 일어서서 양손으로 내민다.

③ 명함은 명함지갑에 넣어 미리 준비해 둔다.

④ 상대방이 읽기 편하게 자기의 이름이 상대방 쪽을 향하게 한다.

⑤ 먼저 소개의 인사말과 함께 자신의 소속과 이름을 밝히면서 명함을 건네준다.

⑥ 명함을 건네는 위치는 신체의 가슴 높이가 적당하다.

⑦ 명함은 깨끗한 상태로 준비하고, 구겨진 명함은 사용하지 않는다.

🎨 그림 11-5 _ **명함 주는 방법**

② 명함을 받을 때

① 명함을 받을 때에도 일어서서 두 손으로 받는다.

② 상대에게 받은 명함은 그 자리에서 소속과 이름을 확인하여
　불러줌으로써 친근감을 표현한다.

③ 명함을 동시에 주고받을 경우 오른손으로 건네고 왼손으로 받는다.

④ 자리에서 대화를 이어갈 경우 테이블 왼쪽에 상대의 명함을 두고 대화한다.

⑤ 상대방 명함은 손에 쥐고 만지작거리거나 산만한 행동을 보여서는 안 된다.

⑥ 받은 명함에 글씨를 쓰거나 낙서를 하지 않는다.

⑦ 받은 명함은 깨끗하게 잘 정리하고 돌아와서 저장한다.

(3) 명함 관리법

　개인의 인맥으로 오래도록 관계를 유지하기 위해서 명함은 주고받는 것으로 끝내지 말고 명함을 정리하여 관리한다. 장기적으로 보관하기 위해서는 명함파일을 만들어 명함 옆에 첫인상이나 참고할 만한 사항들을 메모할 수 있는 기록카드를 만들어 관리한다. 또는 스마트폰으로 명함을 찍으면 자동으로 정보가 텍스트로 바뀌어 저장이 되는 애플리케이션을 이용하면 편하게 관리할 수 있다.

① 고객은 회사의 자산이므로 받은 명함은 디지털과 아날로그 보관을
　동시에 병행한다.

② 명함관리는 파일을 만들어 명함 옆에 첫인상이나 참고할 만한 사항들을
　메모할 수 있는 기록카드를 만들어 관리한다.

③ 디지털 관리방법은 어플을 사용하여 명함을 스캔하면 정보가 저장되어
　빠르고 쉽게 명함정리가 가능하다.

02 식사 매너

1. 테이블 기본 매너

레스토랑에서의 기본 테이블 매너는 식사와 관련해서 이루어지는 예법을 의미하며, 식사예절을 준수한다면 즐거운 분위기 속에서 요리를 맛있게 즐길 수 있다. 동·서양의 음식은 각국의 지리적 조건, 기후 등의 차이에 따라 특성이 있으며, 테이블에서 지켜야 하는 매너도 다르다. 테이블 매너를 준수한다는 것은 삶을 멋지고 성공적으로 영위할 줄 아는 방법을 익히는 것이라고 할 수 있다.

식사 매너는 공식적인 연회를 비롯한 격식을 갖춘 식사를 할 경우 국가 간의 문화를 이해하고 상대방에게 불쾌한 감정이나 느낌을 주지 않기 위하여 필요한 예절을 지켜서 즐거운 식사를 하도록 한다.

(1) 예약 및 착석

다양한 서비스업종에서 예약문화는 이미 대중화가 되어 있다. 테이블 매너의 시작은 초대하는 사람을 위해 만남의 장소를 미리 예약해두는 것이다. 특히 고급 레스토랑이나 인기 있는 레스토랑은 사교장소의 가치가 부여되는 곳이며, 이용할 때는 무리가 없도록 예약을 해두는 것이 예의이다. 비즈니스상 또는 사교를 위해 고급 식당을 이용할 경우에는 원하는 날짜에 식사가 가능하도록 일정을 조정한다. 특히 채식주의나 종교적인 식사 등의 특별한 메뉴는 미리 메뉴를 사전에 예약함으로써 차질 없이 식사를 대접할 수 있도록 한다.

비즈니스나 친목을 위한 모임 등의 예약(reservation) 및 착석(seating) 시 주의할 사항은 다음과 같다.

① 레스토랑에서 차질 없이 식사를 즐기기 위해 반드시 예약을 하도록 한다.
② 예약 시에는 이름, 예약일자, 시간 및 참석자 수, 연락처를 알려준다.
③ 약속은 시간의 엄수가 필수이므로 확실히 지킬 수 있는 시간에 예약을 해놓는다.
④ 단체모임 시에는 메뉴를 예약해 두면 식당에서 음식을 준비해 놓기가 편하다.
⑤ 모임의 목적 등을 미리 알려주어 레스토랑 측에 모임에 맞는 서비스를 받는다.
⑥ 예약 당일에 변경사항이 생기면 일행들과 레스토랑에 미리 연락을 해준다.
⑦ 레스토랑에 도착하면 리셉셔니스트의 안내에 따라 좌석으로 이동한다.
⑧ 안으로 들어갈 때 모자나 코트, 가방 등은 클락룸(cloakroom)에 맡긴다.
⑨ 레스토랑에서는 여성이 먼저 들어가고 남성이 뒤따른다.
⑩ 웨이터가 의자를 끌어당겨주면 자연스럽게 몸을 넣으며 앉는다.
⑪ 상석에는 주빈이 앉고, 말석에는 호스트의 친구나 친척 등이 앉는다.
⑫ 좌석이 결정되면, 여성이 먼저 착석한 후 남성이 착석한다.
⑬ 착석 후에는 팔꿈치를 테이블 위에 세우거나 턱을 괴는 행위는 삼간다.
⑭ 식사가 시작되면 좌석의 위치를 바꾸는 것은 실례이다.

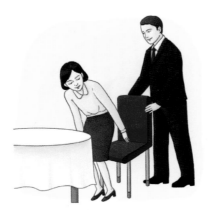

🎨 그림 11-6 _ 레스토랑에서의 착석

(2) 테이블 식사 매너

식사 시에는 다른 사람과 보조를 맞추어 식사하며, 식탁에서 큰소리를 내거나 웃는 것은 상대방을 의식하여 주의한다. 식탁 앞에서 기침이나 재채기가 날 때에는 냅킨으로 입을 가리고 조심스럽게 한다. 입안에 음식이 있을 때에는 가급적 이야기를 삼가 한다. 식사 중에는 되도록 자리를 뜨지 않도록 하고 부득이 자리를 뜰 때는 잠시 양해를 구한 다음 상대방은 계속 식사할 것을 권하는 것이 바람직하다.

음식을 주문하는 요령과 식사하는 요령은 다음과 같이 예절을 지켜야 한다.

① 좌석에 모두 착석한 후 차분하게 대화하면서 메뉴를 고른다.
② 메뉴를 천천히 보면서 여유 있는 모습으로 주문을 하는 것이 좋다.
③ 메뉴의 선택이 어려우면 주방장의 추천메뉴를 참조한다.
④ 상대방의 기호에 맞는 주문과 요리를 선택하는 배려를 한다.
⑤ 초대받은 손님은 가격이 부담스럽지 않은 중간 정도의 요리를 주문한다.
⑥ 냅킨은 한 번 접어 무릎 위에 놓고 사용한다.
⑦ 요리는 격식을 갖추어 먹고 식사속도는 상대방과 보조를 맞추어 식사한다.
⑧ 음식을 씹을 때는 입을 다물고 소리를 내지 않도록 하고 조용히 먹는다.
⑨ 식전주는 음식의 맛과 식욕을 촉진하기 위해 가볍게 마신다.
⑩ 빵은 손으로 먹기 때문에 부스러기는 바닥으로 쓸어내리지 않고 그대로 둔다.
⑪ 와인은 차갑게 마시기 위해 글라스의 목 부분을 살짝 잡는다.
⑫ 포크와 나이프로 고기를 자를 때 팔이 들리지 않도록 한다.
⑬ 음식을 입에 넣은 채로 말하지 말고, 차분한 대화 속에서 음식을 즐긴다.
⑭ 식사 중 포크와 나이프는 접시 양 끝에 걸쳐 놓거나 접시 위에 교차해서 놓고 식사가 끝나면 접시의 오른쪽에 포크와 나이프를 나란히 놓는다.
⑮ 대화 시 손에 쥐고 있는 포크 등은 내려놓고 이야기한다.

TIPS! 테이블 세팅시 빵과 물

양식 상차림은 복잡한 테이블 세팅 때문에 혼돈하기 쉽다. 특히 원탁 상차림의 경우 자신을 위한 상차림을 외워두려면 '좌빵우물'로 외워두면 좋다. 왼쪽의 빵과 오른쪽의 물잔이 자신의 것이라는 뜻이다. 빵은 왼손으로 들어 찢어먹기 쉽게 하기 위해 왼쪽에 두는 것이다.

 2. 국가별 식문화 특징

국가별로 식문화가 형성되는 요인은 자연환경적, 사회문화적, 환경적 요인으로 3가지 요소로 구분된다. 첫 번째 자연환경적 요인은 그 나라의 지형, 토양, 기후의 특성을 고려한 것이고, 두 번째 사회문화적 요인은 국가의 전통적 가치관, 종교, 사상, 경제와 관련된 것이다. 세번째 환경적 요인은 그 나라에서 생산되는 음식의 재료, 음식에 따른 도구, 식습관과 관련된 행위적 요소로 구성되어 식문화를 형성한다.

음식은 국가에 따라서 각국의 음식문화와 환경적인 특수성, 국가가 지닌 전통가치관에 따라 발달해 왔다. 동서양의 음식문화가 각기 다르기 때문에 음식의 특징과 식사예절을 바르게 알고 실천해야 한다.

각 나라의 식사 매너는 동양의 아시아권에서 한국을 비롯하여 일본, 중국의 음식문화를 중심으로 살펴보도록 한다.

(1) 한국의 식문화

한국의 문화가 정착되던 조선후기 시대의 식문화는 생활수준의 향상과 함께 발달하기 시작하였다. 식문화가 발달되면서 이에 필요한 식기 및 도구의 이용이 잦아지고 다양한 기능적 가구를 사용하였다. 쌀밥을 주식으로 하였던 한국은 국과 반찬을 겸비한 밥상을 삼시 세끼 먹었으며 부엌에서 만들어 소반에 올려놓는 음식을 들고 안방 또는 마루로 이동하는 형태로 식문화가 발전하였다.

한국은 삼면이 바다에 접해 있어 해산물이 풍부하고, 대륙과 통하는 지형적 특징과 사계절이 뚜렷하여, 곡식·육식·채식의 다양한 곡식 등을 재료로 한 지방마다의 특색 있는 음식과 조리법이 발달되어 왔다. 음식을 만드는 원리는 경험을 통하여 매우 합리적으로 전수되었고, 한국음식은 주식과 부식이 분리되어 쌀, 보리, 조, 콩, 수수 등의 주식인 밥과 육류, 어류, 채소류, 해조류 등의 부식으로 구분된다.

한국음식은 외양적인 면보다 맛을 으뜸으로 여기기 때문에 정성과 많은 조리시간이 요구된다. 또한 각 지역의 향토성과 특색을 살린 다양한 전통음식과 절기음식으로 발달되어 왔다. 특히 유교사상의 영향으로 돌, 혼례, 회갑, 상례 등에 따른 행사음식이 발달하였고, 의례나 풍속 등과 같은 사상을 중시하였다.

한국의 식문화는 우주의 기운을 연상하게 하는 한국의 음양오행 사상과 관련된 한식의 재료와 색과 관련이 있다. 따라서 색의 의미를 강조하는 오방색(청, 적, 황, 백, 흑)의 음식의 색상과, 재료의 조화, 신맛, 단맛, 짠맛이 배합된 음식의 맛을 중요시하는 식문화를 볼 수 있다. 한국의 기후는 사계절의 변화로 여름과 가을은 먹을 것이 풍부하지만, 봄과 겨울은 농작이 어렵고 수확된 음식이 없어 자연스럽게 된장, 김치, 젓갈과 같은 저장식품의 문화가 발달하였다.

한식은 궁중음식, 향토음식, 시절음식, 의례음식, 사찰음식 등의 특색에 따른 분류와 주식, 부식, 병과류, 음청류, 주류, 김치 등의 한식의 주요 요소로 구분한다. 현재는 입맛의 서구화에 따라 서양음식이 많이 일반화되고 있지만, 한국 스타일 고유음식의 우수성이 세계적으로 인정되어 그 관심이 높아지고 있는 추세이다.

(2) 중국의 식문화

중국요리는 오랜 역사와 넓은 영토에서 얻는 다양한 재료와 풍부한 해산물을 바탕으로 시작되었다. 지역적으로는 풍토, 기후, 산물, 풍속, 습관에 따라 지방색이 두드러진 요리를 각각의 특징에 맞게 독특한 맛을 내는 요리로 발전시켰다. 독특한 개성을 지니고 발전해 온 각 지방의 요리는 예로부터 빈번한 민족의 이동과 더불어 상호 교류와 보완을 통해서 오늘날의 중국요리로 발전하였다.

중국요리는 지역적인 특징에 따라 북경요리, 남경요리, 광동요리, 사천요리의 4계통으로 분류할 수 있다. 북경요리는 베이징을 중심으로 남쪽으로 산둥성 서쪽으로 대만(Taiwan)까지를 포함한다. 그리고 중국은 지리적으로 북반에 위치하여 추운 기후 탓에 높은 칼로리가 요구되었기 때문에 육류를 중심으로 강한 화력을 이용한 튀김요리와 볶음요리가 일품이다. 대표적인 요리로는 오리통구이와 양고기를 쓰는 것이 특징이다.

남경요리는 중부의 대표적인 지역으로 일명 상하이요리라고 하여 간장이나 설탕으로 달콤하게 맛을 내며 기름기가 많고 맛이 진하다.

광동요리는 오래전부터 선교사들의 왕래로 인해 국제적인 요리관이 정착된 독특한 특성이 있어 서유럽 요리를 받아들여 케첩, 우스터소스 등을 이용한 요리가 우수하다. 대표적인 요리는 구운 돼지고기와 탕수육이 유명하다.

사천요리는 서방 양쯔 강 상류지방의 요리다. 더위와 추위가 심한 지방으로 예부터 악천후를 이겨내기 위해 향신료를 많이 쓴 요리가 발달하여 매운 맛인 마늘, 파, 고추 등을 사용한다. 대체로 사천요리는 간단한 조리법이 특징이지만 풍부한 조미료와 향신료의 사용으로 외양이 풍요롭고 화려하다. 마파두부와 양고기 요리인 양러우궈즈 등이 대표적이다.

중국요리는 산해진품을 이용하고 불로장수를 목표로 하여 오랜 기간의 경험을 토대로 꾸준히 다듬고 연구, 개발되어 현재는 세계적인 요리로 발전하게 되었다.

(3) 일본의 식문화

일본은 북동에서 남서로 길게 뻗어 있고 바다로 둘러싸여 있으며 지형·기후에 변화가 있다. 따라서 사계절에 생산되는 재료의 종류가 많고 계절에 따라 맛이 달라지며 해산물이 풍부하다.

일본의 식문화는 온난다우한 기후의 조건으로 전체적으로 쌀을 주식으로 하면서 생선과 채소, 콩 등을 부식으로 하는 기본유형을 유지해 왔다. 일본은 비가 많이 오는 관계로 산지나 고원에 방목을 해야 하는 목축업이 발달하지 못했다. 현재는 육류와 생선이 일본 가정식탁의 주역이 되었지만, 육류가 일반적으로 일본인들에게 받아

253

들여진 역사는 길지 않다. 목축업의 부진으로 쇠고기, 돼지고기, 양고기 등을 구하기 어려워 채식을 주로 하는 식생활이 형성되게 되었다.

일본인은 농경민족으로서 쌀을 주식으로 하는 음식문화를 형성해 왔으며, 보리·밀·좁쌀·수수·콩 등의 곡물과 야채·어패류·새나 짐승의 고기 등을 부식으로 하는 점이 한국과 비슷하다. 조미료는 소금·설탕·식초가 기본이며, 또한 콩을 발효시켜 만든 된장·간장·낫토 등이 있다. 일본의 인기 있는 음식인 해산물 및 야채튀김은 16세기 포르투갈 상인들에 의해 일본에 소개되었으며, 얇은 생선회, 식초로 양념한 적은 양의 밥 위에 생선 조각을 얹은 스시는 세계적으로 널리 알려진 일본에 대표적인 음식이다.

일본요리는 시각적 아름다움을 중요시하여 요리를 담는 기물이 다양하고 예술적이고 화려한 것이 특징이며, 자연으로부터 얻은 식품의 고유한 맛과 멋을 최대한 살릴 수 있는 조리법을 사용한다. 또한 다양한 생선요리의 신선도를 최우선으로 하여 세계적으로 차별화된 음식문화를 형성해 왔다.

일본요리는 형식에 따라 구분하여 크게 관서(關西)요리와 관동(關東)요리로 나뉜다. 지역에 따른 요리의 특색을 보면 관서요리는 서북지방의 음식으로 관동요리에 비해 맛이 엷고 부드러우며, 설탕을 비교적 쓰지 않고, 재료 자체의 맛을 살려 조리하여 국물이 많은 것이 특징이다. 관동요리는 사회적 지위가 높은 사람들에게 제공하기 위한 의례음식으로 발달해서 맛이 진하고 달고 짠 것이 특징이며 국물이 거의 없다.

일본 음식은 전체적으로 우리나라의 음식체계와 비슷하지만 수산물의 역할에 있어서는 차이가 있다. 전 세계적으로 저지방, 저칼로리 등을 꼽을 수 있는 건강식이다.

 ## 3. 국가별 식사 에티켓

(1) 한식 예절

우리나라는 유교사상을 바탕으로 의례에 따른 음식이 발전하였고 반상 차림이 중심이었으며, 수저를 사용하는 습관 등 식사 절차와 예절에도 유교의 영향을 받았다. 일상생활에서는 독상이 중심이 되었으나, 벼농사 중심의 농경문화 속에서 곡물류의 생산과 동시에 공동체 문화를 형성하여 마을 축제 등을 통해 공동식이 발달하였다.

① 먼저 손윗사람이 수저를 든 후 식사를 시작한다.
② 수저 사용은 손윗사람이 든 후에 아랫사람이 따라서 들며, 숟가락과 젓가락을 동시에 한 손에 쥐지 않는다.
③ 숟가락이나 젓가락을 그릇에 걸치거나 얹어 놓지 않아 바닥에 떨어뜨리는 일이 없도록 한다.
④ 수저가 그릇에 부딪쳐 소리가 나지 않도록 하고, 먹는 도중 수저에 음식이 묻어서 남아 있지 않도록 깨끗이 먹는다.
⑤ 밥은 한쪽에서부터 먹고, 국은 그릇째 들고 마시지 않는다.
⑥ 자기 입맛에 맛있다고 그 음식만 먹는 것은 타인을 배려하지 않는 것이다.
⑦ 생선뼈나 가시, 돌이나 이물질 등은 옆 사람에게 보이지 않도록 종이냅킨 등에 싸서 둔다.
⑧ 밥그릇은 가장 나중에 숭늉을 넣어 깨끗하게 비운다.
⑨ 식사 중에는 음식 먹는 소리를 내지 않고, 대화는 조심스럽게 한다.
⑩ 손윗사람 앞에서 술을 마실 때는 몸을 왼편이나 웃어른이 보지 않는 쪽으로 틀어서 마신다.
⑪ 식사속도를 윗사람에게 맞추면서 윗사람이 식사를 마치고 일어서면 따라 일어선다.

🎨 그림 11-7 _ **한식 상차림**

(2) 중식 예절

중국의 식사예절은 손님을 초대하여 자리를 배석할 때, 사람 수가 많으면 연장자나 존경받는 사람에게는 반드시 혼자 앉는 자리를 마련해야 한다. 간혹 다른 사람과 같이 앉아야 할 경우에는 중요한 인물이 상석에 앉도록 해야 한다.

원형의 회전 탁자는 넓은 궁중에서 생겨난 중국요리의 특징이다. 큰 접시에 요리를 담아 공동 젓가락을 갖춰 회전식탁에 올린다. 자기 앞에 요리가 오면 먹을 만큼만 덜고 요리가 다음 사람 앞으로 가도록 시계방향으로 돌린다. 중국에서는 예로부터 짝수를 존중해 온 이유로 요리도 짝수로 나오게 되어 있다.

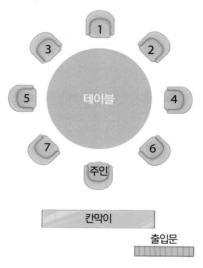

🍳 그림 11-8 _ **원형테이블 배석위치**

① 원형탁자가 놓인 자리에서는 안쪽 중앙이 상석이고, 입구쪽이 말석이다.
　　주빈의 왼쪽자리가 차석, 오른쪽이 3석이다.
② 원탁에 주빈이나 주빈 내외가 주인, 주인 내외와 마주 앉는다.
③ 손님을 초대하여 자리를 배석할 때, 사람 수가 많으면 연장자나 존경받는
　　사람이 반드시 혼자 앉는 자리를 마련해야 한다.
④ 초대받은 경우 주인이 젓가락을 댄 것부터 먹기 시작한다.

⑤ 요리는 적당량의 음식을 덜어먹고, 요리가 나올 때마다 새 접시를 쓰도록 한다.

⑥ 먼저 덜었다고 해서 바로 먹어서는 안 된다. 전원이 다 덜고 나면 먹는다.

⑦ 식사 중에 젓가락을 사용하지 않을 때는 접시 끝에다 걸쳐놓고,
  식사가 끝나면 받침대에 처음처럼 올려놓는다.

🎨 그림 11-9 _ **중국의 상차림**

(3) 일식 예절

일본요리는 숟가락이 없이 젓가락만으로 먹는다. 일본의 식사예법에서 젓가락과 관련된 금기사항이 아주 많다. 음식이 나오면 국물에 젓가락을 적시고 국물로 입을 축이고 나서 밥을 한 입 먹는다. 일반적으로 제공되는 음식에는 밥과 반찬은 번갈아 가면서 먹어야 하고, 반드시 젓가락을 대는 것이 그 요리를 만든 사람에 대한 예절이다. 음식은 호스트의 호의에 답하는 것이라고 생각하므로 음식에 젓가락을 전혀 대지 않으면 실례를 범하는 것이다.

일본의 식사예절은 좌선(座禪) 정신과 차(茶)예절에 크게 영향을 받았다. 젓가락은 식사 중·후에 항상 젓가락 받침에 올려놓는다. 식사를 하는 동안 자세를 바르게 하며 먹는 소리가 나지 않도록 주의해야 한다.

물잔

디너접시

피클그릇

튀김 바구니

밥그릇

국그릇

젓가락

🎨 그림 11-10 _ **일식 상차림**

① 일식에서는 일식 벽장 중앙이 상석이며, 식탁에서는 바른 자세로 앉는다.

② 일본요리는 소반 위에 얹혀서 나오는데, 젓가락은 자기 앞쪽으로 놓고,
   음료용 컵은 바깥쪽에 엎어서 놓는다.

③ 밥이나 국을 받으면 밥은 왼쪽에 국은 오른쪽에 놓았다가 들고 먹는데,
   그릇을 받을 때나 들 때는 반드시 두 손을 사용한다.

④ 밥을 먹을 때에는 반찬을 밥 위에 얹어 먹어서는 안 된다.

⑤ 밥을 먹을 때 작은 공기를 이용하므로 추가를 원한다면 공기에
   한 술 정도의 밥을 남기고 청한다.

⑥ 손님으로 초대받았을 때 한 공기로 끝내는 것은 실례이다.

⑦ 음식은 처음부터 잘게 썰어 소리가 나지 않도록 준비되어 있으니,
   먹을 때 먹는 소리는 될 수 있는 한 내지 않는 것이 좋다.

⑧ 국은 그릇을 들고, 한 모금 마신 후 건더기를 한 젓가락 건져 먹는다.
   여러 번 들고 마시며 밥그릇에 국물을 부어 먹어서는 안 된다.

⑨ 생선회는 겨자를 생선 위에 얹어서 간장에 찍어 생선 맛과 겨자의 향을 즐긴다.

⑩ 생선은 머리쪽부터 꼬리쪽으로 먹고, 생선은 뒤집어서 반대쪽을 먹지 않는다.

chapter 11.
비즈니스 매너 체크리스트

분류	번호	점검사항	체크	
			YES	NO
방문매너	1	사전에 예약을 하고 방문하였는가?		
	2	약속시간보다 미리 도착하였는가?		
	3	대화 시 상대방의 사생활 및 사적인 질문을 하지 않았는가?		
소개매너	4	자신의 소속, 지위, 이름을 정확하게 밝혔는가?		
	5	내부직원을 외부고객에게 소개하였는가?		
	6	소개 시에 여성을 남성에게 먼저 소개하였는가?		
악수매너	7	자리에서 일어서서 악수를 하였는가?		
	8	상대방의 손을 과도하게 흔들거나 힘을 주진 않았는가?		
	9	손끝만 내밀거나 손끝만 잡지는 않았는가?		
명함매너	10	자리에서 일어나 양손으로 교환하였는가?		
	11	소속과 이름을 밝히며 명함을 건네주었는가?		
	12	상대방의 명함을 자리에 두고 오진 않았는가?		
테이블매너	13	테이블 위에 팔꿈치를 세우거나 턱을 괴진 않았는가?		
	14	식사 시 음식을 지나치게 소리 내어 먹지는 않았는가?		
	15	상대방과 식사속도를 맞추고 식사 후 윗사람을 기다렸는가?		

Chapter

12
고객응대 글로벌 매너

학습목표

글로벌 비즈니스를 실행하기 위해서 동서양의 문화에 대한 차이를 이해하고, 한국의 이미지가 돋보이는 공항·기내·호텔의 기본매너를 학습하여 글로벌 마인드를 함양시킬수 있다.

01 국제문화의 이해

 1. 문화의 배경

문화는 보다 나은 삶을 살기 위해 자연스럽게 형성되어 시대마다 독특한 특징을 지니고 있으며, 각 나라의 문화적 가치가 존재하고 있다. 국가마다 지리적인 여건과 기후적인 조건 등의 환경적 요인에 의한 국민들의 생활습관 및 문화의 관습이 다르다. 또한 도구의 사용과 더불어 문화는 인류의 고유한 특성으로 간주된다.

국제 간의 문화적인 차이는 각국의 역사와 문화 및 사회 현상에 따라서 국민성에도 영향을 주기도 한다. 사회환경에 영향을 받는 문화를 구성하는 요소에는 언어·관념·신앙·관습·기술·예술·의례·규범·제도 등이 있다.

문화의 활용은 인간 고유의 능력, 즉 상징적 사고로서 언어의 상징화의 능력에서 기인하며, 문화는 일단 확립되면 자체의 생명을 가지게 된다. 문화는 한 세대에서 다음 세대로 전달되며, 인간 사회의 보편적인 특징을 가진다. 그러나 구체적으로 그 문화는 어느 특정한 사회와 지역의 문화로 볼 수 있다.

미국의 인류학자 앨프레드 루이스 크로버는 저서인 문화의 성질(The Nature of Culture, 1952)에서 습득된 행동을 비롯해서 마음속의 관념과 논리적인 구성, 통계적으로 만들어진 것 등 문화를 구성하는 다양한 요소에 대해 정의를 내렸다. 크로버는 문화를 행동으로 정의하게 되면 그 자체로 심리학의 대상이 된다고 생각했기 때문에 "구체적인 행동으로부터의 추상이고, 그 자체가 행동은 아니다."라고 하였다.

문화는 상징적 사고라는 인간 고유의 능력에서 유래한다. 인간 이외의 동물에게 의미나 행위를 이해할 수 있는 능력이 있다는 증거는 아직 없다. 인간의 행동은 반응을 일으키는 사물의 성격과 유기체에 의해 규제가 되었다. 예를 들면 빛에 의한 자극을 증가시킬 때 발생하는 동공의 위축이 이에 해당한다. 따라서 외부의 사물에 대한 유기체의 통제작용, 즉 행동 속에 새로운 요소가 도입된다. 생물의 발전과 안전을 향한 생물학적 진화의 방향은 본능적 행동으로부터 아주 다양한 행동으로 발전하게 된다. 이 체계가 바로 문화로서 인류가 만든 환경이자 상징화의 산물이다.

문화는 일단 확립되면 자체의 생명을 가지게 된다. 그 기능은 인간이 사회 속에서 안전하게 생활하도록 하는 것이다. 이와 같이 문화는 단순한 반사적 반응에서 생활의 안정과 지속성을 보장하는 고도로 진전된 수단으로 발전하였다.

모든 인간 사회는 각 나라의 민족에 따라서 나름대로의 고유의 사회문화적 체계를 지니고 있고, 모든 사회문화적 체계는 전체 인간 문화의 구성요소, 즉 기술·제도·관념 등을 가지고 있다. 그러나 개개의 사회문화적 체계는 그 구조와 조직에 있어서 현저하게 다르다. 이러한 차이는 언어나 도구의 제작 및 사용 등 다양한 활동의 발달 단계가 여러 가지 요인에서 올 수도 있으며 자연자원에서도 영향을 받는 것이다.

 2. 문화의 특성

(1) 문화의 개념

서양에서 문화는 본래 경작(耕作)이나 재배(栽培) 등을 뜻하는 라틴어 'colore'에서 유래했으나, 시대의 변화에 따라 그 의미가 다양하게 해석된다. 16~17세기의 문헌에 따르면 인간도 동물이나 농작물처럼 가꾸고 개발시킬 수 있는 대상이라는 새로운 인식이 생기면서 인간의 발달과정을 가리키는 것으로 확장되어 쓰이기 시작했다. 일반적으로 문화란 한 사회 그리고 한 국가를 구성하고 있는 사람들이 공통적으로 가지고 있는 정신적인 가치체계의 표현이며 생활방식이다. 이것은 가치관과 신념, 이념과 관습, 그리고 지식과 기술을 포함한 광범위한 개념으로서 사회구성원의 행동형성에 영향을 주는 요소로 인식되고 있다.

1871년 영국의 인류학자 타일러(E. B. Tylor)는 "문화, 즉 문명이란 민족연구라는 넓은 관점에서 볼 때 지식, 신앙, 예술, 도덕, 법률, 관습 등 인간이 사회구성원으로서 획득한 능력과 습성의 복합적 총체"라고 정의하여 이로써 문화가 오늘날과 같은 인류학적인 개념을 갖게 되었다.

문화는 한 사회가 독특한 특성을 지니게 하며 다른 사회와 구별될 수 있도록 각 구성원들을 사회적으로 통합하는 기능을 수행한다. 그래서 역사적, 사회적 변화 과정에서 외부 문화와의 부단한 접촉을 통해 각각의 문화는 서로 영향을 주고받으면서 지속적으로 변모한다. 세계 각 나라와 집단 및 개인은 자신들만의 고유한 문화를 가지고 있기 때문에 개인 간의 관계는 상호 문화적 관계로 이루어진다. 집단 간에는 집단문화, 국가 간에는 국가문화가 만나게 되며 각기 다른 문화가 상호 이해로 대립되는 경우에는 크고 작은 충돌로 이어질 수 있다.

또한 문화는 자연 상태의 사물에 인간의 작용을 가하여 그것을 변화시키거나 새롭게 창조해 낸 것을 의미한다. 자연 사물에는 문화라는 말이 어울리지 않지만, 인위적인 사물이나 현상이라면 어떤 것이든 문화라는 말을 붙여도 말이 되는 것은 그 때문이다. 여기에는 정치나 경제, 법과 제도, 문학과 예술, 도덕, 종교, 풍속 등 모든 인간의 산물이 포함되며, 이는 인간이 속한 집단에 의해 공유된다. 문화를 인간 집단의 생활양식이라고 정의하는 인류학의 관점은 이러한 문화의 본래 의미를 가장 폭넓게 담은 것이라 할 수 있다.

(2) 문화의 구분

어느 사회에서든 집단을 나누는 기준은 직업, 인종별, 계급별, 성별 세대, 지역별 등 다양하다. 이들은 각자의 독특한 자기 문화를 형성하고, 다양한 기준들이 수많은 집단을 만들어 공유한다. 집단 간의 구별은 하위집단의 문화를 하위문화(subculture)라 하는데 결국 문화는 수많은 하위문화들의 집합이다.

문화는 심미적 수준에 따라 고급문화(high culture)와 저급문화(low culture)로 구분하기도 한다. 대개 고급문화는 서양에서 비롯된 예술적 전통의 맥락에 있는 문화를 의미하고, 저급문화는 대량생산된 대중문화 산물을 가리키는 경우가 많다. 그러나 고급문화와 저급문화는 항상 정체되어 있는 것이 아니고, 역사적·지속적으로 변화하는 유동적인 특징이 있다.

이러한 특징을 가진 문화는 세계적으로 수많은 문화들이 똑같은 가치와 권위를 부여받는 것은 아니다. 권력이 강한 집단의 문화는 그만큼 강한 힘을 갖고, 약한 집단의 문화는 사회 내에서 권력 소유 집단의 문화에 의해 억압과 차별을 받는다. 흔히 사회의 지배 세력이 가진 문화를 지배문화라 하고, 피지배층의 문화를 피지배문화라 표현한다. 피지배 집단이 지배 집단에 저항하면서 생성하는 문화를 저항문화라 표현한다.

그리고 문화는 눈에 보이는 물질적 속성을 갖느냐, 가지지 않느냐에 따라 물질문화와 정신문화로 나누기도 한다. 어떤 사람의 물질적 소비행위는 그의 정신 상태를 표현하거나 반영하게 마련이기 때문이다.

(3) 문화의 기능

문화의 기능에서 가장 본질적인 것은 사회의 재생산이라고 할 수 있다. 문화는 그 사회의 생활양식이자 상징체계이다. 인간이 한 사회의 구성원이 된다는 것은 그 사회에 이미 존재하는 삶의 양식과 상징체계를 습득하여 사용할 수 있게 된다. 이는 그 삶의 양식과 상징체계가 반영하고 있는 사회의 질서와 규범, 가치를 따르게 된다는 것을 의미한다. 문화는 천성적으로 타고나는 것이 아니라 교육을 통해서 이루어진다.

기본적으로 한 사회의 문화는 자연화의 속성을 가지고 있다. 모든 문화는 역사 속에서 인간에 의해 만들어진 것이다. 때로는 상징적이고 사회적인 현상인 문화가 자연적인 것처럼 표상되는 속성을 자연화(naturalization)라 한다.

그러나 주어진 문화를 거부하거나 새로운 것을 추구할 때에는 항상 크고 작은 제재가 가해진다. 역사의 어느 시점에나 주어진 문화를 거부하고 새로운 것을 추구하는 사람들이 존재하고, 사회에서 그들은 억압을 극복하고 서서히 문화는 변화된다. 결국 문화는 사회구성원으로 기존의 삶의 양식과 상징체계를 교육함으로써 사회를 재생산하지만 끊임없이 균열을 일으키며 조금씩 변화되어 가고 있다.

사회구성원들을 사회체제에 편입시키는 문화의 기능은 문화가 사회 집단에서 사상, 행동, 생활 방법을 근본적으로 제약하고 있는 관념이나 신조의 체계·역사적·사회적 입장을 반영한 사상과 의식의 체계와 밀접한 관계가 있다. 문화는 다양한 문화적 기제들이 사람들로 하여금 주어진 문화에 순응하여 기존의 사회체제를 유지하고 재생산하는 기능을 한다.

 ## 3. 문화의 속성

문화는 오랜 역사를 거쳐 후대로 이어지게 되며, 인간 집단은 역사 속에서 이질적 집단과 접촉하고 충돌, 갈등, 융화해 오면서 발전하였다. 또한 각기 다른 문화들이 끊임없이 이동하여 서로 간의 문화 요소가 전파되고, 새로운 문화로 변화된다. 이러한 문화를 통해 문화변동이 이루어지고 다양한 혼종의 문화(hybrid culture)가 탄생하는 것이다.

문화변화는 한순간에 갑자기 발생된 것이 아니라 장기지속적인 과정이다. 따라서 변화과정에서 기존 문화와 새롭게 출현한 문화 간의 모순과 갈등이 발생하여 물질문화나 새로운 기술의 도입으로 문화가 차기 세대에게 적응하지 못하는 문화지체(cultural lag)현상이 일어날 수 있다.

인간은 주위 환경에 적응하여 주위의 자연을 바꾸고 의식주 생활을 영위하면서 공동생활을 더욱 편리하게 하며 질서를 바로잡고 능률을 높이고자 여러 가지 제도나 관습을 만들고 정신 활동을 통해 학문, 예술, 종교, 도덕을 발전시킨다. 문화는 한 사회구성원들에게 공통적으로 나타나는 행동 및 사고방식으로서 시간과 장소가 변하면서 전승되어지는데 이문화(異文化)와의 교류나 비교의 차원에서 고찰하면 다음과 같은 특징을 가지고 있다.

1 문화의 공유성

문화는 한 사회의 구성원 사이에서 익숙하게 학습되고 전승되므로 구성원들은 어떤 구체적 상황에서 상대방이 어떻게 행동할 것인지, 서로에게 무엇을 기대할 것인지를 예상할 수 있게 해준다. 이것은 환경적인 요소인 언어와 예술, 식생활 및 관습 등 여러 부분에서 사회구성원들 간에 문화적 특성을 공유함으로써 원활한 사회생활을 돕는 공통의 장을 제공해준다.

2 문화의 학습성

문화는 후천적으로 학습되는 특징이 있다. 예를 들어 우리나라는 어릴 때부터 수저와 젓가락을 사용하는 것을 후세대에게 전파하여 공유하듯이 문화는 구성원들 사이의 대화나 문헌 및 기타 다양한 매체를 통해 습득되어진다. 따라서 한 인간이 살아가면서 어떤 문화를 향유할 것인지는 그가 살면서 접하게 되는 문화적·사회적 환경에 영향을 받게 되는 것이다.

3 문화의 보편성

보편성은 어느 시대, 어느 사회에나 공통적인 특성을 지니고 있다는 것으로서 한 사회는 공통된 언어, 종교, 예술 활동 등이 있듯이 보편적으로 나타나는 특성을 지니고 있다. 예를 들어 인간의 존엄성과 같은 인간의 보편적인 가치는 어떤 문화에서나 공통적으로 나타나는 성향을 말한다. 이처럼 어느 시대나 지역에 상관없이 인간의 삶에 공통적으로 나타나는 문화적 요소들을 가리킨다.

4 문화의 변동성

문화는 시대와 사회적, 환경에 따라 끊임없이 변화하며, 다른 문화와 접함으로써 변모하기도 한다. 또한 전승 과정에서 변화하거나 사라지기도 하고 조절되면서 새로운 문화가 생겨나기도 한다. 때로는 급격한 문화의 변동이 세대 간의 가치관의 혼란을 유발시켜 사회 갈등을 야기하기도 한다.

5 문화의 축적성

문화는 전 세대로부터 물려받아서 후세대로 전달된다. 그 과정에서 새로운 지식, 기술이 축적되며 내용이 풍부해지고 더욱 발전하며, 인간의 학습능력과 언어, 문자 등의 상징체계를 통해 다음 세대로 전승되면서 새로운 요소가 추가되어 더욱 풍성해질 수 있다. 세대 간의 전승을 통해 새로운 지식과 기술, 시대적 환경에 적합한 방식이 축적되면서 발전한다. 즉, 문화는 여러 세대에 걸쳐 축적된 생활방식과 공유할 수 있는 지식의 총체이다.

6 문화의 다양성

문화는 각 사회가 처한 자연 환경, 역사적·사회적 상황에 따라 서로 다른 특징을 갖는다. 예를 들면, 사람들과 인사를 할 때 악수를 하거나 상대방과 코를 맞대어 비비거나 포옹을 하고 고개를 숙이는 등의 다양한 인사법이 있다. 상대방에게 반가움과 존경을 표현하고자 하는 마음은 동일하지만 그 표현 방식은 국가와 지역문화에 따라 다르게 나타난다.

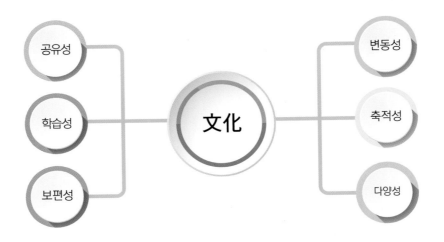

🎨 그림 12-1 _ **문화의 속성**

4. 문화적 차이

    다른 나라의 문화를 이해하기 위해서는 먼저 자국의 문화에 대해 충분히 숙지한 후 동서양의 문화에 대해 관심을 갖고 문화에 대한 차이를 학습해야 한다. 문화에 대한 이해는 미래에 문화 차이의 혼란이나 대립 및 충격을 줄여주며, 문화 간의 차이로 일어날 수 있는 일을 예측할 수 있게 해준다.

    서양의 문화는 그리스·로마 문화의 영향과 그리스도교 문화가 유럽 문화의 기초를 두었다. 산업혁명 이후 상·공업의 발달로 인해서 유럽 문화는 공업화·도시화·산업분화가 되었으며 시민혁명으로 인해 다른 지역보다 민주화가 먼저 이루어졌다. 유럽의 문화권은 북서유럽 문화지역이 북해 주변 국가들의 영국, 베네룩스 3국, 독일, 스칸디나비아 반도 등의 문화지역으로 근대 산업혁명의 중심지로서 높은 생활수준과 문화 생활을 형성하였다.

    동양(東洋)은 아시아의 중국과 인도 및 이들 주변의 수많은 나라들을 포함하며, 넓은 의미로는 중동지역까지도 포함하는 개념이다. 의미 및 어감의 차이는 있으나, 비슷한 뜻으로 동방세계(東方世界) 및 오리엔트(Orient)라는 표현도 사용된다. 동양문화는 그 나라의 주요한 종교나 사상에 의해 영향을 많이 받는다. 동양의 주요한 종교에는 크게 유교, 불교, 이슬람교, 힌두교 등으로 나뉜다.

    유교적 국가는 예를 중시하여 윤리도덕을 중요시했고, 개인보다 집단을 중시함으로써 체면이나 인습을 강조하는 경향이 있다. 불교신봉국가의 특징은 문화 관습이 매우 보수적이고 관습적이며 수직적인 사회로 예절 및 예의가 매우 중시된다. 이슬람 문화는 종교적 믿음과 일상생활의 규범을 일치시킬 정도로 종교가 중요하여 무신론자는 인간으로서 최소한의 자격을 갖추지 못한 것으로 여긴다. 또한 한 사람의 사회적 지위는 쟁취하는 것이 아니라 세습된다고 여기며 지도자는 부하직원을 책임지고, 종교적으로 믿음직하고 성실해야 한다.

02 출장 매너

현대사회는 다양한 매체를 통해 세계의 어떠한 정보도 쉽게 접할 수 있으며, 항공 교통 수단의 발달로 비즈니스뿐만이 아닌 세계 여행을 하는 것이 보편화되었다. 특히 각 나라 간의 경제적, 사회적 교류가 더욱 빈번해지는 세계화 시대에 세련되게 대응하기 위해서는 다른 민족과 문화에 대한 이해와 더불어 글로벌 매너를 익혀야 한다. 기본적인 매너와 에티켓을 준수한다면 더욱 즐거운 여행이 될 수 있고, 비즈니스에서도 회사나 자국의 이미지에 긍정적으로 기여할 수 있다. 전 세계인이 이용하는 공항이나 항공 기내, 호텔에서 다른 사람에 대해 배려하는 마음을 행동으로 표현하는 것은 선진 국민의식의 척도라 할 수 있다.

1. 공항 매너

비즈니스맨에게 공항은 글로벌 에티켓이 시작되는 곳이다. 공항 이용객은 원활한 비즈니스와 더불어 선진문화 국민으로서 한국의 이미지를 대표하는 민간 외교사절의 역할을 위한 기본 예절을 익혀야 한다.

해외를 나갈 때 공항을 이용하면서 지켜야 할 출입국 절차에 대해 알아보자.

(1) 여행준비

해외로 출장을 갈 때에는 즐겁고 유익한 여행을 하기 위해 출발 전 필요한 서류와 방문할 나라에 대한 정보를 알아두는 것이 상식이다. 여행을 하기 전에는 준비해야 할 중요한 물품들을 빠뜨리는 경우가 발생하지 않도록 출장계획을 세워두고 미리 챙겨두는 것이 좋다.

기본적으로 여권과 비자발급, 항공권 예약 및 여행자보험, 해외여행 시에 환전 등에 대한 준비과정을 숙지한다.

1 여권발급

여권(passport)은 외국으로 여행과 비즈니스가 목적인 사람들에게 국가가 공식적으로 발급하는 증서로서 외교통상부장관이 방문국가에 여행자의 보호를 요청하고, 신분을 증명하는 문서이다. 즉, 여행자의 국적을 증명하는 자신의 신분증이므로 외국을 오고 갈 때는 꼭 지참해야 하며, 여행목적에 따라 발급의 유효기간이 달라진다. 방문할 국가에 따라서 여권의 남은 유효기간이 6개월 이하인 경우에는 비자가 있더라도 입국을 거부하는 경우가 있으므로 사전에 미리 확인하여 유효기간을 연장하거나 재발급받도록 한다. 여권 사진은 6개월 이내 촬영된 사진을 사용해야 한다. 각 나라의 출입국 심사를 진행할 때 본인임을 확인할 수 있도록 실제 해당 인물이 그대로 나타나야 하며, 포토샵 등으로 수정한 사진은 사용할 수 없다.

2 비자발급

비자(visa)란 개인이 타국으로 들어가려고 할 때, 자기 나라 또는 체재 중인 나라에 있는 대사·공사·영사로부터 여권 검사를 받고 서명을 받는 일로, 입국사증이라고도 한다. 일반적으로 여권에 입국허가 내용의 스탬프가 찍히고 영사의 서명으로 표시된다. 대부분 해외 방문국 정부의 비자를 받고 입국하는 것이 원칙이지만, 국가에 따라서는 자국과 비자 면제협정을 맺은 경우 일정기간 비자 없이 여행할 수 있다.

비자 중에서 워킹 홀리데이 비자(working holiday visa)는 관광취업사증으로 상대국과의 상호 이해를 도모하기 위한 목적으로 노동을 허가한 관광비자를 발급하는 것도 있다. 일반 관광비자(tourist visa)의 체류 가능 기간은 3개월이고, 관광만을 목적으로도 체류가 가능하다.

비자의 종류는 방문하고자 하는 국가의 방문목적, 체재기간, 사용횟수 등에 따라 다음과 같이 분류할 수 있다.

📊 표 12-1_ **비자의 종류**

분류	종류
방문목적별	• 방문비자, 관광비자, 학생비자, ARRIVAL 비자, 주재원비자, 경유비자, 이민비자, 문화공연비자
체류기간별	• 영주비자, 임시비자
사용횟수별	• 복수비자, 단수비자

❸ 항공권 예약

항공권(ticket)은 국내외 여행스케줄이나 출장 일정에 맞추어 반드시 미리 예약한다. 항공사나 여행사에 티켓을 예약할 때는 항공사의 이름과 항공기의 좌석등급을 확인한 후 자신의 성명과 여권번호, 연락처, 출발일자와 시간을 체크하고, 예약한 후에는 인터넷이나 전화상으로 직접 일정을 재확인 하는 것이 정확하다.

❹ 여행자보험

여행 및 해외출장을 갈 경우, 비행기나 교통사고, 테러사고 등 불의의 사고를 당할 경우를 대비한 여행자보험(traveler's insurance) 가입은 필수이다. 출국하기 전 미리 가입을 하는 것이 좋으며, 보험에 가입하기 전에 계약내용을 꼼꼼하게 확인해 본다. 기본 계약보험은 상해로 인한 사망이나 후유장해, 의료비를 대상으로 계약기간과 보상내용, 현지에서 보상이 가능한지를 반드시 알아보고, 여행자보험 가입증명서는 필히 챙겨서 소지한다. 보험의 가입은 보험사의 보장사항이 조금씩 다르므로 필요에 따라 선택하여 가입한다.

❺ 환전

환전(exchange)은 여행하는 국가에 따라 자국의 돈을 외국돈으로 교환하는 것이다. 환전 시 현금이나 여행자수표로 바꾸어서 사용 가능하며, 여행하면서 환전을 할 경우에 외국환을 취급하는 가까운 현지은행에서 현금과 여권을 제시하면 환전할 수 있다. 각 은행마다 기본 환율이 조금씩 다르기 때문에 전화나 인터넷을 통해 미리 알아본 후 선택하고, 환전할 때는 그 자리에서 영수증의 금액과 받은 돈의 금액이 맞는지 확인해 봐야한다.

최근에는 직접 은행을 방문하지 않아도 편리하게 온라인, 모바일 애플리케이션을 이용한 환전이 가능해졌다. 미리 신청한 뒤 가까운 은행이나 공항에서 수령할 수 있는 장점이 있으나, 환전 가능 금액이 정해져 있어서 당일 수령이 어려울 수 있으니 환전 규모와 수령일자를 확인하는 것은 필수이다.

❻ 여행자수표

여행자수표(traveler's check)는 해외에서 체류하거나 공항, 호텔, 레스토랑, 쇼핑몰 등 여행 시에 현금과 똑같이 사용 가능한 화폐의 단위이다. 환전 시에 현금으로 바꾸는 것보다 은행에서 발행하는 것이 환전차가 적기 때문에 유리하다. 여행자수표를 이용하는 경우에는 도난이나 분실우려가 있는 수표에 일련번호가 적혀 있으므로 발행은행명, 발행월일, 수표번호를 적어 둔다. 여행이 끝난 뒤 남은 수표를 다시 원화로 바꿀 때에 달러환율을 우대받을 수 있고, 여행 중에 분실하였을 경우 재발급받을 수 있다.

(2) 출입국 절차

국제공항은 국내외의 한 국가로 들어가고 나오는 출입관문이다. 공항은 다양한 국가의 사람들이 출입국하는 곳이므로 자국민의 위생건강을 저해할 수 있는 각종 병원

균이 유입될 수도 있으며, 국가의 안전을 위협하는 사람들이 출입국을 할 수도 있다.

출입국 절차는 국가와 국민을 보호함과 동시에 국제 법질서를 유지할 수 있는 1차적 여과장치로서 세관(customs), 출입국(immigration), 검역(quarantine)이 필수적으로 이루어진다. 국제공항을 출입하기 위해서는 반드시 국가에 따라서 CIQ지역을 통과하여 공항에서 행하는 제반 수속절차를 밟아야 한다.

공항은 최신의 정보기술을 도입하여 스마트 공항의 면모를 갖추고 있다. 생체인식 기반 체크인과 탑승서비스, 보안을 위한 인공지능 기반 X- ray 판독, 고도화된 안내로봇 배치 등 최신 정보통신기술(ICT : Information and Communications Technology)의 적용으로 여행객들이 더욱 편리하고 빠르게 공항을 이용할 수 있다. 여행객은 탑승권을 발권하고 수하물을 처리하며, 자동출입국 심사대를 통해 신속하게 수속을 진행한다. 또한 첨단 원형 검색대를 통해 보안검색이 이루어지므로 탑승수속에 소요되는 시간이 점점 줄어들고 있다.

국제공항을 이용하여 해외로 출국할 때 출입국 절차에 대해 알아보고자 한다.

1 탑승수속

항공권 발권과 보안검사(security check)는 출입국 심사로 인하여 탑승수속이 지체될 수도 있으므로 최소 2시간 전에는 공항에 도착한다. 공항이용료는 공항 내에서 별도로 받는 경우도 있으니 사전에 알아두는 것이 편리하다.

항공사의 체크인(check-in)은 공항에 도착하면 여권과 이티켓(e-ticket), 기타 여행관련 서류를 챙겨서 해당 항공사 체크인 카운터에서 항공권을 발급받고 위탁수하물을 처리한다. 위탁수하물(checked baggage)은 승객 1인당 허용 가능한 수하물 35kg 미만, 1인당 2개까지 무료로 가능하나 항공사에 따라 차이가 있으니 확인해야 한다. 수하물을 위탁할 때에는 반드시 분실에 대비하여 수하물표를 붙이도록 한다.

공항의 최신기술을 접목한 스마트 시스템을 이용하면 보다 빠르게 탑승수속을 할 수 있다. 무인 키오스크(KIOSK) 시스템을 통해 셀프항공권을 발권하거나, 셀프위탁 수하물 수속을 이용하면 체크인 대기시간이 단축된다.

위탁수하물을 처리할 때 금지품목은 일반적으로 폭발성, 인화성, 유독성 물질 등이 있다. 특히 표백제, 라이터, 보조배터리, 리튬이온배터리 등은 위탁할 수 없으니 주의하도록 한다.

🎨 그림 12-2 _ 항공사 Check-in 카운터

② 세관신고

해외로 출국하는 경우, 휴대하는 고가품은 반드시 세관신고(customs)를 해야 한다. 출국자는 미화 1만 달러 이상의 현금과 고가의 휴대품을 소지하였을 때 세관신고를 하고, 물품이나 화폐 등의 품목, 수량, 가격을 기재하여 물품을 반출한다. 해외에서 재입국 시 발생될 수 있는 고가 품목은 세금부과 없이 재반입할 수 있기 때문에 불법반입으로 오해받지 않으려면 사전에 신고하여 반드시 휴대물품 반출확인서를 받는다. 출국 시 물품구매한도는 미화 3,000달러이며 한국에 입국 시에는 구매물품 금액 중 600달러만 면세를 받을 수 있으니 초과하는 금액에 대해서는 세금이 부과되므로 자진신고한다.

③ 보안검색

공항의 보안검색(security check)은 항공기의 안전과 여행객들의 안전을 위한 것이므로 적극적으로 협조해야 한다. 탑승권과 여권을 제시한 후 기내에 반입이 허용되는 휴대품에 대하여 보안검색을 실시한다. 기내에 반입이 금지되는 물품은 항공사별·국가별로 다르나 대부분의 경우 칼, 송곳, 가위, 라이터, 건전지 등과 같은 물품은 반입이 금지되어 있다. 출입국 시 가급적 항공사의 규정이나 출·입국하는 국가의 보안법에 위반되는 물건은 기내에 반입하지 않도록 한다. 국제공항은 간혹 테러 위험의 수위가 높거나 국가 간 분쟁의 위험이 있을 때는 보안검사의 강도가 높아지는 경우가 있다.

④ 출입국심사

출입국자는 출입국심사(immigration)를 위해 출국심사대에서 여권, 탑승권, 출입국신고서를 제시한다. 출입국 사무직원은 공항을 이용하는 국내외국인에 대하여 여권 등의 유효 여부를 확인하고, 여권의 위·변조 소지자 등 불법출국자와 출국금지자의 출국을 저지하는 업무를 한다. 주민등록상 만 19세 이상의 내국인은 사전 등록 없이 자동출입국 심사대를 이용하면 빠르게 심사를 마칠 수 있다.

출입국 절차에서의 매너는 대기선에서 기다릴 때 차분하게 자신의 순서를 지키고, 노약자나 어린이를 동반한 출입국자에게는 상황에 따라 양보할 수 있어야 하며, 다른 사람에게 피해가 가지 않도록 정숙해야 한다.

🎨 그림 12-3 _ **출입국자동심사대**

5 탑승

승객은 탑승 수속이 완료되면 해당 입구(gate)에서 탑승(boarding)이 가능하다. 항공기를 탑승할 때는 국제선 탑승시간 기준인 출발 30분 전까지 미리 대기하고 있는다. 항공사 직원의 안내에 따라 항공기에 탑승한다. 탑승을 할 때에는 탑승교를 이용하거나 계단식 차량을 이용하여 환자, 휠체어 승객, 보호자가 없는 유/아동 승객, 노약자, VIP/CIP, 1등석 승객, 2등석 승객, 일반석 승객 순서로 탑승한다.

그림 12-4 _ 국제공항의 출입국 절차

(3) 공항 에티켓

공항은 비즈니스나 여행객들이 단체로 움직이는 경우가 많다. 내국인만의 이용장소가 아니므로 가급적이면 다른 비즈니스맨이나 여행객들을 고려하여 공공질서를 지켜주는 것이 예의이다.

① 탑승 마감시가에 쫓겨 바쁘게 움직이지 않도록 항공기 출발시간
   최소 2시간 전에 도착하여 출국수속을 한다.
② 항공사에 따라 수화물 허용 무게가 다르므로 사전에 확인하여야 한다.
③ 귀중한 휴대품은 출국 시 세관신고를 해야 문제가 되지 않는다.
④ 출국심사 시 질서를 지키고, 대기선에서 순서를 기다린다.
⑤ 공항에서 다른 사람에게 불편을 끼치지 않도록 정숙한다.
⑥ 항공기 출발 30분 전에 탑승이 시작되므로 탑승구 근처에서 대기한다.
⑦ 안전과 원활한 진행을 위하여 직원의 안내에 협조한다.
⑧ 동반한 아이들이 소리를 지르거나 뛰지 않도록 지도한다.

2. 기내 매너

　승무원이 제공하는 기내서비스는 승객의 편안하고 안락한 여행을 돕고자 승무원들이 노력과 정성을 기울여 서비스를 하고, 기내에서 여행객은 세련된 매너와 에티켓을 준수하여 선진문화의식의 국가적인 이미지 형성에 기여하여야 한다.

　승객은 항공기에 탑승하면 승무원에게 탑승권을 보여주고, 승무원의 안내에 따라 자기 좌석으로 이동한다. 기내에서는 안전이 최우선이므로 승무원의 요청에 협조하도록 한다.

🎨 그림 12-5 _ **기내에서 지켜야 하는 매너**

(1) 탑승 시 에티켓

① 기내에 탑승하면 지정된 좌석에 앉는다.

② 양측 창가 좌석이 상석이고, 통로 쪽이 차석이다.

③ 빈 좌석으로 옮기고 싶을 때는 반드시 승무원에게 양해를 구한다.

④ 신발을 벗는 등의 타인에게 불쾌감을 주는 행위는 삼간다.

⑤ 안전을 위하여 무거운 짐은 본인이 선반 위로 올리고,
   선반에서 떨어지지 않도록 잘 보관한다.

⑥ 이·착륙 시 휴대용 전자기기는 안전에 장애가 되므로 전원을 꺼 놓는다.

⑦ 기내에서 좌석 등받이를 뒤로 눕히기 전에 뒷사람의 상태를 확인한다.

⑧ 타인의 편안한 휴식을 위해서 대화는 조용히 나눈다.

⑨ 기류상태가 불안정할 때는 좌석벨트를 착용한다.

⑩ 비행기가 완전히 착륙할 때까지 좌석에 앉아서 기다린다.

⑪ 담배를 피우는 행위는 안전을 위해 절대적으로 금지되어 있다.

⑫ 목적지에 도착하여 하기할 때에는 승무원들에게 가볍게 인사한다.

⑬ 이어폰 밖으로 음악소리가 세어 나오지 않도록 볼륨을 낮춘다.

(2) 식사 시 에티켓

① 기내식은 좁은 공간에서 식사를 하므로 옆 사람에게 피해를 주지 않는다.

② 식사 시 좌석에 앉아서 등받이를 바로 세우고 테이블을 펴 놓는다.

③ 식사 도중에는 화장실에 가는 것을 되도록 지양한다.

④ 통로 쪽에 앉은 사람은 창가 좌석으로 식판을 건네주는 것이 좋다.

⑤ 창측에 앉은 사람은 식사 도중에 통로로 나오는 일이 없도록 주의한다.

⑥ 비행 중에는 기압차이로 술에 취하기 쉬우므로 알코올음료는 되도록 자제한다.

(3) 화장실 에티켓

① 기내에 탑승하기 전에 미리 용변을 보는 것이 좋다.

② 화장실은 남녀공용이므로 반드시 안에서 문을 걸고 사용한다.
   '사용 중(occupied)' 혹은 '비어있음(vacant)' 표시를 확인한다.

③ 세면대는 다음 사람을 위해서 깨끗하게 사용한다

④ 사용 후에는 종이수건으로 세면대의 물기를 닦아서 자리를 정리한다.

🎨 그림 12-6_ 항공기 기내서비스

 3. 호텔 매너

글로벌시대에는 교통의 발달로 이동이 편리해진 만큼 비즈니스맨들의 호텔 이용이 빈번해지고 있으며, 경제성장 및 개인의 소득 증가로 인해 호텔숙박 여행객의 수요가 지속적으로 증가되고 있다. 호텔에서 실수를 하거나 예상하지 못한 불편을 겪지 않도록 호텔 이용 시 지켜야 할 매너를 알아보고자 한다.

(1) 호텔 예약 에티켓

국내외 출장을 계획할 때 호텔별 프로모션이나 할인혜택 등과 관련된 정보를 수집하는 것은 호텔의 만족도를 높이는 방법이다. 호텔을 이용할 때 원활한 투숙을 원한다면 사전예약은 필수이다. 미리 예약을 하지 않으면 객실료의 할인혜택을 받지 못하는 경우가 많으며, 성수기의 경우에는 객실을 확보하는 데 어려움이 있다.

호텔 예약 시 호텔의 상품마다 서비스항목과 취소환불규정이 다르므로 꼼꼼히 확인하고 예약한다. 부득이하게 호텔예약을 취소해야 할 경우, 예약취소(cancelation) 규정을 확인하고 취소 수수료를 최소화하는 범위에서 신속히 처리를 해야 한다.

① 여행을 떠나기 전에 호텔을 미리 예약한다.
② 도착이 늦어지는 경우 도착시간을 사전에 알린다.
③ 호텔의 체크인과 체크아웃 시간을 숙지한다.
④ 여행일정에 변경사항이 생기면 바로 통보해준다.
⑤ 특별히 요청사항이 있으면 미리 알린다.

(2) 호텔 객실 에티켓

투숙객은 체크인 절차를 마치고 프론트 데스크(front-desk)에서부터 객실까지 벨맨의 안내를 받는다. 엘리베이터 안에서 또는 객실 복도에서 외국인과 눈이 마주치면 가벼운 미소와 함께 인사를 건네고 정숙하게 행동한다. 인터넷과 전화서비스 등의 객실 내의 서비스는 유·무료 서비스인지 사용 전에 확인하는 것이 바람직하다. 객실 내에서 식사를 하고자 할 때에는 룸서비스를 이용할 수 있으며, 룸서비스 식사는 레스토랑 이용요금보다 비싼 것이 일반적이다.

호텔 객실의 기본 에티켓을 적극적으로 지키는 것이 매너이다.

① 잠옷차림이나 실내화를 신고 호텔 내에서 돌아다니지 않는다.
② 외국의 호텔은 화장실 내 배수구가 없는 경우가 많으므로
　 욕실에서는 샤워커튼을 가리고, 물이 밖으로 넘치지 않도록 주의한다.
③ 다른 객실에 문이 열려있어도 호기심으로 기웃거리지 않는다.
④ 늦은 시간에는 다른 투숙객에게 방해되지 않도록 조용히 머무른다.
⑤ 객실 이용 후 1달러짜리 지폐를 준비하여 팁을 지불한다.
⑥ 간단한 세면도구는 미리 준비하고 부족한 경우에는 프론트에 요청한다.

⑦ 호텔비품은 가급적 청결하게 사용하고 절대 반출하지 않는다.

⑧ 퇴실할 때는 객실을 정리정돈하고, 체크아웃을 한다.

(3) 호텔 식음료 에티켓

레스토랑 출입 시에는 직원의 안내에 따라 좌석에 착석하고 품위 있고 편안하게 식사를 즐긴다. 서비스 요원의 도움이 필요할 때는 가볍게 손을 들어주면 된다. 국가마다 팁문화는 다르나 일반적으로 식사를 마친 후에 팁은 식사비용의 10~15% 정도를 지불하고, 클록룸(cloakroom)에 외투를 맡긴 경우는 외투를 찾고 난 후, 1달러의 팁을 주는 것이 매너이다.

① 테이블 위에 소지품이나 물건을 올려놓지 않는다.

② 음식이 입맛에 맞지 않는다고 불평하지 않는다.

③ 음식을 과다하게 남기는 일이 없도록 한다.

④ 바닥에 휴지나 음식물을 떨어뜨리지 않는다.

⑤ 다른 테이블에 방해되지 않도록 조용히 대화한다.

⑥ 식기를 떨어뜨렸을 경우 서비스 종사원에게 교체받는다.

(4) 호텔 티핑 에티켓

팁(TIP: To Insure Promptness)은 서비스와 관련된 봉사의 대가로 지급하는 사례금이다. 서양에서는 훌륭한 서비스에 따른 대가로 팁을 받는 것이 정당하게 받아들여진다. 서비스 요원은 고객을 만족시키고, 자신의 서비스를 차별화하여 팁으로서 고객에게 인정받기를 원한다. 이는 문화적으로 팁을 주는 것이 관례인 국가에서 서비스에 큰 문제가 없었다면 팁을 지급하는 국제적 매너이다.

반면에 한국은 팁을 주는 것이 보편화되어 있지 않다. 우리나라의 호텔객실 이용료는 객실 이용요금과 10%의 봉사료, 10%의 세금을 모두 합산하여 청구된다. 고객이 지급하는 호텔상품 구매서에 봉사료가 포함되어 있기 때문에 팁을 따로 지급하지 않아도 되는 것이다. 그러나 서양에서는 지급명세서에 봉사료가 포함되어 있지 않기 때문에 서비스 요원의 서비스 대가인 봉사료 팁을 꼭 지급해야 한다.

호텔 체류 시 팁의 금액은 상황에 따라 다르며, 너무 인색하게 지불을 하면 자칫 무례한 행동이 될 수 있으므로 적정금액을 지불하는 것이 좋다.

팁문화는 국가별·지역별로 차이가 있으나 일반적으로는 다음과 같다.

① 레스토랑이나 카페의 경우 음식 값의 10~15%를 지불한다.
② 객실까지 짐을 옮겨주는 포터에게는 1달러, 객실 룸메이드에게는
　퇴실 시 1달러를 침대 옆 테이블에 놓고 나간다.
③ 팁을 건넬 때에는 돈이 보이지 않게 손바닥을 아래로 향하여 건넨다.
④ 레스토랑의 경우 계산서에 끼워서 주는 것이 예의이다.
⑤ 시선을 마주치며 고맙다는 인사를 전한다.

알아두기

스마트해지는 4차 산업시대에 공항 이용하기

인천공항공사는 국토교통부와 함께 인공지능(AI), 사물인터넷(IoT) 등 4차 산업혁명 기술을 항공보안 분야에 적용하는 "인천공항 스마트 시큐리티 시스템(Smart Security System)"구축을 추진해오고 있다. 공항은 국가의 첫 이미지를 보여주는 관문으로 보안·안내·청소·물류 등 다양한 업무가 혼재된 만큼 '로봇'을 활용한 최첨단 스마트 서비스를 적극 도입하고 있다.

공항에서 로봇이 가장 적극적으로 도입될 분야는 안면인식 시스템과 카메라 및 센서 등을 장착한 '보안 로봇'이다. 보안 로봇은 공항터미널 승객 흐름을 방해하지 않으면서 원격으로 맥박수를 측정해 범죄자를 가려낼 수 있으며 폭발물과 위조지폐, 버려진 물건 등을 탐지하는 역할을 수행한다.

여행객의 공항이용 편의를 위해 도입된 SNS 챗봇과 안내로봇은 쉽게 접할 수 있다. 챗봇(chatbot)은 카카오톡에서 '인천공항 챗봇'으로 검색을 하고, 인공지능 플랫폼을 통해 이용객의 질문사항에 대한 답변을 준다.

'에어스타'는 자율 주행, 음성인식 기능과 인공지능 등 각종 첨단 정보통신기술(ICT)이 접목되어 공항 곳곳을 돌아다니며 여행객을 도와준다. 첨단기술이 적용된 에어스타는 여행객과의 대화, 터치스크린 등을 통해 다양한 정보를 제공한다. 체크인 카운터와 면세점 위치, 출국장 혼잡 정보, 보안검색 절차, 기내반입 금지물품, 교통정보 등을 안내한다.

〈에어스타〉

〈자동탑승 수속대〉

'스탠(Stan)'은 공항 이용객이 주차장 입구에 차를 세우면 로봇이 고객의 차를 들어 올려 빈 주차공간에 대신 주차해주는 발레파킹 로봇이다. 또 초정밀 GPS 시스템과 카메라 등을 탑재해 고객차량 크기를 정확히 측정, 같은 공간에 최고 30% 이상 많은 차량을 주차하며 주차 속도도 빨라 혼잡 해소에 기여하고 있다.

수년 전에 도입한 스마트 사이니지(LED 스크린)도 지난해 데이터베이스 기능 개선을 통해 서비스 품질을 높였다. 인천공항에 설치된 300여대에서 공항의 시설위치정보, 교통정보, 항공편 등을 확인할 수 있다.

인천공항 이용객의 여행 트렌드를 반영해 스스로 공항시설을 찾고 입출국 수속을 밟을 수 있는 장비를 도입하여 이용에 용이하게 항공권을 발급받고 수하물을 위탁하기도 한다.

이 외에도 여권 없이 얼굴인식을 통한 출국 시스템, 터널형 보안검색, 자택에서 항공권 발급·수하물 위탁, 자율주행 셔틀버스 등을 도입하기 위해 준비하고 있다.

출처 : 쉽게 읽는 4차 산업중심 종합일간지 일간투데이

chapter 12.
해외출장 시 기본수칙 체크리스트

분류	번호	점검사항	체크	
			YES	NO
공항서비스	1	출국심사 및 탑승수속 시 질서 있게 대기하였는가?		
	2	항공기 출발시각 30분 전에 탑승구에 도착하였는가?		
	3	공항대합실 좌석에서 눕거나 좌석에 다리를 올려놓았는가?		
기내서비스	4	지정된 좌석에 앉았는가?		
	5	양말을 벗은 채 앉아 있진 않은가?		
	6	이·착륙 시 전화기의 전원을 껐는가?		
	7	화장실은 청결하게 사용하였는가?		
	8	식사 중 자리이동을 자주 하진 않았는가?		
	9	동행인과 조용히 대화하였는가?		
호텔서비스	10	호텔 투숙과 관련한 주의사항을 확인하였는가?		
	11	호텔에서 체크인과 체크아웃 시간을 엄수하였는가?		
	12	잠옷이나 슬리퍼를 신고 호텔 내를 돌아다녔는가?		
	13	객실 내에서 늦은 시간에 조용히 하였는가?		
	14	객실 내의 유료품을 사용하고 계산서에 체크하였는가?		
	15	호텔에서의 팁은 적절하게 지불하였는가?		
	16	호텔에서 퇴실할 때는 객실을 간단히 정리정돈하였는가?		

MEMO

고객 서비스 실무
Customer Service Practice

Chapter
13
의전서비스 매너

학습목표

국제적으로 통용되는 의전서비스 매너
에 대한 특성을 이해하고, 글로벌 경쟁력
을 갖추어 품격 있는 의전서비스 직무를
효율적으로 수행할 수 있다.

01 의전서비스의 특성

 ## 1. 의전의 개념

의전의 어원은 프로토콜(protocol)이란 중세의 라틴어로 protocollum과 그리스어의 protokollen에서 proto(맨처음)와 kollen(붙이다)의 합성어로 First Glue에서 유래되었다. 프로토콜은 원래 공증문서에 효력을 부여하기 위해 맨 앞에 붙이는 용지를 말한다. 서양에서 의전의 발전은 나폴레옹전쟁 후인 19세기 초 이후 확립되어 국전의전에 관한 원칙이 비엔나 회의(Vienna Congress)에서 처음으로 정해져서 구체화되어 오늘날과 같은 의전관행이 전 세계로 전파하게 되었다. 외교관계를 담당하는 정부문서의 공식문서 또는 외교문서의 양식을 의미하는 것으로 쓰이기도 한다.

그 사회의 풍속과 습관을 통해서 형성된 사회규범을 예(禮)라 하는데, 사전적인 의미에서 의전(儀典)은 일상생활에서 개인 간의 관계를 규율하는 예를 갖추어 베푸는 각종 행사 등에서 행해지는 예법으로서 사람과 사람의 관계를 평화스럽게 하는 기준과 절차를 말한다. 일반적으로 국가 간의 외교행사나 국가 및 국가기관의 공식적인 행사에서 지켜야 할 의식과 전례나 예법의 외교의례 절차이며, 이러한 가정과 직장, 사회와 국가, 국제관계 등 모든 인류사회의 활동주체를 의미한다.

의전예절은 비서예절, 행사예절, 연회예절 등으로 조직 또는 국가 간에 적용되는 공적 성격이 강하게 행해지는 예절이라고 할 수 있다. 의전이라는 말은 일상생활에 있어서 에티켓 또는 예의범절이 개인 간의 관계에서 지켜야 할 일련의 규범이라면, 의전은 국가 간의 관계 또는 국가가 관여하는 공식행사에서 지켜야 할 일련의 규범을 뜻한다. 이것은 상대방에 대한 존경과 배려의 표현을 체계적으로 정리한 것으로, 존경의 표시에는 용모, 의복, 행동, 좌석 등 모든 것을 포함한다.

현대적인 의미에서는 의전행위의 주체와 대상을 국한하지 않고, 국가 내의 조직 또는 조직의 구성원인 개인까지 확대 적용하고 있다. 개인적인 입장에서는 VIP, 사업적인 VIP 등 초청 및 방문을 하였을 때, 모시는 분에게 최고의 예우를 갖추고 행하는 서비스로서 에티켓이라 하기도 한다. 이는 개인 간의 사회적 예의, 예우를 뜻하고 외교적 성격에서 정의하면 국가행사, 외교행사, 국가원수 및 고위급 인사의 방문과 영접에서 행하여지는 국제적 예의라고 할 수 있다.

 ## 2. 의전서비스의 역할

의전은 거시적인 면에서 보면 예를 바탕으로 바람직한 방향의 사회질서를 창조하고, 국가의 일체감을 조성하는 데 기여할 뿐만 아니라 국가 간의 상식과 배려로서 바람직한 질서를 형성하게 해주는 역할을 한다.

의전의 목적은 상호관계를 맺고 있는 상대방이나 집단을 잘 이해할 수 있도록 안내하려는 데 있다. 이것은 또한 모든 행사를 순조롭게 진행시키기 위한 것이므로 따뜻하고 정성스런 마음으로 모시는 것을 최우선으로 하고, 모든 일정을 정중하고 유기적으로 진행시켜서 분위기를 고조시킬 필요성이 있다.

의전과 행사의 실제적인 측면에서는 개인, 조직, 국가 간의 관계에 있어서 상호 원활한 행사가 진행될 수 있도록 하는 건전한 인간관계를 근본으로 하고 있다. 그 역할은 국가의 상징성과 더불어 국가의 위상과 권위를 확고하게 하고, 국민의 화합과 바람직한 국민의식 및 사회질서를 유지하는 데 기여한다.

의전업무는 우리생활의 일부로서 급속한 경제발전과 정보화시대가 도래하면서 각 계각층에서 국제 간의 교환방문이 증대되어, 지구촌의 도처에서 국제회의가 개최되는

1	사회생활에서 인간관계를 편하게 하는 절차이다.
2	인간사회를 조화롭게 엮어주는 윤활유 역할을 한다.
3	때와 장소, 처해진 상황에 따라 다르다.
4	일정한 예절과 격식을 갖추는 것이 의전매너이다.
5	의전행사는 진행과정 전체를 의전이라고 할 수 없다.

🎨 그림 13-1_ **의전서비스의 역할**

등 사회 각 분야에서 전문적인 의전업무가 요구되는 각종 행사가 급증하고 있다.

의전을 행할 때는 최소한의 마찰과 최대한의 효과를 위한 촉매제로서의 역할을 하고, 관례적으로 의전행사의 진행은 선례와 관행을 예우 기준으로 한다. 그러나 실제 공식행사의 적용에 있어서는 그 행사의 성격, 경과보고, 기념사 등 행사의 역할과 해당 행사와의 연관성 등을 감안하여 결정하여야 한다.

02 의전서비스의 기본조건

의전은 의례와 행사의 추진과정에서 야기되는 혼란 방지를 목적으로 관습(cus-tomer), 의례(courtesy), 형식(form), 절차(procedure), 규례(rules)를 동원하여 인간 관계를 원만히 하고, 행사의 효율성을 극대화하는 기능을 갖는다. 이를 위하여 의전 업무는 행사 단계의 모든 분야에서 수시로 변동하는 제반사항을 점검하고 확인해야 한다.

그에 따른 기본원칙과 요구조건에 대해 알아보고자 한다.

 ## 1. 의전서비스의 원칙

의전서비스의 원칙은 기본적으로 형식에 관한 것이지만, 지나친 형식보다는 자연스럽게 행사를 준비하고 진행하여야 한다. 각국의 다양한 문화적 배경, 관행을 바탕으로 각종 의전형식이 발전되어 왔지만 여전히 복잡해 보이는 형식이 행해지고 있다.

의전은 우리가 막연하게 생각하는 서비스에 대해서 올바른 인식을 갖기 위해 상식(common sense)과 배려(consideration)로부터 시작되는 의전의 기본원칙에 대해 자세히 살펴보자.

1 존중과 배려

의전의 기본은 일상생활 속에서 생활문화에 대해서 상대방에 대한 배려 존중(re-spect)과 배려(consideration)이다. 개인이나 조직, 국가 등 인류의 활동주체는 생활방식과 문화 등에 많은 차이가 존재하기 때문에 서로에 대한 다름을 인정하고 그 다른 것을 효과적으로 조율하는 것이다. 이러한 차이들을 극복하려면 우선적으로 상대방의 입장에서 관습을 존중해 주어야 한다.

2 상호주의

의전은 상호주의를 원칙으로 한다. 상호주의(reciprocity)는 상호 배려의 다른 측면이기도 하다. 내가 배려한 만큼 상대방으로부터 배려를 기대하는 것이다.

의전은 국력에 관계없이 모든 국가가 1:1의 동등한 대우를 해야 한다. 한국 대통령이 상대국 방문 시 국빈으로 성대하게 대접을 받았다면, 그 나라 대통령이 우리나라를 방문할 때 우리 측도 이와 유사한 의전상 예우를 제공해야 한다. 또한 의전상 결례를 받았다면 상대방에게 불만을 표시하거나 그에 상응하는 조치를 검토하기도 한다. 상대국은 사전, 사후에 그에 대한 충분한 설명을 통해서 사유를 전달하여 상대의 이해를 구하려고 하는 노력이 필요하다.

3 서열주의

서열주의(reciprocity)는 의전 시 가장 기본이 되는 것 중의 하나가 참석자들 간에 서열을 지키는 것이다. 의전할 때 다양한 행사에서 관례적인 서열을 무시하는 행위는 해당 인사뿐 아니라, 그 인사가 대표하는 국가나 조직에 대한 모욕이 될 수 있다. 서양에서는 사적인 파티에서도 자신의 지위에 맞는 서열로 서비스를 받으려고 한다.

4 우측 상석

국가마다의 전통적인 문화가 있듯이 의전에서도 종교적, 문화적인 차이에 의해서 일반적으로 오른쪽이 상석(right upper seat)으로 발전해왔다. 행사를 할 때에 초대자나 외부인의 지위에 따라서 오른쪽에 배치하도록 양보하고 있다.

5 현지문화 반영

의전은 곧 문화의 이해이다. 즉, 의전은 현지문화(reflecting culture)의 반영으로 각 나라의 다양한 문화와 생활양식에 대한 이해를 통해서 의전의 품위를 높일 수 있다. 의전은 문화의 시대적인 소산이며, 환경변화로 인하여 의전의 관행도 바뀌게 된다. 의전의 기준과 절차는 때와 장소에 따라 현지 상황에 따라 공간적 여건이 가변적이고, 시대적·공간적인 제약을 받으므로 현재의 의전형식이 영구적일 수가 없다.

예를 들어 중동지역 국가의 경우 국가 의전행사 때 여성을 동반하는 경우가 드물다. 반면 서구문화에서는 여성에 대한 우대를 한다. 서구 의전은 여성 존중(lady first)에서 유래된 측면도 있다. 이와 같이 지역별, 국가별로 의전 관행과 문화를 이해하여 그에 맞는 적절한 의전을 할 수 있도록 해야 한다.

1	의전은 상대에 대한 존중(respect)과 배려(consideration)다.
2	의전은 서열주의(rank conscious)이다.
3	의전은 상호주의(reciprocity)를 원칙으로 한다.
4	의전은 오른쪽(right)이 상석(upper seat)이다.
5	의전은 현지문화의 반영(reflecting culture)이다.

🎨 그림 13-2_ **의전서비스의 기본원칙**

 2. 의전예우 및 요구조건

의전예우는 국가에 따라서 차이가 있으나 거의 모든 나라가 국가 주요 인사에 대해서 법령이나 관행으로 의전기준을 정해 놓고 정부 의전행사나 연회의 좌석배치 등에 활용하고 있다. 의전은 특별한 경우가 아니면 어떠한 행사에서 의식을 거행하거나 주요 인사나 내빈에 대한 좌석배치 등 일정한 의전예우가 따르게 된다.

우리나라의 경우 법률로써 주요 인사에 대한 의전예우기준을 정한 명문규정은 없다. 그러나 국경일, 대통령 취임식 등 대통령 관련 행사와 국회개회식 등 행사에 일정한 관행을 두고 있는데 법령에서 정한 서열을 기준으로 하고 있다.

(1) 일반적 예우

정부 의전행사에 있어서 참여인사에 대한 의전예우 기준은 헌법 등 법령에 근거한 공식적인 것과 공식행사의 선례 등에서 비롯된 관행적인 것으로 구별할 수 있다. 공식적인 것은 헌법, 정부조직법, 국회법, 법원조직법 등 법령에서 정한 직위순서를 예우 기준으로 하는 것이고, 관례적인 것은 정부수립 이후부터 시행해 온 정부 의전행사를 통해 확립된 선례와 관행을 예우기준으로 하는 것을 말한다.

그러나 실제 공식행사의 적용에 있어서는 그 행상의 성격, 경과보고, 기념사 등의 역할과 당해 행사와의 관련성 등을 감안하여 결정해야 한다.

현재 한국 행정부 의전행사에서 적용하고 있는 주요 참석인사에 대한 예우기준은 다음과 같다.

표 13-1_ **의전예우의 일반적 서열기준**

직위에 의한 서열기준	공적 직위가 없는 인사의 서열기준
• 직급(계급) 순위	• 전직
• 헌법 및 정부조직법상의 기관 순위	• 연령
• 기관장 선순위	• 행사관련성
• 상급기관 선순위	• 정부산하단체, 공익단체 협의장, 관련 민간 단체장 등
• 국가기관 선순위	

(2) 자리예우

예우의 서열은 일정한 기준은 없으나 직위의 높고 낮음, 나이, 직위가 같을 때는 정부조직법상의 순서 등에 의한다. 각종 행사에서 특별한 역할이 있을 때에는 서열에 관계없이 자리 등의 배치를 달리 할 수도 있다.

자리를 기준으로 할 때에는 가장 우선이 중앙이다. 자리를 둘로 나눌 수 있는 경우에는 상대편이 보았을 때 좌측이 우선이다. 시간적으로 볼 때는 앞이 우선일 때도 있고 뒤가 우선일 때도 있다.

앞의 것이 공경스러울 때는 앞이 우선이고, 뒤의 것이 공경스러운 것일 때는 뒤가 우선이다. 또 다른 기준은 경의의 표시에 관한 것이다. 아랫사람은 윗사람에게 먼저 경의를 표시하고, 대등한 관계에서는 서로 경의를 표시한다.

(3) 좌석배치

참석자가 어느 자리에 앉는가 하는 것은 의전에서 가장 중요하고 민감한 사안이다. 특히 외교통상부의 경우, 테이블 자리를 어떻게 배열하느냐에 따라 배석문제로 인해 의전의 성패가 좌우된다고 한다. 개인마다 좋은 자리를 희망하므로 배석은 행사 당일까지 공지하지 않는 경우가 많다. 수행비서나 의전서비스 요원의 입장에서는 이례적인 상황에 대비하여 상관의 옆에 누가 앉는지를 미리 파악하고 그 사람의 인적사항, 관심사 등을 미리 보고하려 한다.

국가 간 행사의 경우 강대국의 대표나 대통령이 무조건 상석에 앉을 것이라는 생각을 하지만, 강대국의 대표가 구석에 앉게 되는 경우도 있다. 보통 서로 협의할 현안이 많은 사람을 옆에 앉히는 것이 관례이기 때문이다. 서로 친분이 가깝지 않은 관계는 떨어져 앉도록 하는 것도 기술이다.

① 단상 인사 좌석배치

단상 좌석배치는 행사에 참석한 최상위자를 중심으로 하고 최상위자가 부인을 동반하였을 때에는 단위에서 아래를 향하여 중앙에서 우측에 최상위자를, 좌측에 부인을 각각 배치한다. 그 다음 인사는 최상위자 자리를 중심으로 단 아래를 향하여 우좌의 순으로 배치하는 것이 원칙이다.

② 일반 참석자 좌석배치

단하의 일반 참석자는 각 분야별로 개인별 좌석을 지정하지 않는 좌석군(座席群)을 정하는 것이 무난하며, 해당 행사와의 관련성, 사회적 비중 등을 감안하여 단상을 중심으로 가까운 위치부터 배치하도록 한다. 주관기관의 소속직원은 뒷면에, 초청인사는 앞면에 배치한다. 행사진행과 직접 관련이 있는 합창단이나 악단 등의 참여자는 앞면으로 배치한다.

③ 각종 회의 시 좌석배치

각종 회의 좌석배치는 회의 규모와 장소에 따라 일정하지 않으나 좌석의 배열형태 및 참석자 간의 좌석배치 순서는 다음의 관례에 의한다.

회의 시 배치형태는 회의에 참석할 인원이 5~7명의 경우에는 원형으로, 9~10명 정도의 경우에는 장방형으로, 그리고 12명 이상일 경우에는 U자형으로 좌석을 배치하는 것이 일반적이다. U자형의 배치에는 세로의 길이가 가로의 길이의 2배를 넘지 않도록 하는 것이 적당하다.

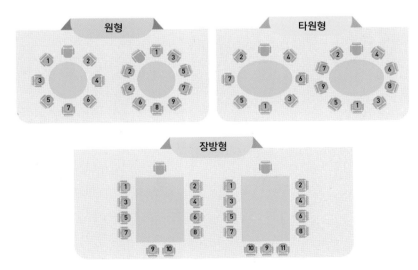

🔊 그림 13-3_ **각종 회의 시 좌석배치**

④ 참석자 간의 좌석배치

회의에 참석하는 참석자 간의 좌석배치 순서는 이미 정해진 서열이 있으면 그에 의하여 사회자(주재자)석을 기점으로 배열하거나, 참석자 간에 특별히 정해진 서열이 없으며 가나다순에 의한 성명 순서에 따라 배치한다. 외국인이 많이 참석하게 되는 경우와 국제회의의 경우에는 영어의 알파벳순으로 국명 또는 성명의 순서에 따라 정하는 것이 일반적이다.

(4) 의전서비스 요구조건

의전업무는 반복적이고, 단순한 업무로 간주하는 사람이 많으나, 전문지식과 풍부한 경험이 필요하다. 정해진 관례를 존중하고 가급적 기본 범주에서 벗어나지 않도록 해야 한다. 상대방에 대해 관례를 이해시키고, 경우에 따라서는 상대방의 요구나 희망사항과 우리의 관례를 적절히 조화해야 하는 융통성이 필요하며 때로는 창의력이나 협상력이 요구되기도 한다.

① 권위요구

정부의 권위에 따라 행해지는 공식예절(official formality)이나, 개인의 기본자세에서 행해지는 품위 있는 에티켓(dignified etiquette)이 요구되는 사항이다.

② 예우요구

의전 시 행사목적에 맞는 지위, 신분, 행사성격에 따라 일정한 절차와 격식을 갖춘 예절이며, 정확한 의전예우에 적용하는 사항이다.

3. 의전서비스의 예약

　의전행사는 국가나 단체 간의 첫 대면이기 때문에 우리가 생각하는 것보다 매우 민감한 문제이다. 만약 의전이 잘못되면 국제 문제, 비즈니스 문제 등이 발생될 수 있다. 행사 본래의 목적을 성공적으로 달성하기 위하여 행사의 내용뿐만이 아니라 식장 준비, 초청인사 관리 등에 이르기까지, 공항영접에서 환송까지의 모든 행사와 일정에 관하여 세심한 배려와 치밀한 준비가 뒤따라야 한다.

　① 서비스 이용일 기준으로 최소 3일 전에 전화 및 이메일로 예약한다.
　② 당사에서 예약접수 및 이용요금 결재를 정확하게 처리한다.
　③ 최종적으로 서비스의 확정 및 담당자를 공지한다.
　④ 예약한 일정에 맞게 서비스를 이용하도록 한다.

　숙소는 선택 가능한 호텔을 제안하고 직접 선택하도록 하는 것이 좋다. 저마다 선호하는 분위기와 스타일이 다를 수 있고, 추가 비용을 지불하더라도 더 좋은 곳에서 묵는 것을 희망할 수 있기 때문이다. 예를 들면, 'G20'처럼 여러 나라의 국가 정상이 한꺼번에 방한할 경우 저마다 최고급 호텔에 투숙하려 하기 때문에 사전 협의와 조율이 관건이다. 국가 정상의 경우 로열 스위트룸이나 프레지덴셜 스위트룸 등 최고의 객실을 배정하고 장관급 공식 수행원은 통상 주니어 스위트룸을 쓰는 것이 관례이다. 어떤 숙소를 제공하느냐는 나라마다 다르다.

 ## 4. 의전서비스 절차

　의전행사는 국가나 단체 간의 첫 대면이라 할 수 있다. 그렇기 때문에 의전이 잘못되면 국가적인 문제를 초래할 수 있다. 의전행사를 주최하는 기관에서는 행사 본래의 목적을 성공적으로 달성하기 위하여 행사의 내용뿐만 아니라 식장 준비, 초청인사 관리 등에 이르기까지, 공항영접에서 환송까지의 모든 행사와 일정에 관하여 세심한 배려와 치밀한 준비가 뒤따라야 한다.

(1) 사전정보 확인하기

- 고객의 직급과 이름을 정확히 확인
- 통역이 필요한 경우 통역자 확인
- 고객의 기호 확인(흡연 여부, 선호 음식, 음료)
- 경호원 확인
- 고객의 건강상태 확인
- 선호하는 운동종목 확인
- 차량 탑승자 및 차량 이동경로 확인
- 차량 종류 및 차량 번호 확인

(2) 공항에서의 환영

- 공항 VIP 라운지 예약
- 환영인사 대상 및 VIP 확인, 인원수
- 카메라, 기사 동반
- 차량 확인

(3) 호텔

- 호텔측 관계자 접촉
- 객실 내 노트북, 팩스 설치 여부
- 객실의 종류 및 이용객실 수
- 엘리베이터 대기상태-VIP 전용
- 체크인 절차(express check in) 확인
- 편의시설(amenity) 확인(객실 환영인사 카드 등)

(4) 리셉션

- 오프닝 시간
- 리셉션 홀의 준비
- 클록룸(옷 보관소) 확인
- 테이블 플랜(table lay out)
- 메뉴(menu) 및 메뉴판
- 전체 강연시간 조율
- 좌석안내도 및 연회 시 서열
- 좌석명패(name card)
- 선물준비 및 여흥(cocktail reception, party) 여부

(5) 레스토랑

- 메뉴 준비
- 메뉴 서비스 순서, 선호 메뉴, 식사량, 선호 음료
- 초청문구
- 날짜별 메뉴 준비
- 좌석표(place card) 및 통역위치

(6) 필수 준비사항

- 일별, 시간대별 스케줄
- 방문 시 접객대상
- 방문 예정시간 및 방문 소요시간 예상
- 방문지 이동에 따른 사전정보
- 고객의 체력 여부

(7) 환송

- 탑승차량 확인
- 환송 대상 및 인원 파악
- VIP실 예약
- 수하물 처리
- 사진촬영
- 비행기시간
- 이동시간 확인

(8) 기타 사항

- 환송 후 선물
- 의전결과 체크
- 행사기간 중 특이사항
- 고객만족 및 불만족 사항 확인
- 게스트 히스토리(guest history) 작성

표 13-2_ 의전서비스 프로세스별 점검사항

의전서비스 프로세스	점검사항
1. 진행순서, 시간계획, 인사말 (식사, 기념사, 축사 등) 작성	• 축사 예정자 등 외부인사는 사전 협의 후 작성 의뢰
2. 초청 및 안내계획	• 초청대상자 선정, 초청장·봉투·입장카드·주차 카드 등 시안결정 및 제작 등 • 주한외교단 등 외국인의 경우, 영문 초청장 및 안내문 별도 작성 • 초청장은 본인에게 최소한 1주일 전에 도착할 수 있도록 미리 발송 • 필요시 단체별 수송계획 수립
3. 초청인사 명부작성 및 비표제작	• 직위는 공식직위를 사용(약칭은 결례)
4. 단상 인사 선정 및 좌석배치	• 주요 인사에 대하여는 참석 여부 최종 확인 및 좌석배치 조정
5. 참석인사 배포용 팸플릿(안내책자) 제작	• 식순, 애국가, 기념곡, 인사말(식사, 기념사, 축사 등) 포함
6. 주차장 확보 및 배치계획	• 주차장별 수용대수 판단 및 입·퇴장로 결정, 안내 입간판 설치
7. 표창장, 상장 등 사전 준비(필요시)	
8. 단상, 간이화장실 등 시설물 설치(옥외행사인 경우)	
9. 단상 인사용 의자, 연설대(주빈용, 사회자용) 등 설치	
10. 주빈 휴게실(환담장) 확보 및 다과 등 준비	
11. 비상전원, 구급차, 통신망 구성 등 비상대책 - 필요시 조명시설 설치	
12. 관현악단 및 합창단석, 지휘자석 설치(필요시) - 시간대별 연주 및 합창곡 선정, 사전 연습 등	
13. 기상상황 파악	
14. 행사 시나리오 작성	
15. 초청인사 안내요원 선발 및 사전 교육	
16. 행사 보도자료 배포, TV중계 등 홍보 협조	
17. 옥외인 경우 우천 시 대책 강구	• 예비용 우산, 비옷 등 준비 • 옥내행사로의 전환 가능 여부 및 전환 시 예비 계획 수립
18. 기타 부대행사와의 연계 여부 등	

5. 의전업무의 종류

의전은 행사의 모든 상황들을 비주얼화(visualize)하면서 예상 가능한 상황들을 세심하게 챙긴다. 의전에 있어 제일 중요한 요소는 상대에 대한 배려와 매너이며, 서로의 인맥을 쌓아 나가는 데 있어 중요한 요인으로 작용하게 된다. 또 의전은 우리 사회를 활력 있게 유지시켜주며, 진정한 의미에서의 권위는 국가사회를 지탱해주는 의전행사를 통해서 창출되고 있다. 현대 사회에서 제일 중요한 성공 요인인 대화(communication)의 기술은 상대에 대한 배려, 즉 의전적인 사고와 행동 없이는 가능하지 않다.

의전행사는 규모면이나 유형면에서 다양하게 혼합되어 있으며, 관습, 의례, 절차, 규례를 통하여 관례 및 절차를 중요시하는 분야이다. 체계적인 의전이론의 관점에서 행사를 조명하고 의식행사의 개념에 친숙하여 효율적으로 추진하는 능력을 길러야 한다.

의전의 종류는 정부의 의전부터 시작하여 기업의 크고 작은 행사 외에도 조직 내에서 행해지는 모든 행사 등이 있으며, 의전의 규모와 유형에 따라 다양한 의전서비스가 수반되어진다.

표 13-3_ **의전서비스의 종류 및 내용**

서비스명	세부내용
공항 의전서비스	• 국제적 매너와 유창한 언어실력을 겸비한 전문의전요원의 품격을 높인 공항 의전서비스
수행 의전서비스	• 해외 VIP의 편의를 제공하고자 언어가 능통한 전문의전요원의 수행비서 서비스
스페셜 공항 리무진서비스	• 교통편 수단이 아닌, 전문의전요원의 서비스가 연계된 전문수행기사의 품격 높은 서비스
스페셜 골프 리무진서비스	• 라운딩을 위한 편리함, 경제성에 품격을 겸비한 골프 리무진서비스
비즈니스 리무진서비스	• 전문수행경호원이 안전함과 편안함을 제공, 성공 비즈니스를 위한 최고의 서비스

의전업무는 예절에서 시작하여 행사에서 진가를 발휘하며, 행사업무의 지원기능에 한정하는 것이며, 행사 전반의 조정 및 통제기능으로 확대된다. 특히 국가의전은 국가 위상과 권위를 확고히 하고 국민적 통합과 사회질서를 유지하는 데 기여한다. 의전의 주요 업무는 의전행사, 개폐회식, VIP 참석행사 등이다. 그러므로 이질적인 요소를 종합하고 타협과 조정을 해야 하며, 관례와 경험이 중요하나 시대의 흐름에 따라 적응하고, 상황변화에 신속히 대처하는 의전서비스를 말한다.

행사 시 의전요소와 형태에 따라 순수의전과 혼합의전으로 구분되며, 의전업무의 성격도 달라진다. 의전업무는 순간적이며, 지나간 오류는 돌이킬 수 없다.

① 전통의전업무와 유사의전업무

전통의전업무는 의례에 관한 사항, 의전행사업무에 관한 사항, 의전비서에 관한 사항으로 전문부서에서 담당한다. 유사의전업무는 의전실이나 비서실이 아닌 부서인 총괄부서, 총무부서, 경호부서 등에서 관여하는 의전업무를 말한다.

② 순수의전행사

순수의전행사는 의전요소가 많은 행사로 기념행사, 공식연회 등이 대표적이다.

③ 혼합의전행사

행정요소(정무, 비즈니스)와 의전요소가 혼합되어 주무부서와 의전부서의 상호 협조가 필요한 행사로 오찬간담회, 특수행사 등이 대표적이다. 의전행사 중에서도 국빈교환방문, 귀빈지방출장과 같은 의전행사가 연속적으로 이루어지는 경우에는 종합의전행사로 분류된다.

- 의전행사가 행정사항(비즈니스)과 혼합되는 혼합의전행사가 실제상황에서는 많으며, 대표적인 것으로는 해외방문, 외빈초청, 자매결연 등이 있다.
- 혼합의전행사와 혼합행사가 연합하는 것으로는 복합행사, 스페셜 이벤트 등이 있다.

④ 민간행사와 정부행사

민간행사는 개인의 가정예식, 사회의 단체행사 등이 있다. 정부행사는 정부기관에서 주관하는 각종 의식, 기념행사, 준공식 등이 있다. 정부행사의 관행 및 사례는 민간단체 행사의 기준이 되므로 매우 중요하다.

⑤ 국내행사와 국제행사

국내행사는 민간의 관습과 정부의 절차를 중심으로 한 국가 예의범절을 바탕으로 체계화된 행사이다. 국제행사는 국가 간 의전업무를 조화시켜야 하는 행사로 국제회의, 외교행사 등이 있다. 국제행사 의전은 상호 국가 간 국제의례를 이해하고 상충되는 부분을 절충하는 데 중점을 둔다.

⑥ 연회행사와 특수행사

연회행사는 술과 음식을 차려놓고 손님을 초대하여 즐기는 행사이다. 연회행사에는 술과 음식 준비가 필요하고, 테이블 매너가 요구되며, 많은 준비가 수반된다.

특수행사는 축제, 전시회, 박람회, 문예행사, 공연, 종교행사, 체육행사 등과 같이 특수한 목적을 위해 진행되는 행사로서 행해지고, 연회행사와 특수행사는 혼합행사로, 부문별로 의전요소가 점차 증가되는 추세이다.

03 의전서비스 기본자세

 ## 1. 의전서비스 마인드

외부의 초청인사에 대하여 안내요원 개개인이 소속기관을 대표한다는 인식하에 행사장 도착 시부터 떠날 때까지 안내에 소홀함이 없도록 세심한 배려를 함으로써 좋은 인상을 남기도록하는 노력이 필요하다. 이를 위하여 행사의 성격, 진행절차 및 소요시간, 입·퇴장, 주차장, 출입구 등 행사 전반에 대한 사항을 숙지한 후, 안내에 임하도록 한다.

(1) 의전복장

의전을 행할 때 호스트는 초대하는 사람들을 배려하여 예의를 갖춘 복장으로 행사에 임해야 한다. 남성은 검은색 정장에 흰색 드레스셔츠에 넥타이로, 머리는 단정하게 하고, 여성은 검은색 정장에 흰색 블라우스를 착장한 후, 단정하게 올림머리로 참가한다.

초대를 받는 경우의 복장은 품격을 유지하면서 예의와 규범에 알맞게 옷차림을 해야 한다. 대통령의 경우도 국빈 자격으로 다른 나라를 방문할 때 상대국에 신뢰를 줄 수 있는 상징적인 색상의 복장을 선택하여야 한다. 여성이 게스트인 경우, 상대적으로 챙겨야 할 것이 더 많다. 서양에서의 의전에서 드레스 코드(dress code)는 반드시 지켜야 한다. 공식 만찬이나 야간 리셉션의 경우에도 격식을 갖춘 차림으로 정식 예복을 착장한다.

📊 표 13-4_ **의전서비스 요원의 복장**

남자	여자
• 상하 검정색 계통의 단색 신사복 정장 • 흰색 계통의 드레스셔츠에 넥타이 착용 • 단정한 머리와 청결한 구두손질	• 상의와 하의가 가급적 검은색 정장 투피스 • 상의 안쪽에 밝은 톤의 블라우스나 셔츠차림 • 머리는 깔끔한 형태의 뒤로 묶어 단정한 모습 • 단정하고 수수한 느낌을 주는 화장

(2) 마음씨

의전행사 시 참가자 전원은 행사 참여에 대한 높은 긍지와 자부심을 갖는다. 그리고 밝고 정중한 인상을 주도록 하고, 개별적인 업무를 숙지한 후, 안내업무 전체가 원활히 진행될 수 있도록 협조한다.

행사에 관련된 사항을 질문받았을 때 충분히 이해할 수 있도록 응대하며, 고령 또는 장애로 인하여 거동이 불편한 인사에게 특별히 배려하고, 행사장 내부 좌석까지 안내 등 맡은 구역 내 모든 일에 처음부터 끝까지 책임 있게 대응한다.

📊 표 13-5_ **의전의 호칭**

명칭	호칭
• 왕 및 여왕	• Your Majesty
• 왕비	• Queen Consort
• 대통령	• Mr. or Ms. President
• 대사나 장관	• Ambassador 혹은 Excellency Minister
• 공사	• Minister
• 참사관	• Counsellor
• 공작 및 공작부인	• Duke / Duchess
• 백작 및 백작부인	• Lord / Lady
• 일반적 경칭	• Sir / Madame

(3) 말씨

의전에서는 절도 있는 몸가짐과 공손한 말씨로 격조 있게 안내한다. 그중에서 가장 신경 써야 하는 것 중 하나가 호칭이다. 정확한 호칭으로 상대방을 부르는 것은 의전의 기본이며, 상대에게 자신에 대해 정확히 알고 있다는 느낌을 준다.

의전서비스를 위한 언어는 명령형이 아닌 설명형이나 권유형의 어법을 사용하고, 언어적 안내는 다음의 안내를 받을 방법까지 반드시 일러주어야 한다. 또한 질문을 받았을 경우 불분명한 태도보다는 정확한 사실을 응답한다.

- 명령형이 아닌 설명형, 권유형 어법 사용
  - 예:오른쪽으로 가십시오. → 오른쪽으로 가시면 됩니다.
- 다음 안내를 받을 방법까지 반드시 일러주도록 한다.
  - 예:출입문을 통과하신 후, 오른쪽 2층 출입구로 가시면 됩니다.

🎨 그림 13-4_ 의전서비스 업무자세

2. 의전의 기본태도

훌륭한 의전관이 되기 위해서는 이상적인 외교관의 자질로도 언급되는 진실성, 정확성, 침착성, 인내심, 관용성, 겸손함과 충성심이 필요하다. 잘 갖추어진 전문의전관을 채용하여 보다 적은 인원으로 의전행사를 품격이 있으면서도 성공적으로 치룰 수 있어야 하며, 행사를 준비하는 모든 사람이 주체가 되어 경쟁력 있는 의전을 치러야 한다.

의전 업무가 특수하게 요구하는 의전관 및 의전서비스 요원의 자질은 <그림 13-5>에서 보는 바와 같다.

의전관이나 서비스 요원 본인은 아무도 보좌하거나 챙겨주지 않는다. 적시에 차량탑승, 적시 식사, 자기감정 조절로 스스로를 챙겨야 하며, 끝이 좋으면 모든 것이 좋다는 자세로 늘 웃는 긍정적인 자세가 필요하다.

1 모든 예상 가능한 상황들과 행사진행 과정들을 늘 Visualize하라.

2 끊임없이 움직이고 자신이 있어야 할 자리를 찾아라.

3 예기치 못한 상황에서도 극도로 침착해야 한다.

4 어설픈 조역이 되려 하지 말고 숨은 주역이 되라.

그림 13-5_ **의전서비스 요원의 자질**

알아두기

OO 호텔! 서비스 드림팀, 지옥훈련 탄생

📍 **칼슨의전마케팅에 사활 거는 특급호텔·자동차업계**

· 공항영접과 의전은 우리나라를 처음 방문한 외국인 대부분이 입국심사장을 거치는 순간 낯설고 불안한 마음을 갖기 때문에 내 집처럼 즐겁고 편안한 마음을 갖도록 하는게 의전의 전부이다.

· 정부행사를 치를 때마다 외교통상부 의전팀이 상대방 국가와 가장 먼저 협의하는 일은 숙소와 차량문제. 국빈행사의 경우, 외국에서 정상급 실무단이 오면 정부는 규모에 맞게 호텔 숙박비를 책임진다. 이는 상호주의 원칙에 따라 국내외 모두 적용을 받게 된다.

· 주요 20개국(G20) 정상회의는 서울 시내 특급호텔의 역량이 총동원된다. ○○호텔은 50억 원을 들여 식당의 위치를 바꾸고, 지하 1층에 있던 한식당 '무궁화'를 전망 좋은 38층으로 옮겨 좋은 반응을 얻었다. 비즈니스 서비스 행사는 쉐라톤 그랜드 워커힐 호텔에서 최고경영자 120명 중 90%가 이곳에 머물렀다. 호텔이 객실과 만찬장, 건물 외관을 새단장하여 국빈대접에 신경 쓰는 까닭은 호텔의 격이 높아지면서 매출과 직결되는 이유에서이다.

· ○○호텔에는 의전을 담당하는 '서비스 드림팀'이 따로 있다. 올림픽을 앞둔 1987년 만들어졌고, 매년 20명 가량을 기수별로 뽑는다. 주요 업무는 VIP고객 서비스. 드림팀은 실미도의 해병대 훈련 등 약 4개월 동안 지옥훈련을 거쳐 만들어진다. '서비스도 과학'이라며 서빙 거리와 시간을 측정해 실전 같은 리허설을 거친다. "의전은 정보를 공유하기 때문에 한 나라가 어느 호텔에서 의전을 잘 치러내면 그 스토리가 공유되어 좋은 의전으로 별도의 마케팅 없이도 손님들이 찾아온다."고 한다.

· 호텔이 완벽하게 숙식을 제공하면, 자동차업체는 편안한 이동을 책임진다. 유명인이 묵은 호텔처럼, 유명인이 탄 차도 의전마케팅 효과가 있다. 의전차는 안전도, 성능, 승차감, 브랜드를 보고 선정한다. 의전 대상이 직접 선호하는 브랜드의 차를 골라 요청하는게 대부분이다. "자동차업체들은 의전 대상의 캐릭터, 방한 목적, 브랜드와 어울리는 이미지인지 여부를 판단해 의전차로 제공하고 있다."고 했다. 의전차는 스타마케팅 효과가 뛰어나므로 관심의 대상이다.

출처 : 한겨레신문 김미영 기자

chapter 13.
의전서비스 매너 체크리스트

분류		점검사항	체크	
			YES	NO
기본 자세	1	의전행사 전반에 대한 절차와 과정 등에 대하여 숙지하고 있는가?		
	2	초청인사에 대한 세부적인 특성을 파악하고 있는가?		
	3	의전서비스의 규정에 맞게 자신의 자리와 위치를 유지하였는가?		
의전 복장	4	검은색 정장용 상하의를 갖추어 착용하였는가?		
	5	흰색 계열의 드레스셔츠에 넥타이를 착용하였는가? (남성)		
	6	밝은 톤의 블라우스나 셔츠를 착용하였는가? (여성)		
	7	단정한 머리와 구두는 청결한가?		
	8	머리는 깔끔하고 단정한가?		
	9	메이크업은 단정하고 수수한가? (여성)		
마음씨	10	의전서비스 대상자의 문화와 사회적 특성을 이해하고 있는가?		
	11	의전행사 관련 문의 등에 대해 정성을 다해 서비스하였는가?		
의전 말씨	12	공손한 말씨를 사용하였는가?		
	13	의전대상자에게 정확한 호칭을 사용하였는가?		
	14	명령형이 아닌 설명형 혹은 권유형의 어법을 사용하였는가?		
	15	의전서비스 대상자에게 안내를 받는 방법까지 설명하였는가?		

MEMO

고객 서비스 실무
Customer Service Practice

참고문헌

- 고상동 외, 호텔서비스 매너와 실무, 백산출판사, 2011
- 김병헌, 국외여행인솔자 TOUR CONDUCTOR 업무론, 백산출판사, 2012
- 김은정·문시정, 올댓매너, 백산출판사, 2018,
- 김학용, 항공업무의 이해, 대왕사, 2014
- 민영욱·송승철, 디지털 스피치시대의 유쾌한 프레젠테이션, 북포스, 2008
- 문소윤, 서비스파워, 훌륭한 인품을 위한 첫걸음, 백산출판사, 2019
- 박혜정, 고객서비스실무, 백산출판사, 2019
- 백지연, 고객응대실무, 한올출판사, 2019
- 송희라, 송희라의 177 테이블 매너, 세계미식문화연구원, 2007
- 심윤정·신재연, 고객서비스실무, 한올출판사, 2016
- 오재복, 테이블매너, 백산출판사, 2011
- 오선숙 외, 퍼스널 이미지메이킹, 경춘사, 2017
- 우경식·허정봉, 관광서비스 마케팅, 새로미, 2010
- 원유석, 환대산업 서비스 경영론, 백산출판사, 2006
- 원융희, 서비스 에티켓, 대왕사, 2009
- 이동철·김옥재, 기업세계와 국제매너, 청목출판사, 2001
- 이상우 외, 글로벌 에티켓 & 글로벌 매너, 대왕사, 2014
- 이윤재·허윤정, 고객감동서비스 & 매너연출, 대왕사, 2009
- 이인경, 인파워 & 서비스 이미지메이킹, 백산출판사, 2011
- 이정학, 서비스경영, 기문사, 2013
- 이준의, 세계비즈니스 에티켓, 백산출판사, 2019
- 이준재 외, 고객감동 서비스 & 매너 연출, 대왕사, 2009
- 조영대, 서비스학개론, 세림출판사, 2007
- 조맹섭·조윤지, 프레젠테이션학 원론, 시그마프레스, 2011
- 주종대, 문화관광론, 대왕사, 2011
- 최기종, 매너와 이미지메이킹, 백산출판사, 2012
- 최지현 외, 글로벌 매너와 이미지메이킹 & 프레젠테이션, 한올출판사, 2018
- 하종명, 서비스산업론, 백산출판사, 2011
- 한국관광대학 교재개발위원회, 관광서비스인을 위한 매너와 에티켓, 새로미, 2007
- 한국직업능력개발원, 직업기초능력 : 대인관계능력-교수자용 자료, 2010
- 한국직업능력개발원, 직업기초능력 : 직업윤리-교수자용 자료, 2010

- 교육전남, 세계화 시대의 글로벌 매너, 제108호(2006년 12월)
- 두산백과 : 기업이미지통합전략(corporate image identity program)
- 경기관광공사, 서비스 매뉴얼, 고객응대 지침서, 2012
- 경기도 교육청. 의전행사 매뉴얼, 2014
- 대한민국 국토해양부, 국제협력업무매뉴얼, 국제협력단, 2011
- 대한민국 외교부, 국제협력부국제의전,해외 출장에서 외빈접대까지, 2006
- 대한민국 행정자치부, 정부의전편람 논문자료, 2014

- 강창동·최용윤·안성식(2012), 고객접점서비스가 서비스품질인식, 접전만족, 관계의 질과 관계행동요인에 미치는 영향연구, 관광연구, 26(1), 1-29.
- 김귀자·변귀남·김태문(2013), 서비스 지향성이 종사원의 고객지향성에 미치는 영향에 관한 연구, 관광연구, 38(1), 139-161.
- 김시형(2013), 서비스 종사원의 관리요소가 업무환경에 따른 직무만족 및 서비스 접전에 미치는 영향에 관한 연구, 호텔경영학연구, 21(1), 61-82.
- 김영훈(2013), 서비스종사원의 성격특성 요인과 인상관리행동이 고객지향성에 미치는 영향, 관광연구, 27(6), 341-365.
- 김은태(2012), 매너 있는 사람은 매력이 있다, 한국자치학회, 94-95.
- 김재식(2002), 비즈니스 매너에 대한 대학생의 인식에 관한 연구, 한국비서학회, 11(2), 25-42.
- 김철주(2010), 커뮤니케이션이 직무만족에 미치는 영향과 기업 내 커뮤니케이션 사례 연구, 울산대학교 대학원 석사학위논문
- 나윤서·박정호(2012), 서비스제공자의 의사소통능력과 감성지능이 고객불만 상황 시 서비스회복능력에 미치는 영향에 관한 연구, 한국관광학회, 관광학연구, 36(4), 255-281.
- 도현옥(2012), 고객가치에 따른 호텔서비스 평가, 관광연구, 27(4), 201-223.
- 박란희(2009), 목소리 구성요소의 커뮤니케이션 효과에 관한 연구, 계명대학교 대학원, 박사학위논문
- 오미현(2018), 식문화에 따른 한국부엌의 현대적 관점 분석, 한국기초조형학회, 19(4), 257-268.
- 이관식(2003), 호텔연회서비스 이용객의 만족에 관한 연구, 경희대학교 대학원, 석사논문
- 이상희(2012), 와인소비자의 관여수준에 따른 위험지각과 정보탐색이 소비자 만족에 미치는 영향, 세종대학교 관광대학원, 석사학위논문
- 이웅규·권봉헌(2013), 관광호텔 규제철폐를 통한 서비스산업의 창조경제 실현방안, 호텔리조트학회, 12(2), 127-159.
- 이원화(2012), 항공승무원의 관계적·비관계적 속성이 기내서비스 품질과 재구매의도에 미치는 영향, 관광연구, 14(2), 268-292.
- 임명선·이태희(2012), 고객만족지향성이 고객만족활동과 서비스 혁신에 미치는 효과에 관한 연구. 서비스경영학회, 13(1), 207-227.
- 한혜숙·정용주(2013), 비언어적인 커뮤니케이션이 지각된 서비스품질과 고객만족에 미치는 영향,

관광경영연구, 17(2), 365-383.
- 홍순복·강경수·이정실·허범영(2012), 서비스기업의 사회적 책임활동이 기업이미지, 브랜드이미지, 구매의도에 미치는 영향, 관광연구, 27(3), 453-473.
- 홍의정·홍경완(2013), 항공사 객실승무원의 외적 이미지가 인적 서비스품질과 고객만족에 미치는 영향, 관광연구, 27(6), 177-195.

- Anderson, E. W., Fornell, C., Lehmann, D. R.(1994). Customer satisfaction, market share and profitability. *Journal of Marketing*, 58(3), 53-66.
- Churchill, G. A., & Surprenant, C.(1982). An investigation into the determinants of customer satisfaction. *Journal of Marketing Research*, 19(4), 491-504.
- Cronin Jr., J. J., Brady, M. K., & Hult, G. T. M.(2000). Assessing the effects of quality, value, and customer satisfaction on consumer behavioral intentions in service environments. *Journal of Retailing*, 76(2), 193-218.
- Gronroos, C., & Gummerus, J.(2014). The service revolution and its marketing implications: service logic vs service-dominant logic. *Managing service quality : MSQ ; an international journal*, 24(3), 206-229.
- Hennig-Thurau, T., & Klee, A.(1997). The impact of customer satisfaction and relationship quality on customer retention. *Psychology & Marketing*, 14(8), 737-764.
- Kellogg, D. L., & Nie, W.(1995). A framework for strategic service management. *Journal of Operations Management*, 13(4), 255-366.
- Morrison, A. M.(1996), Hospitality and Travel Marketing, Delmar Publishers, Albany, NY.
- Parasuraman, A. V., Zeithaml, V. A., & Berry, L. L.(1985). A conceptual model of service quality and its implications for future research. *Journal of Marketing*, 49. 41-50.

- https://blog.naver.com
- https://blog.naver.com/PostView.nhn?blogId=shin632500&logNo=90143330707
- https://cafe.daum.net
- https://cafe.daum.com/imagelove1004
- https://cafe.naver.com
- https://news.donga.com : "고객이 왕이면 직원도 왕"
- https://news.joins.com/article/22577734
- https://supuri.tistory.com/m/post/8#
- https://terms.naver.com/entry.nhn?docId=1048696&cid=42813&categoryId=42813
- https://www.asiatoday.co.kr
- https://www.daum.net
- https://www.hani.co.kr/arti/specialsection/esc_section/460892.html

- https://www.hotelrestaurant.co.kr/news/article.html?no=7039
- https://www.mofa.go.kr : 의전매너 매뉴얼, 대한민국 외교부
- https://www.naver.com
- https://www.kidd.co.kr/news/203692
- https://www.posri.re.kr : 포스코경영연구소

저자소개

오선숙(Oh, Sun-Sook)
ssoh@wu.ac.kr

- 원광대학교 대학원 석사졸업
- 경희대학교 대학원 박사졸업
- 한류문화교류협회 공동대표
- 한국웨딩산업학회 부회장
- 사)한국외식산업학회 상임이사
- 사)한국의료관광호텔업협회 부회장
- 갤러리 웰니스 힐링센터장
- 글로벌라이프비전연구소장

- 현) 원광보건대학교 글로벌호텔관광과 교수
- 저서) 프로패셔널 이미지메이킹
  맨파워 서비스매너 실무 외

강정민(Kang, Jung-Min)
kangjm2050@naver.com

- 고려대학교 경영정보대학원 석사졸업
- 경희대학교 일반대학원 박사과정
- 우송정보대학 겸임교수
- 배재대학교 겸임교수
- 한국관광레저학회 정회원

- 현) 한국영상대학교 외래교수
- 저서: CS Leaders 관리사 핵심이론 기본서
  서비스매니지먼트 실무

김새롬(Kim, Sae-Rom)
ksr1377@naver.com

- 세종대학교 일반대학원 석사졸업
- 세종대학교 일반대학원 박사졸업
- ㈜SK Networks Sheraton Grande Walkerhill Hotel 근무
- 한국산업인력공단 – 청년취업아카데미 강의
- 사)한국 PCO협회 – 희망 MICE 인턴십 강의
- 한국관광대학교 겸임교수 역임

- 현) 여주대학교 호텔관광과 교수
- 저서) 글로벌 매너와 이미지메이킹,
  ICT 융합 호텔경영론 외 다수

윤영집(Yoon, Young-Jib)
sky292@kdu.ac.kr

- 고려대학교 일반대학원 석사졸업
- 중국 산동대학교 대학원 박사졸업
- 중국 산동사범대학교 초빙교수 역임
- ㈜한국관광콘텐츠개발 본부장,
- ㈜SOL 수석컨설턴트 근무
- ㈜레브코리아 마케팅 본부장 근무
- ㈜YH한중문화교육개발원 대표
- 사)한국학교 교육연구원 전문위원

- 현) 극동대학교 인재교육혁신원 연구교수
- 저서) 세계 문화이해 및 예절

고객 **서비스 실무**

초판 1쇄 인쇄 2021년 2월 5일
초판 1쇄 발행 2021년 2월 10일

저　자　오선숙·강경민·김새롬·윤영집
펴낸이　임순재
펴낸곳　(주)한올출판사
등　록　제11-403호
주　소　서울시 마포구 모래내로 83(성산동 한올빌딩 3층)
전　화　(02) 376-4298(대표)
팩　스　(02) 302-8073
홈페이지　www.hanol.co.kr
e-메일　hanol@hanol.co.kr
ISBN　979-11-6647-027-1